UTB **3661**

Eine Arbeitsgemeinschaft der Verlage

Böhlau Verlag · Wien · Köln · Weimar
Verlag Barbara Budrich · Opladen · Toronto
facultas.wuv · Wien
Wilhelm Fink · München
A. Francke Verlag · Tübingen und Basel
Haupt Verlag · Bern · Stuttgart · Wien
Julius Klinkhardt Verlagsbuchhandlung · Bad Heilbrunn
Mohr Siebeck · Tübingen
Nomos Verlagsgesellschaft · Baden-Baden
Ernst Reinhardt Verlag · München · Basel
Ferdinand Schöningh · Paderborn · München · Wien · Zürich
Eugen Ulmer Verlag · Stuttgart
UVK Verlagsgesellschaft · Konstanz, mit UVK/Lucius · München
Vandenhoeck & Ruprecht · Göttingen · Bristol
vdf Hochschulverlag AG an der ETH Zürich

Themen der Theologie

herausgegeben von
Christian Albrecht, Volker Henning Drecoll,
Hermut Löhr, Friederike Nüssel, Konrad Schmid

Band 5

Markus Öhler (Hg.)

Taufe

Mohr Siebeck

Markus Öhler, geboren 1967; Professor für Neutestamentliche Wissenschaft an der Evangelisch-Theologischen Fakultät der Univesität Wien.

ISBN 978-3-8252-3661-8 (UTB Band 3661)

Online-Angebote oder elektronische Ausgaben sind erhältlich unter *www.utb-shop.de*

Die Deutsche Nationalbibliothek verzeichnet diese Publikation in der Deutschen Nationalbibliographie; detaillierte bibliographische Daten sind im Internet über http://*dnb.dnb.de* abrufbar.

© 2012 Mohr Siebeck Tübingen. www.mohr.de

Das Werk einschließlich aller seiner Teile ist urheberrechtlich geschützt. Jede Verwertung außerhalb der engen Grenzen des Urheberrechtsgesetzes ist ohne Zustimmung des Verlags unzulässig und strafbar. Das gilt insbesondere für Vervielfältigungen, Übersetzungen, Mikroverfilmungen und die Einspeicherung und Verarbeitung in elektronischen Systemen.

Das Buch wurde von Computersatz Staiger in Rottenburg a.N. gesetzt und von Hubert & Co. in Göttingen gedruckt und gebunden.

Inhalt

Einführung
Markus Öhler 1

Quellen- und Literaturverzeichnis 13

Altes Testament und Judentum
Marianne Grohmann: Kultische und prophetische
Konzepte von Reinheit und Initiation im Alten Testament
und im Judentum 15

1. Un-/Reinheit 16
   1.1. Un-/Reinheit als kultisches Konzept 16
   1.2. Reinigungsriten 17
   1.3. Die Erzählung von der Heilung des Naaman
        (2Kön 5) 19
   1.4. Die Mikwe als Ort von Waschungen 20
   1.5. Das Proselytentauchbad 22
2. Prophetische Hintergründe 24
   2.1. Das Volk Israel in der Wüste 24
   2.2. Die Verbindung von Un-/Reinheitsvorstellungen
        mit Sünde und Sündenvergebung 25
   2.3. Johannes der Täufer als Prophet 26
   2.4. Joel 3: Ausgießung des Geistes, Feuer und der
        Tag JHWHs 29
3. Initiation: Beschneidung im Alten Testament
   und im Judentum 32

Quellen- und Literaturverzeichnis 35

Neues Testament

Markus Öhler: Einheit und Vielfalt:
Die Taufe in neutestamentlicher Perspektive 39

1. Die Taufe des Johannes 40
   1.1. Johannes, der Täufer 40
   1.2. Die Deutung der Johannestaufe im frühen
        Christentum 43
   1.3. Flavius Josephus 45
   1.4. Jesus, der Täufer? 45
2. Der Ritualtransfer von der Taufe des Johannes
   zur Taufe der Christusgläubigen 46
3. Paulus 47
   3.1. Die Taufe des Paulus 47
   3.2. Paulus, der Täufer 47
   3.3. Taufe und Gemeinschaft 49
   3.4. Taufe, Tod und Leben (Röm 6,1–14) 51
   3.5. Die Taufe auf den Namen 52
   3.6. Taufe und Geist 54
   3.7. Die Taufe auf Mose (1Kor 10,2) 56
   3.8 Die Taufe der Toten (1Kor 15,29) 56
4. Theologische Deutungen der Taufe im Neuen
   Testament außerhalb der echten Paulusbriefe 58
   4.1. Die nachpaulinische Tradition 58
   4.2. Das lukanische Doppelwerk 60
   4.3. Der Taufbefehl des Auferstandenen
        (Mt 28,16–20) 61
   4.4. Die Taufe in den johanneischen Schriften 62
   4.5. Die Leidens-Taufe (Mk 10,38 f.; Lk 12,50) 63
5. Die Taufe und ihre Beteiligten 64
   5.1. Die Elemente des Rituals 64
   5.2. Die am Ritual Beteiligten 65
   5.3. Die Entwicklung der Taufe zum
        Unterscheidungsmerkmal von Juden und
        Christusgläubigen 67
   5.4. Christusgläubige ohne Taufe 68

6. Die Taufe als Ritual	68
6.1. Die Taufe als Initiationsritual	68
6.2. Die Taufe im Kontext antiker Initiation	70
6.3. Die liminale Existenz	71
6.4. Performanz und Dynamik	72
7. Grundelemente frühchristlicher Tauftheologie	74
Quellen- und Literaturverzeichnis	77

Kirchengeschichte

Andreas Müller: Tauftheologie und Taufpraxis
vom 2. bis zum 19. Jahrhundert ... 83

1. Einleitung	83
2. Taufe in Antike und Spätantike	84
2.1. Taufverständnis in den ersten drei Jahrhunderten	84
2.2. Die Tauftheologie im 4. und 5. Jahrhundert	90
2.3. Taufordnungen	93
2.4. Der Ketzertaufstreit und die Frage nach einer einheitlichen Taufpraxis	96
2.5. Zur Frage der Kindertaufe	98
2.6. Taufaufschub	100
2.7. Taufbekenntnisse	102
2.8. Taufpaten	103
2.9. »Archäologie« der Taufe in der Alten Kirche	105
3. Die Taufe im Mittelalter	108
3.1. Taufe im politischen Kontext	108
3.2. Abtrennung der Firmung von der Taufe im Westen	110
3.3. Tauftheologie im Mittelalter	111
3.4. »Archäologie« der Taufe: Taufsteine im Mittelalter	113
4. Die Taufe in der Reformationszeit	114
4.1. Tauflehre der Reformatoren	115
4.2. Das Täufertum im Reformationszeitalter	118
5. Die Taufe im Zeitalter von Konfessionalisierung, Pietismus und Aufklärung	121

5.1. Das Tauf-Sakrament nach dem Verständnis des
   Konzils von Trient 121
5.2. Entstehen der Baptisten 123
5.3. Taufe im Pietismus und Rationalismus 123
6. Taufe im 19. Jahrhundert 126
7. »Archäologie« der Taufe in der Neuzeit 127

Quellen- und Literaturverzeichnis 129

Systematische Theologie

Eva Harasta: Nicht allein schlicht Wasser
Die Taufe aus systematisch-theologischer Perspektive 137

1. Wie handelt Gott in der Taufe? Die Taufe als
   Sakrament 138
2. Was beginnt in der Taufe zwischen Gott und dem
   Menschen? Die Wirkungen der Taufe 141
   2.1. Sündenvergebung 141
   2.2. Geistbegabung und Gotteskindschaft:
        Aufnahme in die Kirche 143
   2.3. Ist die Taufe zum Heil notwendig? 146
3. Wer darf getauft werden? »Kindertaufe«
   und »Erwachsenentaufe« 147
   3.1. Taufe als Bekenntnis: Argumente für die
        Erwachsenentaufe 147
   3.2. Taufe als Widerfahrnis: Argumente für die
        Kindertaufe 153
4. Die Zeichen der Geisttaufe:
   Pfingstkirchliche Perspektiven 160
5. Die Taufe als ökumenisches Thema 162
   5.1. Zum römisch-katholistn Taufverständnis 162
   5.2. Zum Taufverständnis der ostkirchlichen
        Tradition 164
   5.3. Der Baptistisch-Reformierte Dialog (1973–1977) .. 165
   5.4. Die Lima-Erklärung (1982) 166

5.5. Der Lutherisch-Baptistische Dialog (1986–1990) . 167
5.6. Dialog zwischen der Europäischen Baptistischen Föderation (EBF) und der Gemeinschaft Evangelischer Kirchen in Europa (GEKE) (2002–2004) 168
6. Die Taufe als ethische Grundorientierung 169
7. Schluss 170

Quellen- und Literaturverzeichnis 172

Praktische Theologie

Christian Grethlein: Zur gegenwärtigen Taufpraxis in den evangelischen Kirchen 177

1. Problemgeschichtliche Perspektive 178
   1.1. Verlust der katechetischen Dimension 179
   1.2. Verlust der ethischen Dimension 180
   1.3. Verlust der gemeindlichen Dimension 181
   1.4. Zusammenfassung: Marginalisierung der Taufe .. 182
2. Empirische Perspektive 182
   2.1. Ergebnisse quantitativer Forschung 183
   2.2. Ergebnisse qualitativer Forschung 184
   2.3. Motive des Taufbegehrens 186
   2.4. Zusammenfassung: Kontinuität und Wandel 188
3. Komparative Perspektive 189
   3.1. Taufe und Kultur 189
   3.2. Liturgisch gestufter Erwachsenenkatechumenat .. 191
   3.3. Zusammenfassung: Potenzial der Taufe 194
4. Handlungsorientierende Perspektive 195
   4.1. Gemeindepädagogische Impulse 196
      4.1.1. Modelle 196
      4.1.2. Taufsymbole 198
   4.2. Liturgische Impulse 200
      4.2.1. Taufgottesdienste und -feste 200
      4.2.2. Tauferinnerung 202

    4.3. Konsequenzen über die Taufpraxis hinaus 203
        4.3.1. Pfarrer/-in als Gesprächspartner/-in 203
        4.3.2. Taufe und Kirchenmitgliedschaftsregel 205

Quellen- und Literaturverzeichnis 206

Religionswissenschaft
Christoph Auffarth: Rituale der Initiation als Aufnahme
und Abgrenzung 209

1. Eine Taufe auf Kreta 210
2. Die Taufe als ein Ritual 213
    2.1. Das Ritual, die symbolische Handlung und ihre
        Bedeutungen 213
    2.2. Die Taufe als ein komplexes Ritual 216
    2.3. Rituale als Abschluss und Vorwegnahme 217
    2.4. Ein Mensch wird Ich durch seinen Namen 217
    2.5. Namenswechsel als »Sterben des alten Menschen« 218
    2.6. Stellvertretendes Handeln durch geistliche
        Verwandte 218
    2.7. Die Sequenz von Ritualen 220
    2.8. Taufe und Gemeinschaft 222
    2.9. Taufe und Ordnung 223
3. Rituale als Veröffentlichung entscheidender
   Veränderungen im Leben 224
    3.1. Ritual als Schlüsselbegriff 224
    3.2. Ritualdynamik 224
    3.3. Ritual und Emotion 225
    3.4. Rituale verändern Menschen 226
    3.5. Das Ritual als Veröffentlichung 227
    3.6. Das Ritual im Kontext seiner sozialen Funktionen 228
    3.7. Element und Komplexität 229
    3.8. Rituale und Bedeutung 230
    3.9. Die Deutung von Ritualen 231
4. Der Dreischritt der Übergangsrituale 232
    4.1. Eine Klassifikation von Ritualen 232

    4.2. Der soziale Sitz im Leben 233
    4.3. Ritual – Struktur und Antistruktur 234
    4.4. Marginalität, Liminalität, liminoide
         Subgesellschaften 234
    4.5. Die liminoide Struktur des Urchristentums 235
    4.6. Das Ritual als Spiel 235
5. Initiation: Ein Wort – zwei Begriffe 236
    5.1. Initiation in vorstaatlichen Gesellschaften 236
    5.2. Altersklasse als strukturierendes Prinzip 237
    5.3. Die Taufe als initiatio 237
    5.4. Besondere initiatio 237
6. »Analogien« zur christlichen Taufe in der
    antiken Religionsgeschichte 238
    6.1. Der Ansatz der Religionsgeschichtlichen Schule .. 238
    6.2. Die ‚Bluttaufe' im Kybele-Kult 239
    6.3. Die Methode des Vergleichs 239
    6.4. Äquivalente als Ansatz zum Vergleich 239
    6.5. Gleiches Ritual und gleiche Bedeutung? 240
7. Schluss 240

Quellen- und Literaturverzeichnis 241

Zusammenschau

Markus Öhler: Theologie und Praxis der Taufe 245

1. Die Taufe als historisches und gegenwärtiges Ritual ... 246
2. Taufe und Lebensalter 248
3. Taufe im ökumenischen und gesellschaftlichen
    Horizont 249
4. Taufe als Wagnis 251

Autoren und Autorinnen 253

Namenregister 255

Sachregister 259

Einführung

Markus Öhler

Die Taufe ist wahrscheinlich jenes Ritual, das die meisten Menschen – und keineswegs ausschließlich Christen – im deutschsprachigen Raum oder auch weltweit selbst erlebt haben, sei es als Täufling, als Pate oder Patin, als Elternteil, als beobachtende oder als taufende Person.

In einer Zeit der religiösen Ausdifferenzierung teilen die meisten das (oft nurmehr sehr entfernte) Wissen um das eigene Getauftsein, immer noch sehr viele – der Beitrag von Christian Grethlein gibt dazu einige Einblicke – lassen ihre Kinder taufen.

Die Diskussion darüber, was denn die Taufe sein soll, wie sie sein soll, wann sie durch wen geschehen soll und warum sie überhaupt wichtig ist, wird von den Anfängen des Christentums bis in die gegenwärtigen konfessionellen und theologischen Gespräche ungebrochen lebendig geführt. An diesem Diskussionsprozess nimmt der vorliegende Band in der intensiven Auseinandersetzung mit unterschiedlichen Positionen teil, will orientieren und zugleich Impulse für ein neues Nachdenken über die Taufe und für ihren Vollzug in der kirchlichen Praxis geben.

Es lohnt sich, als Einstieg in die Einzeldarstellungen der jeweiligen theologischen Disziplinen die Diskussionen über die Taufe im Spiegel der vier Auflagen des Standardlexikons »Die Religion in Geschichte und Gegenwart« (RGG) zu betrachten. In ihnen erkennen wir prägende theologische Ansichten vom Ende des 19. Jahrhunderts bis zum beginnenden 21. Jahrhundert, die nicht nur in der Forschung, sondern vor allem auch in den kirchlichen Auseinandersetzungen mit der Taufe und in den praktischen Vollzügen ihre Wirkung entfalteten und es weiterhin tun. Zugleich eröffnen die darin angesprochenen Themenbereiche Einblicke in die Beiträge des vorliegenden Bandes und in deren spezifische Ausrichtung.

2 Einführung

Eine oberflächliche Durchsicht zeigt die Ausdifferenzierung der Diskussion (wie der Theologie insgesamt) im Verlauf von etwa 100 Jahren: Der Artikel Taufe der ersten Auflage (RGG V von 1913) besteht aus fünf Unterartikeln: »Im Urchristentum«, »Kirchengeschichtlich«, »Dogmatisch«, »Praktisch-liturgisch« und »Rechtlich«. Die zweite Auflage (RGG² V von 1931) unterteilt den historischen Abschnitt in zwei neue (»Dogmengeschichtlich« und »Liturgiegeschichtlich«), der praktisch-theologische wird als »Liturgisch« bezeichnet. Mit der Neubearbeitung nach 1945 und in der stärksten Phase der dialektischen Theologie (RGG³ VI von 1962) wächst der Artikel auf eine Sammlung von acht Unterartikeln an, da nun auch »Religionsgeschichtlich« und »In der Mission« hinzukommen. In der Dogmatik wird zudem zwischen einem lutherischen und einem reformierten Abschnitt unterschieden. Und schließlich fügt die jüngste Neubearbeitung (RGG⁴ VIII von 2005) noch das Thema »Kunstgeschichte« hinzu, sodass nun neun Unterartikel das Thema Taufe bearbeiten. Die dogmatische Abhandlung bringt neben einer lutherischen und einer reformierten Darstellung auch römisch-katholische, orthodoxe, baptistische und anglikanische Positionen zur Sprache. Zudem wird aus der Dogmengeschichte wieder die »Kirchengeschichte«, aus »Liturgisch« das umfassendere »Praktisch-theologisch« und aus dem kirchlich anmutenden »In der Mission« nun »Missionstheologisch«.

Diese Ausdifferenzierung ist in den Beiträgen des vorliegenden Buches wieder ein Stück weit zurückgenommen worden, um einen Überblick im Gespräch unterschiedlicher Positionen zu bieten. Die Mitwirkenden haben zudem auch die anderen Beiträge kommentiert, sodass auch Ansichten und Fragestellungen anderer theologischer Disziplinen eingeflossen sind.

Der Band setzt mit einem Beitrag aus alttestamentlicher und judaistischer Perspektive von Marianne Grohmann ein: Die Taufe als christliches Ritual bezieht sich, so wird deutlich werden, nicht nur in ihrer Gestalt, sondern auch in ihrer Deutung auf wichtige Motive aus dem Alten Testament und dem antiken Judentum. Der großen Bedeutung einer religionswissenschaftlichen Diskussion im Hinblick auf die Taufe ist der ausführliche Beitrag von Christoph Auffarth gewidmet. Dabei geht es nicht primär um die klassische Frage der Herkunft der Taufe – dies wird auch im neutestamentlichen Teil von Markus Öhler besprochen –, sondern um eine grundsätzliche Erörterung der Taufe als Ritual bzw. Ritualkomplex. Kirchen-, dogmen-, liturgie- und missionsgeschichtliche Aspekte sind im Beitrag von Andreas Müller zusammengefasst, da eine Synthese dieser Forschungsfelder deren enge Zusammenhänge gerade beim Thema Taufe einsichtig macht. Die Dogmengeschichte ist selbstverständlich auch in der systematisch-theologischen Erörterung von Eva Harasta verankert, in der vor allem unterschiedliche dogmatische Positionen vor einem ökumenischen Horizont diskutiert werden. Mit einem Blick in die Liturgiegeschichte beginnt auch Christian Grethleins praktisch-theologische Bearbeitung des Themas, führt aber vor allem in die gegenwärtige Taufpraxis ein und bietet Lösungsansätze für daraus entstehende Herausforderungen.

Aus den zahlreichen Themenstellungen, die in den Artikeln der RGG im Verlaufe der Jahrzehnte angesprochen wurden, lassen einige recht deutlich erkennen, welche Forschungsfragen durch die Zeiten besonders wichtig waren, welche neuen Perspektiven aufgenommen wurden und wie sich das Nachdenken über die Taufe veränderte.

Im Bereich des Neuen Testaments, mit dem die Behandlung des Themas in der 1. und 2. Auflage jeweils einsetzt, steht vor allem die Entstehung der Taufe im Zentrum: Wie wurde die Taufe zu dem christlichen Ritual schlechthin, worauf wurde dafür aus der Umwelt des frühen Christentums zurückgegriffen, welche Besonderheiten hatte sie? Wilhelm Heitmüller, eine der großen Gestalten der religionsgeschichtlichen Schule und Verfasser einer wegweisenden Studie zur Taufe (Heitmüller 1903), sieht die Anfänge der Taufe in der jüdischen Umwelt: »Sie ist ein volkstümlicher Brauch« (Heitmüller 1913: 1087), gehe aber in ihrer spezifischen Gestalt auf Johannes den Täufer zurück. Der Bezug auf Johannes ist bis zur 4. Auflage beibehalten worden und findet sich auch im vorliegenden Band aufgenommen. Heitmüller allerdings ist es besonders wichtig, die »primitiven Vorstellungen« (1088), wonach Sünde Unreinheit sei, die durch Wasser abgewaschen werden könne, als unchristlich zu qualifizieren: »›Christlich‹ wurde und ist diese Handlung in dem Maße, als der Geist Jesu sie durchdringt und es ihm gelingt, den Einfluß und die Nachwirkungen ihrer vor- und unterchristlichen Vergangenheit und Herkunft zu überwinden oder doch einzudämmen.« (Heitmüller 1913: 1102). Diese abwertenden Qualifizierungen ähnlicher Rituale außerhalb des Christentums bzw. von außerchristlichen Einflüssen auf das Taufritual traten im Laufe der Zeit zurück, wenn auch der Neutestamentler Ethelbert Stauffer 1931 die Entwicklungen im »judenchristlichen Synkretismus« noch so charakterisiert, dass die Taufe »durch eine Fülle alter und neuer Taufbräuche« entwertet wurde (Stauffer 1931: 1007).

Die gegenwärtige Diskussion hat die Scheu vor dem Ritual und seiner Unberechenbarkeit hinter sich gelassen. Die alttestamentlich-jüdischen Kategorien von »Rein« und »Unrein« und die dazu gehörigen Rituale werden gegenwärtig vor ihrem kultischen, ethnologischen, sozialen und religiösen Hintergrund näher bestimmt und in ihrer theologischen Bedeutung gerade auch für die Taufe ausgewertet, wie vor allem der Beitrag von Marianne Grohmann zeigt. Die Veränderungen des Rituals, seine unterschiedlichen Formen von den Anfängen bis in die Gegenwart sind entsprechend nicht als Deprivation von einem idealen Ur-Ritual zu verstehen, sondern immanenter Teil praktizierter Religiosität. Das wird in den neutestamentlichen, kirchengeschichtlichen und praktisch-theologischen Abschnitten dieses Buches immer wieder aufgezeigt.

Am Fortgang der Diskussion über die Beeinflussung des Taufrituals und seiner Deutung durch andere religiöse Strömungen der Antike lässt sich erkennen, dass die religionsgeschichtliche Frage gerade bei diesem Thema – ähnlich wie bei der Eucharistie – hoch virulent war. Vor allem Röm 6, wo Paulus vom Mit-Sterben und Mit-Auferstehen des Täuflings mit Christus schreibt, gab hier wiederholt Anlass zu Diskussionen. Wilhelm Heitmüller hält einen Zusammenhang mit hellenistisch-orientalischen Mysterienreligionen für sicher, betont aber auch das spezifisch paulinische Profil (Heitmüller 1913: 1095). Ethelbert Stauffer sieht das Grundmotiv der Analogie von Taufe und Tod als Erbe der Mysterien an, das für die Deutung der Taufe nicht nur bei Paulus wichtig gewesen sei (Stauffer 1931: 1002). Der Bultmann-Schüler Erich Dinkler verweist auf ein möglicherweise vorchristliches gnostisches Taufritual als Hintergrund der christlichen (und mandäischen) Taufe (Dinkler 1962: 629). Dass die gegenwärtige Forschung diesen Einordnungen skeptischer gegenübersteht, da die Beschreibungen sowohl der Mysterienrituale als auch der gnostischen Taufe vor allem nachchristlich entstanden und zum Teil nicht unbeeinflusst von der christlichen Taufe waren, spiegelt sich in der Position von Friedrich Avemarie wider: Er schließt Einfluss der Mysterienreligionen zwar nicht aus, hält aber die Ausführungen in Röm 6 für »genuin paulinische Bildungen« (Avemarie 2005: 55). In dieser Diskussion ist die Konzentration auf Waschungen allerdings irreführend, bedenkt man die hohe Bedeutung von Initiationsritualen in der Antike und ihre gegenseitige Beeinflussung. Im neutestamentlichen Beitrag von Markus Öhler wird dies breiter ausgeführt, wobei der Begriff »Interritualität«, den Christoph Auffarth näher erläutert, aufgegriffen wird. Den deutlichen Zusammenhang der Taufe mit Riten des paganen Umfelds im 4. Jahrhundert stellt Andreas Müller ausführlicher dar. In seinem Beitrag werden zudem archäologische und kunstgeschichtliche Entwicklungen ebenso berücksichtigt wie die Rolle der Taufe als Missionswerkzeug.

Die veränderten Perspektiven führten dazu, dass die Taufe nicht nur theologisch gedeutet wurde, sondern auch unter Zuhilfenahme religionswissenschaftlicher Terminologie. Bereits Heitmüller spricht im Anschluss an die Mysterienreligionen von einem »Einweihungsritus« (Heitmüller 1913: 1086 und 1089), doch eine ausdrückliche Behandlung des Themas »Taufe« unter religionswissenschaftlicher Perspektive setzt erst in der 3. Auflage ein. Carl-Martin Edsman hält darin fest: »Religionsphänomenologisch gehört die T. zu den Rites de passage« (Edsman 1962: 626). Die Bezeichnung als Initiationsritus (Dinkler 1962: 629; Kettler 1962: 641) etabliert sich mehr oder weniger (vgl. auch Grethlein 2005a: 68), wenngleich damit ein Aspekt besonders betont ist. So versteht der Religionswissenschaftler Gregory D. Alles die Taufe vor allem als Lustrationsritual, aber auch, je nachdem wann sie erfolgt, als Geburts- bzw. Pubertätsritus (Alles 2005: 50 und 52).

Der stärkeren Bedeutung der Religionswissenschaft in der Theologie insgesamt, vor allem aber der Notwendigkeit, Taufe auch aus ritualwissenschaftlicher Sicht zu behandeln, ist der ausführliche

Beitrag von Christoph Auffarth geschuldet. Er zeigt auf, dass für Bedeutung und Praxis der Taufe eine ritualdynamische Perspektive wichtige Anregungen gibt.

Eine beinahe alle Artikel der RGG ungeachtet der Disziplinengrenzen durchziehende Frage ist jene nach der Abgrenzung zur Magie, wobei zumeist mit großer Entschiedenheit jede Nähe zu magischen Ritualen bestritten wird. So habe Paulus die Taufe als sakramentale Handlung gekannt, nicht als magisch wirkende (Heitmüller 1913: 1093). »Um der sittlichen Wahrheit willen [ist] jede magische Auffassung ernstlich zu bekämpfen«, formulierte der liberale Theologe Arnold Meyer programmatisch (Meyer 1913: 1105). Der reformierte Dogmatiker Walter Kreck sah die »Warnung vor abergläubischer Einschätzung« als ein Proprium reformierter Tauflehre an (Kreck 1962: 647). Bereits Paulus, so konstatiert allerdings Erich Dinkler (1962: 632), sei durch den sakramentalen Charakter der Taufe »zum magischen Mißverständnis geführt« worden, wobei die sog. »Totentaufe« (1Kor 15,29) eine gewisse Rolle spielt. Bezeichnend für die gegenwärtige Theologie ist, dass die jüngste Auflage der RGG von 2005 sich mit dieser Abgrenzung nicht mehr beschäftigt: Das »magische Problem« besteht offenbar nicht mehr, ja man kann sagen: Die Abqualifizierung ritueller Elemente als »magisch«, wie sie besonders pointiert in der Aufklärungstheologie vertreten wurde (vgl. dazu den Beitrag von Andreas Müller), ist zugunsten der Wertschätzung ritueller Bestandteile, gerade auch aus der patristischen Tradition, zurückgetreten, wie unter anderem der Beitrag von Christian Grethlein im vorliegenden Band zeigt.

Thematisch eng mit dem Problem der Magie verknüpft ist das Verständnis der Taufe als Sakrament (Kreck 1962: 647: »Sakramentsmagie«). Hier wird gerne, durchaus auch im konfessionellen Streit zwischen lutherischer und reformierter Theologie, mit Abgrenzungen gearbeitet. Im vorliegenden Band findet sich eine breite Darstellung dieser Kontroversen, die mit Luther, Zwingli und Calvin begannen und sich im 20. Jahrhundert rund um Karl Barths Tauflehre, in der die Kindertaufe verworfen wird, erneut zuspitzten (vgl. die Beiträge von Andreas Müller und Eva Harasta). In den Auflagen der RGG sind entsprechende Stellungnahmen über alle Themenbereiche verstreut. »Sakrament«, nicht »Symbol«

sei die Taufe (Heitmüller 1913: 1088; Stauffer 1931: 1008: »weder ein magischer Mechanismus, noch ein sinnreiches Symbol«). Die nachapostolische Kirche sei von einer zunehmenden »Sakramentalisierung« gekennzeichnet (Dinkler 1962: 634), was nicht unbedingt positiv gemeint ist. Im dogmatischen Artikel der 3. Auflage, verfasst vom Lutheraner Ernst Sommerlath, fehlt zwar der Begriff »Sakrament«, er polemisiert aber ausdrücklich gegen Karl Barths Deutung der Taufe als Zeichen, wenn er die Taufe »als effektive Gnadenmitteilung« versteht (Sommerlath 1962: 646). Die Gespräche zwischen den Konfessionen, etwa zur Gestaltung der Leuenberger Konkordie oder zur Hinführung auf die Magdeburger Erklärung von 2007, haben seit der Mitte des 20. Jahrhunderts dazu geführt, die Taufe als ökumenisches Sakrament wieder zu entdecken (Steiger 2005: 73), sodass die Spannung zwischen wirksamer Heilszueignung und Zeichenhaftigkeit der Versöhnung ein Stück weit gelöst wurde (Beintker 2005: 74). So kann Christoph Thiele in der 4. Auflage auch formulieren: »Sie ist allen christlichen Kirchen gemeinsam und ein sichtbares Band der Einheit über alle Unterschiede im Kirchenverständnis hinweg.« (Thiele 2005: 85).

Die Grundfrage nach dem sakramentalen Charakter der Taufe zieht sich wie ein roter Faden auch durch die Beiträge des vorliegenden Bandes. So wird diskutiert, ob dieser Begriff dem neutestamentlichen Verständnis von Taufe entspricht und antike Parallelen hat (dazu Öhler und Auffarth). In der dogmengeschichtlichen Darstellung von Andreas Müller ist dies eine durch die Quellen vorgegebene Leitfrage. Vor allem werden aber gerade an der Taufe die Spezifika protestantischer Sakramententheologie lutherischer und reformierter Prägung etwa im Unterschied zur römisch-katholischen Position erkennbar, wie im Beitrag von Eva Harasta nachzulesen ist.

Die Unterschiede zwischen den Konfessionen prägen in der RGG auch jene Abschnitte, die liturgische, dogmatische und rechtliche Aspekte behandeln: In den ersten drei Auflagen wird jeweils kritisch festgehalten, dass die römisch-katholische Kirche evangelische Taufen trotz anders lautender Erklärungen nicht akzeptiere, weil der stiftungsgemäße Vollzug nicht gesichert sei (Schian 1913: 1110; ders. 1931: 1025; Wendt 1962: 657). Das Fehlen einer entsprechenden Klage bei Christoph Thiele im einschlägigen Artikel der 4. Auflage zeigt die veränderte Lage im konfessionellen Miteinander der Kirchen. Die ökumenische Diskussion der jüngeren Zeit, nicht nur mit der römisch-katholischen Kirche, sondern auch mit den baptistischen Kirchen, hat, wie Eva Harasta aufzeigt, Wege aufgewiesen, die zu einer Anerkennung bzw. zu gegenseitigem Verständnis beigetragen haben. Zugleich können Impulse aus der römisch-katholischen Liturgie für gegenwärtige Herausforderungen, etwa hinsichtlich der Gestaltung von Erwachsenentaufen, fruchtbar gemacht werden, wie der Beitrag von Christian Grethlein hervorhebt, der aber auch auf kirchenrechtliche Aspekte eingeht.

Auch die Elemente des Rituals wurden im Laufe der Zeit mit zunehmender Wertschätzung versehen: In den frühen Auflagen der RGG herrscht teilweise blanke Polemik vor gegen jene Elemente, die als katholisch eingeschätzt werden. So formuliert der Liturgiegeschichtler Paul Drews nach einer Würdigung der Reformbestrebungen des Rationalismus und einer Kritik an der »Auferstehung« alter Riten: »Es ist zu beklagen, daß katholisierende Reste sich auch hier finden und daß die evangelische Anschauung der Taufe vielfach hier nicht zu ihrem Rechte kommt.« (Drews 1913: 1105). Wie sehr sich die Positionsbestimmung der Theologie im Laufe der Zeit verändert hat, lässt sich erneut an der jüngsten Auflage sehen: Reinhard Meßner erkennt nun »eine konfessionsübergreifende Neubesinnung auf die patristischen Traditionen, was zu einer Neubesinnung auf die Taufe als Ritenkomplex und zu einer auch rituell umgesetzten Wertschätzung der Taufwassersymbolik geführt hat« (Meßner 2005: 84). Dies entspricht auch dem »zunehmenden Interesse an Analyse und Verbesserung der Taufpraxis«, das Christian Grethlein konstatiert (Grethlein 2005b: 78) und im vorliegenden Band weiterführend aufnimmt. Die Grundlageninformationen dazu finden sich im kirchen- und liturgiegeschichtlichen Beitrag von Andreas Müller, der den reichen Symbolschatz vor allem der patristischen Zeit vorstellt. Eine religionswissenschaftliche Analyse, die exemplarisch an einer griechisch-orthodoxen Taufe durchgeführt wird, stellt Christoph Auffarth vor.

Die pietistische und rationalistische Kritik des 19. Jahrhunderts an der Taufe ging so weit, dass Arnold Meyer in der 1. Auflage der

RGG seine dogmatische Darstellung abschloss mit einem eigenen Abschnitt unter dem Titel »Soll die Taufe bleiben?« (Meyer 1913: 1105 und 1107). Diese Frage und ihre Beantwortung lassen das Unbehagen gegenüber einem Ritual erkennen, das in der protestantischen Theologie mitunter keinen leichten Stand hatte: »Der Bann des Getauftwerdenmüssens und der drei Namen wäre aus Gründen der sittlichen Wahrheit unserer Religion zu bekämpfen. Aber ein Kenner des Volkslebens wird sich heute, beim Schwinden so viel guten Brauchs und religiöser Anknüpfungspunkte gewiß hüten, eine fromme Sitte zu stören, an die sich so viel Gutes anheftet und anheften läßt; an ihre Stelle würden Leere, Willkür und phantastische unkräftige Neuerung treten« (Meyer 1913: 1107). Die Zweifel an der Berechtigung der Taufe betreffen in der Folgezeit aber weniger das »ob«, als vielmehr den Zeitpunkt der Taufe, ein Thema, das die Autoren in vier Auflagen der RGG ebenso beschäftigte wie die Mitwirkenden am vorliegenden Band.

Schon die Kirchenväter wie Tertullian, Origenes oder Augustin setzten sich, wie Andreas Müller aufzeigt, mit der Kinder- bzw. Säuglingstaufe auseinander. In den Auflagen der RGG wird sie ausdrücklich bejaht, wenn auch mit völlig unterschiedlichen Begründungen: Arnold Meyer gilt sie als Weihe des Kindes an Gott und göttliche Weihe für das Kind (Meyer 1913: 1106) und er sieht die Kindertaufe auch in der 2. Auflage als Hauptproblem einer Tauftheologie an (Meyer 1931: 1015): Ihre Popularität entspringe einem »volkspsychologische[n] Bedürfnis« (1016). Entsprechend wird gerade das stellvertretende Bekenntnis der Gemeinde bzw. der Eltern für den Täufling als unzureichend problematisiert (Graff 1931: 1025). In der 3. Auflage wird aus lutherischer Perspektive die Wirksamkeit der Taufe gerade auch für Kinder betont, »da die Kirche stellvertretend und glaubend für das Kind eintritt« (Sommerlath 1962: 647), während der reformierte Theologe die glaubende Antwort und die Verpflichtung zur Hinführung zu derselben durch die Gemeinde hervorhebt (Kreck 1962: 648). Es wird aber auch konstatiert, dass »infolge der Aushöhlung der Volkskirche … die Säuglings-Taufe heute weithin bloße Konvention zu werden« droht (Kettler 1962: 646). Anders am beginnenden 21. Jahrhundert: Christian Grethlein führt aus, dass die Taufe gerade »als Ritus am familiären Übergang« von großer Bedeutung sei (Grethlein 2005a: 66), und in Anselm Steigers lutherisch-dogmatischem Beitrag fehlt eine Erörterung der Kindertaufe ganz.

Im vorliegenden Band spielt das Thema »Kindertaufe« eine durchaus wichtige Rolle, da es für die gegenwärtigen Debatten immer noch von großer Bedeutung ist, sowohl innerprotestantisch als auch im ökumenischen Dialog. Markus Öhler zeigt, dass die Suche nach positiven Belegen für die Kindertaufe im Neuen Testament die soziale Dimension von Religiosität in der Antike berücksichtigen muss, während Andreas Müller den Diskussionsfortgang zu diesem Thema vom 3. bis ins 19. Jahrhundert darstellt. Dass vor allem die Barthsche Kritik am Taufen von Unmündigen auch nach über 60 Jahren weiterhin die dogmatische Diskussion bestimmt und zu eigenständiger Urteilsbildung herausfordert, wird in Eva Harastas Beitrag deutlich, sie führt aber auch in die sich annähernden Positionen evangelischer und baptistischer Tauftheologie ein. Angesichts demographischer Entwicklungen und dem Schwinden volkskirchlicher Sozialisierung sieht sich, wie Christian Grethlein aufweist, die Kirche im Hinblick auf die Kindertaufe vor neue Aufgaben gestellt. Aber auch aus ritualtheoretischer Sicht hat die Kindertaufe eine Reihe von Bedeutungen gewonnen, die Christoph Auffarth erörtert.

Mit den Zweifeln an der Säuglingstaufe stellte sich im 19. Jahrhundert erneut der Usus des Taufaufschubs ein. Der praktische Theologe Wilhelm Jannasch thematisiert dies vor allem im Blick auf Pfarrer, »die aus theologischen Gründen nur die Erwachsenen-Taufe meinen anerkennen zu dürfen« und ihre eigenen Kinder nicht taufen. Er bestreitet ihnen dieses Recht mit Verweis auf die gesamtkirchliche Situation (Jannasch 1962: 655). Der Kirchenrechtler Günther Wendt hält 1962 fest, dass die Unterlassung der Taufe für die Eltern eine Einschränkung ihrer kirchlichen Mitgliedschaftsrechte bedeute, unter anderem auch hinsichtlich der Übernahme kirchlicher Ämter (Wendt 1962: 657). Die veränderte Sicht am Beginn des 21. Jahrhunderts, die die individuellen Rechte und Wünsche der Eltern stärkt, findet sich in Christoph Thieles Ansicht ausgedrückt, der einen Taufaufschub ausdrücklich befürwortet, »wenn die Eltern eine christliche Erziehung nicht gewährleisten können bzw. wollen, daß sich die Kinder später selbst entscheiden« (Thiele 2005: 86). Das bedeute freilich nicht, dass die Gemeinde aus der Verantwortung für die Ungetauften entlassen sei. Nicht nur die Kindertaufe, auch die Erwachsenentaufe steht immer wieder im Fokus. Zum einen gilt sie, weil bei ihr Glaube und Bekenntnis vorausgesetzt werden können, als theologisch unproblematisch. Zum anderen erwarten die Theologen mit verschiedenen Begründungen ein Anwachsen der Zahlen: »Angesichts der steigenden Massenaustritte und Religionsmischungen, die sicher zu Rück- und Übertritten führen werden, und angesichts der infolge der Missionstätigkeit immer wachsenden Bekehrungen« (Thümmel 1913: 1108), »nach Aufhebung des Taufzwanges und stärkerem Einsetzen der Kirchenaustritts-Bewegung« (Graff 1931: 1024), oder weil »mehr und mehr ein Bedürfnis vorliegt« (Beckmann 1962: 653), dem durch die Gestaltung von spezifischen Agenden für solche Anlässe entsprochen werden soll (Meßner 2005: 85). Dieser spezifische Aspekt wird in diesem Band von Christian Grethlein breiter ausgeführt, sowohl hinsichtlich gegenwärtiger quantitativer Untersuchungen als auch zur Frage spezifischer Taufagenden für Erwachsene.

Eine praktische Frage, die sich durch alle Auflagen zieht, ist jene nach dem Ort der Taufe, wobei als Alternativen vor allem Gemeinde- und Haustaufe gelten. Friedrich Wilhelm Thümmel, pointierter Vertreter des Evangelischen Bundes, betonte, dass die Taufe kein »bürgerliches Familienfest, sondern die heilige Feier der Aufnahme in die Gemeinde« sei (Thümmel 1913: 1109). Dennoch sei freilich sicherzustellen, dass die Gemeinde sich auch dafür interessiere: »Wo die größte Möglichkeit sich bietet, die um den Täufling sich scharende Personal-Gemeinde tatsächlich zu versammeln, da und so geschehe die Taufe« (1108). Diese relativ offene Position wurde von dem Liturgiegeschichtler Paul Graff 1931 nicht mehr geteilt: »Jede Taufe sollte, außer in Notfällen, möglichst vor versammelter Gemeinde vollzogen werden. […] In Haus-Taufen wird immer zu sehr das Gemeindliche hinter dem Familiären zurückstehen müssen.« (Graff 1931: 1024; ähnlich Hohlwein 1931: 1023). Joachim Beckmann sah 1962 bereits die Früchte dieser Neuorientierung: »Bemerkenswert ist auch die steigende Beseitigung der in den letzten beiden Jahrhunderten eingerissenen Haus- und Krankenhaus-Taufe und die weithin neu eingewurzelte Einordnung der Taufe in den Gottesdienst der Gemeinde« (Beckmann 1962: 654; ähnlich Jannasch 1962: 655). Aus kirchenrechtlicher Perspektive formulierte jüngst Christoph Thiele: »Haustaufen sind nur in Ausnahmefällen, insbes. im Fall der Nottaufe, zulässig« (Thiele 2005: 86).

Christian Grethlein zeigt im praktisch-theologischen Beitrag dieses Bandes, dass diese Ausschließlichkeit theologisch, liturgisch und im Blick auf Tauffamilien eine problematische Verengung darstellt, die auf ekklesiologische und persönliche Anliegen nicht ausreichend Rücksicht nimmt.

Immer wieder wird das besondere Verhältnis der Taufe zur Verkündigung hervorgehoben, so etwa, wenn der Taufansprache besonderes Gewicht zugemessen wird (Thümmel 1913: 1109). Diese hat dann oft auch einen didaktischen Zweck. Erich Dinkler betont 1962: »Die Tauftheologie des Paulus wird damit zu einem Teil der Entfaltung des Kerygmas.« (Dinkler 1962: 630). In seiner Darstellung der reformatorischen Tauftheologie rückt der Patristiker Franz-Heinrich Kettler die Funktion der Sakramente als sichtbares Wort, wie sie sich schon bei Augustin findet, in den Vordergrund (Kettler 1962: 643). Ähnlich betont auch Anselm Steiger, dass »die Taufe als verbum visibile Predigt des Wortes Gottes ist, das Glauben, Rechtfertigung sowie die mystische Union des Täuflings mit Christus […] stiftet« (Steiger 2005: 73). Taufpredigten werden daher auch als unverzichtbarer Bestandteil jedes Taufgottesdienstes angesehen (Jannasch 1962: 655). Hingegen konstatiert Christian Grethlein als Erbe einer reformatorischen Abwertung der Zeichen ein »Auseinandertreten kirchlicher, letztlich nur verbal vertretener Taufdeutungen und tatsächlicher, an der Feiergestalt orientierter Sinngebung durch die Gemeindeglieder.« (Grethlein 2005a: 66). Zugleich seien mit der Vielfalt der Taufmotive und Taufpraxen die Anforderungen an pädagogisches Handeln bei der Taufvorbereitung gestiegen (Grethlein 2005b: 78).

Diesen Faden nimmt Christian Grethlein im vorliegenden Band wieder auf, doch finden sich Ausführungen zum Zusammenhang von Ritual und Wort in jedem der Beiträge. Der Konnex begegnet bereits in prophetischen Zeichenhandlungen und in der Anrufung des Namens Jesu in den ältesten Taufformeln. Liturgie- und Dogmengeschichte von Augustin bis Schleiermacher zeigen, dass die sakramentale Deutung der Taufe immer auch verbunden war mit einer Verhältnisbestimmung von Tat und Verkündigung. Die Diskussion in allen theologischen Disziplinen wie in der Religionswissenschaft fragt grundsätzlich mehr nach den individuellen Deutungen der Taufe, die als wichtiges Element der Taufpraxis in Geschichte und Gegenwart zu bedenken sind.

Theologische und praktische Fragen waren und sind bei der Taufe besonders eng verknüpft. Einige Themen ziehen sich dabei als roter Faden nicht nur durch die letzten 100 Jahre, sondern haben Christen schon in den Anfängen beschäftigt, andere entstehen durch neue Perspektiven und Herausforderungen. Der vorliegende Band will Orientierung und Anregung sein, die Taufe, das christliche Ritual schlechthin, neu zu verstehen und zu leben.

Quellen- und Literaturverzeichnis

Alles 2005: Alles, Gregory D.: Art. Taufe I. Religionsgeschichtlich, RGG[4] VIII, Tübingen 2005, 50–52.
Avemarie 2005: Avemarie, Friedrich: Art. Taufe II. Neues Testament, RGG[4] VIII, Tübingen 2005, 52–59.
Beckmann 1962: Beckmann, Joachim: Art. Taufe V. Liturgiegeschichtlich, RGG[3] VI, Tübingen 1962, 648–654.
Beintker 2005: Beintker, Michael: Art. Taufe IV. Dogmatisch 3. Evangelisch b) Reformiert, RGG[4] VIII, Tübingen 2005, 74–75.
Dinkler 1962: Dinkler, Erich: Art. Taufe II. Im Urchristentum, RGG[3] VI, Tübingen 1962, 627–637.
Drews 1913: Drews, Paul: Taufe II. Kirchengeschichtlich, RGG V, Tübingen 1913, 1102–1105.
Edsman 1962: Edsman, Carl-Martin: Taufe I. Religionsgeschichtlich, RGG[3] VI, Tübingen 1962, 626–627.
Graff 1931: Graff, Paul: Art. Taufe V. Liturgisch, RGG[2] V, Tübingen 1931, 1024–1025.
Grethlein 2005a: Grethlein, Christian: Art. Taufe III. Kirchengeschichtlich 2. Reformation bis Gegenwart, RGG[4] VIII, Tübingen 2005, 63–69.
Grethlein 2005b: Grethlein, Christian: Art. Taufe V. Praktisch-theologisch, RGG[4] VIII, Tübingen 2005, 77–79.
Heitmüller 1903: Heitmüller, Wilhelm: Über die Formel »Im Namen Jesu«. Eine sprach- u. religionsgeschichtliche Untersuchung zum Neuen Testament, speziell zur altchristlichen Taufe (FRLANT 2), Göttingen 1903.

Heitmüller 1913: Heitmüller, Wilhelm: Art. Taufe I. Im Urchristentum, RGG V, Tübingen 1913, 1086–1102.
Hohlwein 1931: Hohlwein, Hans: Art. Taufe IV. Liturgiegeschichtlich, RGG² V, Tübingen 1931, 1016–1023.
Jannasch 1962: Jannasch, Wilhelm: Art. Taufe VI. Praktisch-theologisch, RGG³ VI, Tübingen 1962, 654–656.
Kettler 1962: Kettler, Franz-Heinrich: Art. Taufe III. Dogmengeschichtlich, RGG³ VI, Tübingen 1962, 637–646.
Kreck 1962: Kreck, Walter: Art. Taufe IV. Dogmatisch 2. Ref. Lehre, RGG³ VI, Tübingen 1962, 647–648.
Meßner 2005: Meßner, Reinhard: Art. Taufe VI. Liturgiegeschichtlich, RGG⁴ VIII, Tübingen 2005, 80–85.
Meyer 1913: Meyer, Arnold: Art. Taufe III. Dogmatisch, RGG V, Tübingen 1913, 1105–1107.
Meyer 1931: Meyer, Arnold: Art. Taufe III. Dogmatisch, RGG² V, Tübingen 1931, 1015–1016.
Schian 1913: Schian, Martin: Art. Taufe V. Taufordnung, rechtlich, RGG V, Tübingen 1913, 1109–1112.
Schian 1931: Schian, Martin: Taufe VI. Rechtlich, RGG² V, Tübingen 1931, 1025–1026.
Sommerlath 1962: Sommerlath, Ernst: Art. Taufe IV. Dogmatisch 1. Luth. Lehre, RGG³ VI, Tübingen 1962, 646–647.
Stauffer 1931: Stauffer, Ethelbert: Art. Taufe I. Im Urchristentum, RGG² V, Tübingen 1931, 1002–1010.
Steiger 2005: Steiger, Johann Anselm: Art. Taufe IV. Dogmatisch 3. Evangelisch a) Lutherisch, RGG⁴ VIII, Tübingen 2005, 72–74.
Thiele 2005: Thiele, Christoph: Art. Taufe VII. Rechtlich, RGG⁴ VIII, Tübingen 2005, 85–87.
Thümmel 1913: Thümmel, Friedrich Wilhelm: Art. Taufe IV. Praktisch-liturgisch, RGG V, Tübingen 1913, 1107–1109.
Wendt 1962: Wendt, Günther: Art. Taufe VII. Rechtlich, RGG³ VI, Tübingen 1962, 656–657.

Altes Testament und Judentum

Marianne Grohmann

Kultische und prophetische Konzepte von Reinheit und Initiation im Alten Testament und im Judentum

In den Schriften des Alten Testaments bzw. der Hebräischen Bibel und des Judentums um die Zeitenwende werden vielfältige Motive und Konzepte dargestellt und überliefert, die wichtige Hintergründe für die Entstehung der christlichen Taufe bilden. Es sind dies vor allem Waschungen, rituelle Bäder und dahinter stehende kultische Konzepte von Un-/Reinheit. Daneben sind prophetische Traditionen – z.B. der Aufruf zu Buße und Umkehr angesichts des endzeitlichen Gerichts – prägend für das frühchristliche Taufverständnis. Als Initiationsritus hat die Beschneidung zunächst unhinterfragt vor der Taufe bestanden und ist im Judentum bis heute maßgeblich. Die neutestamentlichen Schriften verwenden diese alttestamentlich-jüdischen Motive, wenn sie die entstehende christliche Taufpraxis thematisieren, diese ist aber gleichzeitig vor dem weiten Hintergrund antiker Reinigungsrituale insgesamt zu verstehen. Aus dem breiten Spektrum alttestamentlicher und frühjüdischer Konstellationen sollen im Folgenden Schwerpunkte in den drei Themenbereichen Un-/Reinheit, Prophetie und Initiation gesetzt werden.

1. Un-/Reinheit

1.1. Un-/Reinheit als kultisches Konzept

Das Konzept Un-/Reinheit ist im Alten Israel eine wichtige Kategorie zur Ordnung von Leben und Religion. Ausführliche Bestimmungen dazu sind in der Hebräischen Bibel schwerpunktmäßig in den Büchern Leviticus, Numeri, Deuteronomium, Ezechiel und 1/2Chronik festgehalten. Sie sind in priesterlich-kultischen Kontexten – mit einzelnen Vorstufen in älteren Texten (z.B. Gen 7,2.8; 2Kön 5,10) – in nachexilischer Zeit entstanden. »Reinheit normiert den Kontakt mit der Sphäre des Göttlichen und ist selbst die Bedingung der Möglichkeit, mit Göttlichem in Kontakt zu treten. Die Ordnung der Welt in Reinheit und Unreinheit repräsentiert einen Teilbereich der göttlichen Weltordnung« (Seidl 2004: 240). Unreinheit ist ein Zustand, in dem man sich etwas Heiligem nicht nähern darf.

Im Hebräischen wird *unrein* nicht wie im Deutschen mit der Verneinung eines positiven Begriffs ausgedrückt, sondern טהר/*ṭhr* und טמא/*ṭm'* sind zwei unterschiedliche Termini, die zwei verschiedene Zustände beschreiben: טהר/*ṭhr*/rein ist das Gottgemäße; das, was auf menschlicher Seite dem Heiligen (קדש/*qdš*) entspricht. Reinheit ist Voraussetzung für die Möglichkeit, sich Gott zu nähern, für die Kommunikation mit der Götterwelt. טמא/*ṭm'*/unrein bedeutet kultisch unrein. Es bezeichnet alles, was dem Bereich Gottes, dem Heiligen entgegen steht. Der Normalzustand, sozusagen der natürliche Zustand von Menschen und Dingen, ist die Reinheit.

Ausgangspunkt der komplexen Vorstellungswelt von Un-/Reinheit ist die Heiligkeit des Tempels: Damit der Mensch der Heiligkeit des Tempels entspricht, sollen alle Menschen und Dinge, die in Kontakt mit dem Heiligen stehen, im Zustand der Reinheit sein (Lev 7,19; 12,4). Ein Großteil der Reinheitsvorschriften im Alten Testament ist an die Existenz des Tempels gebunden und wurde daher nach der Zerstörung des Zweiten Tempels stark modifiziert.

Unreinheit entsteht durch unterschiedliche Phänomene, wie z.B. das Essen von unreinen Tieren (Lev 11,1–23): Wesensmäßig unreine Tiere können ihre Unreinheit auf Menschen übertragen: durch Essen, Berühren oder »Bezeltung«, d.h. Anwesenheit im selben Raum.

Manche Krankheiten, etwa der Aussatz (מְצֹרָע/$m^e ṣorā'$; Lev 14,1–9) – eine chronische, aber nicht ansteckende Hautkrankheit, vielleicht *Psoriasis*/Schuppenflechte (Würthwein 1984: 299) –, verunreinigen. Daneben macht die Berührung von Toten einen Menschen unrein (Num 9,6; 19,10–22). Auch manche Phänomene, die die menschlichen Geschlechtsorgane, Zeugung und Geburt betreffen, verunreinigen (Lev 15): So wird der Mann durch Ausfluss, Samenerguss und Geschlechtsverkehr und bestimmte Formen von Ausfluss im Zusammenhang mit Krankheiten unrein. Die Frau ist während der Menstruation und nach der Geburt eines Kindes im Zustand der Unreinheit. Diese Phase der kultischen Unreinheit oder »Kultunfähigkeit« (Erbele-Küster 2008: 20) ist bei den einzelnen Phänomenen von unterschiedlicher Dauer und wird durch Reinigungsriten beendet.

1.2. Reinigungsriten

Reinigungsriten sind dazu da, den ursprünglichen Zustand der Reinheit wieder herzustellen (Ex 40,30–32; Lev 16,26–28; 17,15; Num 8,7; Dtn 32,12). Überliefert sind im Alten Testament archaische Blutriten und Reinigungsmittel (Ysop, Zedernholz u.ä.) sowie das Besprengen von Kultgeräten oder Menschen. Häufig sind Waschungen zentrale Reinigungsriten: Aaron und die Priester kommender Generationen sollen sich Hände und Füße waschen (רחץ/$rḥṣ$; Ex 30,21; LXX: νίψονται), wenn sie das Begegnungszelt betreten und opfern (Ex 30,17–21). Die Reinheit des Priesters ist Voraussetzung für die Durchführung des Reinigungsrituals am Versöhnungstag (Lev 16).

Bei manchen Phänomenen, wie z.B. Aussatz, kann zeitweiliger Ausschluss aus der Gemeinschaft ein Schritt auf dem Weg zur Reinheit sein. Wichtig zur Wiederherstellung der Reinheit ist das deklaratorische Element, die Erklärung der Reinheit durch einen Priester. So soll der Aussätzige nach seiner Heilung zum Priester kommen (Lev 14,1–9). Dieser hat die Rolle eines Arztes und überprüft, ob der Aussätzige geheilt ist. Der Priester kann ihn für rein oder unrein erklären. Das Reinigungsritual besteht in diesem Fall aus der Schlachtung eines Vogels »über frischem/lebendigem Wasser« (Lev 14,5: עַל־מַיִם חַיִּים/'al-majim ḥajjîm; LXX: ἐφ' ὕδατι ζῶντι) in ein Tongefäß hinein. Aufgabe des Priesters ist die siebenmalige Besprengung mit dem Blut dieses Vogels. Die Waschung nimmt der vom Aussatz Geheilte selbst vor (Lev 14,8–9): »Und der, der sich reinigen lässt (הַמִּטַּהֵר/hamiṭṭaher; LXX: ὁ καθαρισθείς), soll seine Kleider waschen, sein ganzes Haar scheren und sich im Wasser baden (רחץ/rḥṣ; LXX: λούσεται). Dann ist er rein (וְטָהֵר/weṭāher; LXX: καὶ καθαρὸς ἔσται). Danach darf er zum Lager kommen, aber er soll sieben Tage außerhalb seines Zeltes bleiben. Und am siebten Tag soll er sein ganzes Haar scheren, seinen Kopf, seinen Bart und seine Augenbrauen, alle seine Haare soll er scheren, seine Kleider waschen und sein Fleisch im Wasser baden. Dann ist er rein« (Übers. MG). Die Reinheitsgebote oder -torot sehen also Besprengungen durch einen Priester oder ein Selbsteintauchen des zu Reinigenden vor.

Nach der Geburt eines Kindes ist das Reinigungsritual ein Opfer, mit dem der Zustand der Reinheit wieder hergestellt wird (Lev 12). Nach Ablauf von 7 + 33 – nach der Geburt eines Knaben – bzw. 14 + 66 Tagen – nach der Geburt eines Mädchens – soll die Frau zum Heiligtum gehen und ein Opfer darbringen, mit dem ihre ursprüngliche Kultfähigkeit wieder hergestellt wird (Erbele-Küster 2008: 32). Beim Opfer wird nicht zwischen der Geburt eines Sohnes oder einer Tochter unterschieden.

Die Fragen rund um Begründung und Funktion der Reinheitstorot sind komplex. Medizinisch-hygienische Gründe könnten eine Rolle gespielt haben, erklären aber nicht alle Phänomene. Symboltheoretisch und ethnologisch lassen sie sich mit einer prinzipiellen Scheu des altorientalischen Menschen vor dem Blut und seiner Lebenskraft sowie vor der Macht des Todes erklären. Auch die Vorstellung, dass Vermischungen von Elementen, die schöpfungsmäßig getrennt sind (Lev 19,19), und Grenzüberschreitungen allgemein dem Bereich des Göttlichen widersprechen, dürfte der Abgrenzung von rein und unrein zugrunde liegen. Durch Reinigungsriten werden auf symbolischer Ebene Leben, Unversehrtheit, Ganzheit und Integrität wieder hergestellt. Daneben spielen Reinheitsvorschriften eine wichtige Rolle bei der sozialen Grenzziehung: Sie haben identitätsstiftende Funktion im Inneren und schaffen Abgrenzung nach außen (Seidl 2004; Ego 2007).

1.3. Die Erzählung von der Heilung des Naaman (2Kön 5)

Neben den halachischen Bestimmungen zum Thema Un-/Reinheit, die schwerpunktmäßig in den Büchern Leviticus und Numeri zu finden sind, enthält die Erzählung von der Heilung des aramäischen Heerführers Naaman von Aussatz durch den Propheten Elischa in 2Kön 5,1–14 Hinweise zu Reinheitsfragen. Die Erzählung trägt anekdotenhafte Züge, Kontrast und Rollentausch sind wichtige Stilmittel (Würthwein 1984: 198; Enger 2006: 359).

Naaman ist an Aussatz (מְצֹרָע/$m^e\d{s}ora^c$) erkrankt. Auf Empfehlung einer israelitischen Gefangenen, eines Mädchens, das bei seiner Frau dient, sucht Naaman Kontakt mit dem Propheten Elischa. Elischa setzt aber selbst keine Handlung. Der Prophet und der aramäische Heerführer, der von seiner Krankheit geheilt werden soll, begegnen sich nicht einmal. Sie sprechen nur über einen Boten miteinander. Elischa wirkt nicht durch mantische Praktiken, wie es für einen Propheten üblich wäre, sondern er gibt nur eine einfache verbale Anweisung aus der Ferne (Würthwein 1984: 300). Wichtig zur Heilung sind die Worte des Propheten: »Geh und wasche dich siebenmal im Jordan. So wird dir dein Fleisch wiederhergestellt werden und rein sein« (2Kön 5,10; Übers. MG). Naaman erwartet eine ordentliche Wunderheilung mit dem Aussprechen des Namens Gottes und Ausstrecken der Hand: »Er wird zu mir herauskommen, sich hinstellen und den Namen JHWHs, seines Gottes, anrufen, seine Hand über die Stelle schwingen und so den Aussätzigen befreien« (2Kön 5,11; Übers. MG). Nur dank der Überredungskünste seiner Diener befolgt Naaman schließlich doch noch Elischas Ratschlag zum Tauchbad in Jordan: »Er stieg hinab (ירד/jrd) und tauchte siebenmal im Jordan unter (טבל/tbl; LXX: ἐβαπτίσατο)« (2Kön 5,14; Übers. MG). Was hilft, ist also ein Tauchbad: Das Waschen bzw. Baden ist ein siebenmaliges Selbst-Eintauchen. Mit diesem Text wird der Jordan, der im Vergleich zu den Flüssen von Damaskus als unscheinbar beschrieben wird, als Fluss mit reinigendem Wasser etabliert: Jordan bedeutet wörtlich *der Herabfließende* (ירד/*jrd*), und Naaman *steigt* zum Jordan *hinab* (ירד/*jrd*). Mit dem Reinigungsbad nach der Krankheit wird der ursprüngliche Zustand der Reinheit wieder hergestellt.

Naaman wird wie Rut zur literarischen Modellfigur eines Nicht-Israeliten, der sich aufgrund eines persönlichen Erlebnisses zur JHWH-Verehrung bekennt. Auch wenn in dieser Erzählung ein einzigartiges Ereignis beschrieben wird und der Status des aramäischen Heerführers nicht als verallgemeinerbarer Prototyp gelten kann (Enger 2006: 360), ist er ein Beispiel für einen גֵּר/*ger*, einen Nicht-Israeliten, der sich dem Volk Israel anschließt. In seiner literarischen Gestaltung liefert der Text wichtiges Vokabular für die Themenkomplexe Un-/Reinheit und Waschungen.

1.4. Die Mikwe als Ort von Waschungen

Neben dem Tauchbad in Flüssen oder Bächen, wie es in dieser Erzählung beschrieben wird, hat sich in der Zeit des Zweiten Tempels die Mikwe als Ort von Waschungen etabliert. Der Begriff Mikwe leitet sich vom »Versammlungsort« (קוה/*qwh*) des Wassers in Gen 1,9 ab. Die frühesten Mikwen auf dem Tempelberg dienten zur Reinigung der Priester und der Menschen, die als Pilger den Tempel aufsuchten. Seit dem 2. Jahrhundert v. Chr. ist das Tauchbad in der Mikwe für alle Jüdinnen und Juden belegt. Seit dieser Zeit wurden Regenwassermikwen gebaut, um größere Wassermengen zu sammeln. Nach den talmudischen Bestimmungen für Waschungen muss das Wasser rein und lebendig sein: Eine Wassermenge von mindestens 40 *Sea* (ca. 520 l) muss entweder vom Himmel (Regen) oder aus dem Boden (Quelle, See, Fluss, Meer) kommen und auf jeden Fall auf natürliche Weise gesammelt worden sein (z.B. mSheq 8,2; vgl. den Talmud-Traktat Miq). Das Eintauchen in der Mikwe ist kein einmaliges Ritual, sondern die mehrmalige Wiederherstellung des natürlichen Zustandes der kultischen Reinheit nach einer Phase der Unreinheit. Es dient nicht der physischen Sauberkeit, man geht bereits gewaschen in die Mikwe. Es gibt zahlreiche Funde von Mikwen aus dem Zeitraum zwischen dem 2. und dem 5. Jahrhundert n. Chr., z.B. in Jericho, Massada, Gamla und Qumran – wobei umstritten ist, ob es sich bei jedem ausgegrabenen Wasserbecken mit Stufen um eine Mikwe handelt (Wright 1997: 204).

Es ist davon auszugehen, dass neben dem Bad in der Mikwe nach wie vor auch das Eintauchen in natürlichen Quellen und Flüssen als Reinigungsritual stattgefunden hat (Hoss/Ristow 2001: 71–73). Bei Philo, *De specialibus legibus* I,119, und Flavius Josephus, *Antiquitates Judaicae* 6,236, ist von rituellen Bädern und Waschungen die Rede, bei denen der genaue Ort nicht thematisiert wird. Im Buch Judith wird erzählt, dass Judith im Lager des Holofernes »an der Wasserquelle badete (ἐβαπτίζετο […] ἐπὶ τῆς πηγῆς τοῦ ὕδατος)« (Jdt 12,7). Durch dieses Bad und das anschließende Gebet zum Gott Israels (Jdt 12,8) wird sie wieder rein (καθαρά Jdt 12,9).

Der Johannes-Taufe und den jüdischen rituellen Waschungen, wie sie aus alttestamentlicher Zeit überliefert sind und in Qumran sowie später im Proselytentauchbad praktiziert werden, ist nur die Waschung mit Wasser zu einem religiösen Zweck gemeinsam. Jüdische rituelle Waschungen unterscheiden sich aber darin von der Taufe des Johannes, dass es sich um ein Selbst-Eintauchen handelt, während die Johannes-Taufe eine Fremdtaufe durch einen Täufer ist. Die Waschungen wiederholen sich im Leben der Jüdinnen und Juden und finden mit einer gewissen Regelmäßigkeit statt. Sie vermitteln kultische Reinheit, d.h. sie stellen nach einer Phase der Unreinheit im Zusammenhang mit Toten, Aussätzigen, Menstruation etc. die Reinheit wieder her. Mit dem Proselytentauchbad (s.u.) ist die Einmaligkeit des Vorgangs und die Funktion der Aufnahme in eine Gemeinschaft vergleichbar. Neu ist bei der Johannes-Taufe der eschatologische Kontext: Die Taufe steht im Zusammenhang mit Sündenvergebung und rettet vor dem kommenden Gericht (vgl. Müller 2002: 43).

In Qumran (1QS 5,13–14; CD 11,21–22) ist die rituelle Nutzung von Wasser und das Selbsteintauchen ohne eine Täufergestalt bekannt. Tauchbäder wurden zum Teil mehrmals täglich praktiziert, um die kultische Reinheit dieser priesterlichen Gemeinschaft herzustellen. Darin, dass in Qumran besonders viele Mikwen gefunden wurden, drückt sich die große Wichtigkeit ritueller Reinheit in der Qumran-Gemeinde aus. Die – im Gegensatz zu den materiellen Funden nicht so zahlreichen – Belege von rituellen Waschungen in den Schriften vom Toten Meer deuten auf unterschiedliche Abläufe hin, für die je nach aktueller Relevanz Regeln geschaffen wurden. Es handelt sich um wiederholte Waschungen mit »lebendigem Wasser« (מַיִם חַיִּים/*majim ḥajjîm*), die der Wiederherstellung der rituellen Reinheit nach Phasen der Unreinheit dienen (Labahn 2011). Es fehlen weitgehend der eschatologische Bezug und die Sündenvergebung der Johannes-Taufe (Stegemann 1994: 266; Müller 2002: 44; Labahn 2011).

Die talmudischen Bestimmungen sind – mit Modernisierungen – noch heute gültig. Man wäscht sich vor dem Gang zur Mikwe, steigt dann nach einem Segensspruch ins Wasser und taucht vollständig unter. In biblischer Zeit wurde das Bad in der Mikwe von Männern und Frauen praktiziert, heute besuchen vor allem Frauen regelmäßig die Mikwe, z.B. nach der Menstruation, Männer bei besonderen Anlässen, wobei die Häufigkeit des Tauchbades je nach religiöser Gruppierung variiert. Auch die Konversion zum Judentum ist Anlass zum Bad in der Mikwe, und das führt zum – nicht unumstrittenen – Thema des Proselytentauchbades.

1.5. Das Proselytentauchbad

Die hebräische Bezeichnung für den Proselyten ist גר/*ger*, der Beisitzende/Beiwohnende/Fremdling. Der Status des גר/*ger* (LXX: προσήλυτος) wird im Alten Testament auf vielfältige Weise in unterschiedlichen Kontexten verhandelt: z.B. im Schabbatgebot des Bundesbuches (Ex 23,12), in der Priesterschrift im Zusammenhang mit Opfervorschriften (Lev 17) und Reinheitstorot (Num 19,10b–13), im Rahmen der deuteronomischen Gesetzgebung (Dtn 16,9–15), aber auch in prophetischen Texten (Jes 56,1–8) sowie im Buch Rut (Rut 1,16–17), bei Esra (Esr 6,21) und Nehemia (Neh 10,29). Hinweise auf ein Proselytentauchbad gibt nur – allerdings in literarisch stilisierter Form – die Erzählung um Naaman.

Es ist davon auszugehen, dass es bei der Konversion von Nichtjuden zum Judentum schon in vorchristlicher Zeit Waschungen gegeben hat, aber weder alt-, zwischen- noch neutestamentliche Quellen geben explizite Hinweise zum Proselytentauchbad (Blaschke 1998: 250f.). Als Ritus dürfte es sich erst nach der Zerstörung des Zweiten Tempels (70 n. Chr.) herausgebildet haben, auch wenn es auf ältere Anfänge zurückgeht (Webb 1991: 128; Müller 2002: 44; Zimmermann 2006: 66). Während die Waschungen nach Phasen der Unreinheit, wie sie in den priesterlichen Reinheitstorot festgesetzt sind, immer wieder kehren, ist das Proselytentauchbad ein einmaliger Ritus. Es hat in Anwesenheit von drei Zeugen und unter Belehrung aus der Tora und Verpflichtung auf sie zu geschehen. Es ist eine Selbsttaufe, die keinen Täufer braucht. Das Proselytentauchbad enthält den Bedeutungsaspekt der Initiation, der Zugehörigkeit zum jüdischen Volk. Es hat Berührungspunkte mit der Johannes-Taufe. Die Belege sind aber zu mehrdeutig, um von einer direkten Abhängigkeit sprechen zu können (Sänger 2011: 303).

Erst in der Mischna und im Talmud sind frühestens ab dem Ende des 1. Jahrhunderts n. Chr. vielfältige Diskussionen rund um das Verhältnis von Proselytentauchbad und Beschneidung überliefert, z.B. in bJev 46ab: Der Text kann nicht als eindeutiger Beweis dafür gewertet werden, dass man im rabbinischen Judentum bereit war, Heiden auch ohne Beschneidung, nur durch Taufe, als Proselyten anzunehmen. Es geht in diesem Text nicht um eine Abwertung der Beschneidung im Zusammenhang mit der Konversion, sondern um eine Aufwertung des Proselytentauchbades (Blaschke 1998: 255). Das Proselytentauchbad hat also die Beschneidung nicht ersetzt, sondern ergänzt. Es ist auf jeden Fall der Beschneidung als Initiationsritus nachgeordnet. Bis heute ist bei Übertritt zum Judentum ein Bad in der Mikwe vorgeschrieben.

Neben diesen vorwiegend halachischen Texten rund um Un-/Reinheit, Waschungen etc. und der Naaman-Erzählung bilden weitere narrative und vor allem prophetische Traditionen den Horizont, in dem sich die christliche Taufe entwickelt hat und gedeutet wird.

2. Prophetische Hintergründe

2.1. Das Volk Israel in der Wüste

Die Erzählungen rund um den Exodus des Volkes Israel aus Ägypten, den langen und beschwerlichen Weg durch die Wüste, den Zug durch das Schilfmeer und schließlich den Einzug ins gelobte Land werden im Neuen Testament typologisch im Zusammenhang mit der Taufe interpretiert: »Alle wurden in der Wolke und im Meer auf Mose getauft« (1Kor 10,2). Dieser Text bezieht sich auf die Wolkensäule, in der JHWH nach Ex 13,21; 16,10 dem Volk Israel in der Wüste voraus zieht, um ihm den Weg zu weisen (Num 14,14). Das Meer ist das Schilfmeer – das entweder als Rotes Meer oder als Binnensee im Nildelta lokalisiert wird –, das auf beiden Seiten zurück weicht, damit das Volk im Trockenen durchziehen kann (Ex 14,22). Der Fels, der in 1Kor 10,4 typologisch mit Christus identifiziert wird, ist in Ex 17,6 der Fels, auf den Mose schlägt, damit Wasser herauskommt, das das murrende Volk in der Wüste trinken kann.

Die Wüste ist im Alten Testament eine der traditionellen Offenbarungsstätten Gottes. Die Ortswahl für die Taufe des Johannes in der Wüste gegenüber von Jericho am Ostufer des Jordan entspricht der Situation Israels nach dem Exodus vor dem Einzug in das Gelobte Land von Osten her (Stegemann 1994: 296f.). Der Ort erinnert an Josua, der das Volk Israel durch den Jordan hindurch in das Heilige Land führt (Jos 4,13.19).

Diese Lokalisierung von prophetischem Wirken in der Wüste ist in der frühjüdisch-hellenistischen Literatur ebenfalls überliefert: So erzählt z.B. Josephus von Propheten, die die Menschen hinaus »in die Wüste (εἰς τὴν ἐρημίαν)« (Flavius Josephus, *Bellum Judaicum* 2,259) führen und ihnen göttliche »Wunder und Zeichen (τέρατα καὶ σημεῖα)« (Flavius Josephus, *Antiquitates Judaicae* 20,168) zeigen. Die Kombination vom Aufenthalt in der Wüste und in der Gegend um den Jordan ist ebenfalls ein geprägtes Motiv (Flavius Josephus, *Bellum Judaicum* 3,515). Ein Beispiel eines in der Wüste wirkenden Propheten ist Bannus, dessen Anhänger Josephus selbst nach eigener Schilderung drei Jahre lang war (Flavius Josephus, *Vita* 11–12). Von Bannus, der einen asketischen Lebenswandel in der Wüste führte und häufig rituelle Tauchbäder vornahm, ist über die Darstellung des Josephus hinaus wenig zu erfahren (Webb 1991: 112).

Die Motive von Wüstenaufenthalt, Gott in der Wolke, Durchzug durch das Meer und Wasser aus dem Felsen, wie sie sich sowohl im Alten Testament als auch in der frühjüdischen Literatur finden (Webb 1991: 360–366), bilden also wichtige erzählerische Hintergründe für neutestamentliche Tauftexte. Neben diesen narrativen Konstellationen stellt die alttestamentliche Prophetie ein breites Repertoire an Texten, Traditionen und Motiven zur Verfügung, die die neutestamentlichen Autoren aufnehmen, wenn sie die frühchristliche Taufpraxis darstellen, entfalten und deuten. Während diese Texte im Zusammenhang der Hebräischen Bibel in ganz unterschiedlichen historischen Kontexten einzuordnen sind und Tora kommentieren und aktualisieren, werden sie im Neuen Testament eschatologisch und zur Vorausdeutung auf Christus interpretiert.

2.2. Die Verbindung von Un-/Reinheitsvorstellungen mit Sünde und Sündenvergebung

Das Konzept von טהר/*thr* »rein« und טמא/*tm'* »unrein« hat zunächst nichts mit Sünde zu tun, sondern beschreibt zwei unterschiedliche Zustände: Reinheit und Unreinheit regulieren die Kultfähigkeit. Verbindungslinien liegen aber z.B. in den Vorstellungen von Sühne und Versöhnungstag, wie sie in Lev 16 festgehalten sind: Am Großen Versöhnungstag müssen der Altar und die Stiftshütte durch ein Blutbesprengungsritual von den Verunreinigungen und Sünden der Israeliten entsündigt/gesühnt, wörtlich »bedeckt« (כפר/*kpr*) werden. In diesem Konzept sind moralisch-ethische Reinheitsvorstellungen angelegt, wie sie in prophetischen und weisheitlichen Traditionen bedeutsam werden.

Die Prophetie der exilisch-nachexilischen Zeit setzt darin einen besonderen Akzent, dass sie den kultischen Vorstellungskomplex von Un-/Reinheit moralisch-ethisch konnotiert: Israel verunreinigt sich durch Götzendienst und soziale Vergehen wie Inzest oder Ehebruch (Hos 5,3; Jer 2,23; Ez 14,11; Ez 22,6–12).

Außerdem wird der Begriff eschatologisch akzentuiert: Die Propheten entwerfen das endzeitliche Hoffnungsbild, dass Gott selbst die Reinheit seines Volkes wieder herstellen wird (Jes 35,8; Ez 14,20–21): Nach Ez 36,25 wird Gott das Volk durch Besprengung mit reinem Wasser von Unreinheiten und Götzen reinigen. Das Feuer steht symbolisch für das Gericht, das dieser Reinigung vorausgeht (Ez 22,17–22 u.a.). Die Propheten ermahnen zu einem Gottesdienst in Reinheit (Jes 52,11).

Auch in manchen weisheitlichen Texten wird das Konzept von Un-/Reinheit explizit mit moralisch-ethischen Reinheitsvorstellungen verknüpft, so z.B. im weisheitlichen Psalm 51, der in V. 9 Entsündigung, Reinheit und Waschung miteinander verbindet: »Entsündige (חטא/*ḥṭ'*) mich mit Ysop, und ich werde rein (טהר/*ṭhr*). Wasche (כבס/*kbs*) mich, und ich werde weißer als Schnee« (Übers. MG). Die kultische Reinigung wird hier durch eine Art Herzensreinigung überboten. In Hi 4,17 wird rein (טהר/*ṭhr*) zu einem Parallelbegriff zu gerecht (צדק/*ṣdq*).

2.3. Johannes der Täufer als Prophet

In den vielfältigen neutestamentlichen Darstellungen der Person und des Wirkens Johannes des Täufers (s. S. 40–43) werden Motive aus alttestamentlichen Traditionen aufgenommen und miteinander kombiniert. So ist z.B. die Berufung Johannes des Täufers in Lk 3,2 nach dem Vorbild von Prophetenberufungen im Alten Testament gestaltet (Hos 1,1). Johannes der Täufer wird in Mk 1,1–8par als Rufer in der Wüste und Wegbereiter Jesu stilisiert. Alle vier Evangelien zitieren Jes 40,3 nach der Septuaginta, Lk 3,4–6 in der ausführlichsten Form. In Jes 40,3–5 (MT) heißt es:

> »³Eine Stimme ruft:
> In der Wüste bahnt den Weg JHWHs! Macht in der Steppe eine Straße gerade für unseren Gott!
> ⁴Jedes Tal soll sich heben und jeder Berg und Hügel eben werden!
> Das Holprige soll gerade werden und das Hügelige zur Talebene!
> ⁵Offenbaren wird sich die Herrlichkeit JHWHs,
> und alles Fleisch gemeinsam wird es sehen.
> Denn der Mund JHWHs hat gesprochen« (Übers. MG).

Das Trostwort über Jerusalem Jes 40,1–5 eröffnet das Deuterojesaja-Buch. Im Kontext von Deuterojesaja kündigt ein prophetischer Sprecher, der Gottesrede weitergibt, dem Volk Israel das Ende des Exils und das endzeitliche Kommen Gottes an. Zwei markante Bedeutungsverschiebungen in VV. 3.5 in der Septuaginta stellen die Weichen für die neutestamentliche Rezeption: »In der Wüste« (בַּמִּדְבָּר/*bammidbār*) gehört nach der syntaktischen Abtrennung des Masoretischen Textes zur Rede, zum Bahnen des Weges JHWHs. In der Zuordnung der Septuaginta wird ἐν τῇ ἐρήμῳ zur Redeeinleitung gezogen: Dadurch entsteht der »Rufer in der Wüste«. Einschneidender ist die Veränderung in V. 5: »gemeinsam/miteinander« (יַחְדָּו/*jaḥdāw*) im Masoretischen Text wurde offensichtlich als unverständlich angesehen und zur »Rettung durch Gott« (τὸ σωτήριον τοῦ θεοῦ) erweitert, die vermutlich aus Jes 52,10 (dort allerdings in der femininen Form τὴν σωτηρίαν) eingetragen wird. Die rufende, mahnende Stimme setzt einen Kontrapunkt zur Stummheit des Gottesknechtes.

Die Phrase »bahnt einen Weg« (פנו דרך/*pannû dæræk*; LXX: ἑτοιμάσατε τὴν ὁδόν) kommt im Alten Testament außer in Jes 40,3 noch in Jes 57,14 und Jes 62,10 vor: Während es in Jes 40,3 um den Weg geht, der für Gott bereitet werden soll, ist es an den anderen beiden Stellen ein Weg für das Volk. Mal 3,1, wo der Bote Gottes den Weg für JHWH bereiten soll, könnte Jes 40,3 gekannt haben.

Die Kombination von Wüstenaufenthalt und Wegbereitung für Gott findet sich auch in Qumran: »Werden diese in Israel […] sondern sie sich aus dem Sitz der Männer des Unrechts ab, um in die Wüste zu gehen, um dort den Weg des ER zu bahnen, wie geschrieben steht [Is 40,3]: In der Wüste bahnt den Weg des […] macht gerade in der Steppe eine Straße für unseren Gott« (1QS 8,12b–14; Übers. Maier 1995–1996).

Bereits inner-alttestamentliche Verwendungsweisen (Jes 35,8; 45,13; Jer 31,9; Spr 3,6; 9,15) sowie dieses Beispiel aus Qumran zeigen, dass die Begriffe »Weg« (דרך/*drk*) und »gerade machen« (ישׁר/*jšr*) eine lange Tradition metaphorischen Verständnisses im Sinne ethischer Anweisungen für den richtigen Lebensweg und -wandel haben.

Die Schilderung von Nahrung und Kleidung Johannes des Täufers hat ebenfalls alttestamentliche Hintergründe: »Und Johannes war bekleidet mit Kamelhaaren und einem Ledergürtel um seine Lende, und er aß Heuschrecken und wilden Honig« (Mk 1,6; Übers. MG). Nach Sach 13,4 ist ein haariger Mantel (אַדֶּרֶת שֵׂעָר/ʾadæræt śeʿār; LXX: δέρρις τριχίνη) die klassische Prophetenkleidung, die allerdings am Ende der Tage abgelegt werden soll. Vom alttestamentlichen Propheten Elia, mit dem in allen vier Evangelien Johannes der Täufer in Verbindung gebracht wird – bis hin zur Identifizierung bei Matthäus –, wird erzählt, dass er ein אִישׁ בַּעַל שֵׂעָר/ ʾîš baʿal śeʿār war – d.h. entweder, dass er ein behaarter Mann war oder dass er ein Gewand aus Haaren (vielleicht Kamelhaaren) anhatte – und einen ledernen Gürtel trug (2Kön 1,8). Kleidung und Nahrung des Johannes symbolisieren eine nomadisch-asketische Lebensweise in der Wüste, wie sie offensichtlich einem Propheten zugeschrieben wird.

Josephus stellt Johannes den Täufer als Prediger in der Tradition der Prophetie dar, der moralisch-ethische Mahnungen verkündet und die Taufe als Reinigungsritual praktiziert (Flavius Josephus, *Antiquitates Judaicae* 18,116–119). Jüdische Gerichtsprophetie um die Zeitenwende nimmt die Tradition vom prophetischen Rufer und von Weherufen, wie sie sich bereits in Am 5,18–20; Jes 6,11f. finden, auf. So wird z.B. von Jehoschua ben Hananja aus der Zeit nach 62 n. Chr., noch vor dem Jüdischen Krieg, folgender Unheil ankündigender Weheruf überliefert: »Eine Stimme vom Aufgang, eine Stimme vom Niedergang, eine Stimme von den vier Winden! Eine Stimme über Jerusalem und den Tempel, eine Stimme über Bräutigam und Braut, eine Stimme über das ganze Volk« (Flavius Josephus, *Bellum Judaicum* 6,300f.; Müller 2002: 27).

Die deuteronomistische Umkehrpredigt, die zwar Missstände in Israel anklagt, aber eine Bußmöglichkeit offen hält, setzt sich in frühjüdischen, bedingten, nicht apodiktischen Gerichtsdrohungen fort (1Hen 91,3–7.18f.; Jub 7,20–29; 36,3–11; LibAnt 20,3f.) und bildet einen wichtigen Hintergrund der Predigt Johannes des Täufers (Müller 2002: 28).

Die Predigt alttestamentlicher Propheten, in der sie Gottesrede weitergeben, kann von Zeichenhandlungen begleitet sein (z.B. Jer 19; 51,59–64; Ez 4,1–5,17). Diese auffälligen, manchmal auch provozierenden symbolischen Handlungen dienen dazu, die prophetische Botschaft zu unterstützen. Sie zeigen den Propheten als jemanden, der die von ihm verbal angekündigten Veränderungen tatsächlich bewirken kann. Die Unterstützung des Wortes durch symbolträchtige Handlungen ist ein Element, das in der christlichen Taufe aufgenommen wird.

2.4. Joel 3: Ausgießung des Geistes, Feuer und der Tag JHWHs

Eschatologische Gerichtsankündigungen finden sich in unterschiedlichen Variationen in prophetischen Texten. Exemplarisch soll hier Jo 3 angeführt werden, weil in diesem Text die Motive Geistausgießung, Feuer und andere Zeichen sowie der Tag JHWHs gebündelt sind, die auch in anderen Prophetentexten vorkommen. In nachexilischer Zeit wird die überlieferte prophetische Eschatologie neu interpretiert und mit eigenen Akzenten versehen (Wolff 1985: 71; Wöhrle 2006: 466). Jo 3,1–5 enthält ein prophetisches Wort, das in VV. 1–3 Gottesrede zitiert. VV. 1f. kündigen die Ausgießung des Geistes an:

> »[1]Und danach werde ich meinen Geist ausgießen über alles Fleisch.
> Und eure Söhne und eure Töchter werden prophetisch reden,
> eure Alten werden Träume haben, eure Jungen werden Visionen sehen.
> [2]Und auch über die Sklaven und Sklavinnen werde ich in jenen Tagen meinen Geist ausgießen« (Jo 3,1f.; Übers. MG).

Der Geist (רוּחַ/*rûaḥ*) Gottes – mit der Grundbedeutung Atem, Hauch, Wind, Luft – bezeichnet die Lebenskraft, den Lebenswillen, die Aktionskraft, das belebende Prinzip (Ri 15,19; Gen 45,27; Jes 44,3) und steht grundsätzlich im Gegensatz zur Hinfälligkeit des Fleisches (בָּשָׂר/*bāśār*; vgl. Jes 31,3). In jedem Fall ist der Geist unverfügbar, Gott gibt dem Menschen diese Lebenskraft. »Ausgießen« (שׁפך/*špk*) wird sonst von Flüssigkeiten – z.B. Wasser (Ex 4,9) oder Blut (Gen 9,6) – gesagt. Abstrakta, die ausgegossen werden, sind Zorn oder Grimm (z.B. Jes 42,25). Ausgießen bedeutet »gänzlich entleeren«. Die Rede vom Ausgießen des Geistes hat am ehesten Parallelen im Ausschütten des Herzens (Ps 62,9; Klgl 2,19) oder der Seele (נפשׁ/*npš*) (1Sam 1,15; Ps 42,5), das ein umfassendes Sichaussprechen, ein offenes Mitteilen von Gedanken und Gefühlen umschreibt (Wolff 1985: 78). Dieser Vorgang kann also durchaus in einem sehr konkreten körperlichen Sinn und darüber hinaus metaphorisch umfassend verstanden werden. Die Geistausschüttung befähigt zum Prophetsein, zu prophetischer Rede, zum Empfang von Träumen und Visionen (vgl. Jes 42,5).

Adressat ist »alles Fleisch« (כָּל־בָּשָׂר/kål båśår; LXX: πᾶσα σάρξ). Auch wenn in erster Linie das ganze Volk Israel angesprochen ist (Jo 2,19; vgl. Ez 39,29), enthält die Formulierung eine Offenheit auf alle Menschen hin (vgl. Gen 6,12–14; Jes 66,23). Der Geist Gottes wird auf das ganze Volk ausgeschüttet und bringt in den Menschen prophetische Phänomene hervor. Dass die Differenzen von Geschlecht, Alter und sozialem Status in Jo 3 zwar explizit genannt, aber gleichzeitig aufgehoben werden, lässt sich mit dem Schlagwort »Demokratisierung des Geistes« (Fischer 2002: 235) beschreiben. Die Ausgießung des Geistes zielt auf eine breite Streuung prophetischer Begabungen hin, die über konkrete Einzelgestalten hinausgeht. Der Zusammenhang zwischen Geistbegabung und prophetischem Wirken findet sich mehrfach im Alten Testament (Num 11,29; 24,2; 2Kön 2,15f.; Ez 2,2; 3,12.24). In Jo 3 und ähnlichen prophetischen Texten wird die Ausgießung des Geistes in eschatologischem Horizont verheißen.

Das gilt auch für die Ankündigung des »Tages JHWHs«, eines Gerichtstages, einem zentralen Thema im Buch Joel (vgl. Jo 1,15; 2,1f.11; 4,14):

> [3]»Ich werde Zeichen geben am Himmel und auf der Erde:
> Blut, Feuer und Rauchsäulen.
> [4]Die Sonne wird sich in Finsternis verwandeln und der Mond in Blut,
> bevor der Tag JHWHs kommt, der große und furchtbare«
> (Jo 3,3–4; Übers. MG).

Vor diesem Tag sollen Zeichen/Wunderzeichen (מופתים/môp^{e}tîm; LXX: τέρατα) kommen. Blut, Feuer, Rauch – Zeichen auf der Erde, vielleicht Krieg, Vulkanausbrüche – sowie Himmelszeichen – Sonnen- und Mondfinsternis – werden dem furchtbaren Tag JHWHs vorausgehen, der über die Völker kommen wird und Israel Rettung bringt. Zeichen und Wunder sind die für Israel sichtbaren Phänomene, mit denen JHWH das Volk aus Ägypten geleitet (Ex 4,12) und zum Sinai, dem Offenbarungsberg hinführt (Dtn 6,22). Es ist also nahe liegend, dass das Blut in Jo 3,4 auf eine der Plagen, die Vernichtung der Erstgeburt in Ägypten, hindeutet. Feuer und Rauch haben im Alten Testament vor allem mit Theophanie zu tun. Sie erinnern an die Gottesoffenbarung am Sinai (vgl. Ex 19).

Die Ankündigung des Tages JHWHs und des damit verbundenen Gerichts ist auch in anderen prophetischen alttestamentlichen Texten und in frühjüdischer Eschatologie weit verbreitet: Bei Ezechiel und Zephania wird er als »Tag des Zornes JHWHs« bezeichnet (Ez 7,19; Zeph 1,15.18; 2,2.3). Zorn und Gericht sind häufig mit dem Bild des Feuers verbunden. Gottes Gerichtshandeln vollzieht sich bildlich durch ein reinigendes Feuer (vgl. Ez 22; Sach 13; Mal 3). Auch in der frühjüdischen Eschatologie ist das Motiv des Feuers geläufig. So heißt es im Buch Sirach: »Der Prophet Elia wird aufstehen wie Feuer, und sein Wort wird leuchten wie eine Fackel« (Sir 48,1). Nach Sir 48,10 soll Elia »bereit sein für die Zeit, um den Zorn zur Ruhe zu bringen«. Feuer soll die Sünder beim eschatologischen Gericht vernichten: So werden z.B. in PsSal 15,4f. »Feuerflamme und Zorn(gericht) über die Ungerechten« angekündigt (Müller 2002: 29).

Nach Jo 3,5 verliert dieser endzeitliche Tag seinen Schrecken dadurch, dass er auf dem Zion ein Tag der Rettung sein wird:

> 5»Jeder, der den Namen JHWHs anruft, wird gerettet werden.
> Denn auf dem Berg Zion und in Jerusalem wird Rettung sein, wie JHWH gesagt hat,
> und unter den Übriggebliebenen, die JHWH berufen wird«
> (Jo 3,5; Übers. MG).

Inmitten des Katastrophenszenarios soll es einen Ort der Rettung geben, das Geschenk des neuen Lebens der Gottesgemeinschaft. Die Frage, ob diese Rettung nur Israel betrifft oder einen weiteren Völkerhorizont hat, muss offen bleiben. Von Jo 3,5 her lassen sich Verbindungslinien zur Vorstellung von der Völkerwallfahrt zum Zion nachzeichnen (Fischer 2002: 248). Die Formulierung »jeder, der den Namen JHWHs anruft, wird gerettet werden« (Jo 3,5), dient bei Paulus als Argument dafür, dass kein Unterschied zwischen Juden und Griechen besteht (Röm 10,13; 1Kor 1,2). Die Idee, dass das angekündigte Gericht nicht alle trifft, sondern dass es Verschonung gibt, wird ebenfalls in der frühjüdischen Eschatologie weiter verfolgt. So heißt es in 1Hen 5,9 von den Gerechten: »Sie werden nicht im grimmigen Zorn sterben.« In der neutestamentlichen Rezeption von Jo 3,1–5 wird vor allem die Ausgießung des Geistes auf alle Menschen hervorgehoben: Der Text wird in der Petrusrede in ActPetr 2,17–21 – mit einigen sprachlichen Abweichungen – nach der Septuaginta zitiert.

Die geschilderten prophetisch-eschatologischen Visionen und Sprachbilder rund um den Tag JHWHs, Gericht und Feuer bilden einen Deuterahmen für neutestamentliche Tauftexte. Die Sündenvergebung in der christlichen Taufe hat in der alttestamentlichen prophetischen Umkehrpredigt eine zentrale Wurzel. Das Wirken des Geistes rund um die Taufe hat in den beschriebenen Texten wichtige Vorbilder. Lenkt man den Blick von diesen Deutungen und theologischen Hintergründen auf die konkret-praktische Funktion der Taufe als Initiationsritus, so hat diese Rolle ihre jüdische Parallele in der Beschneidung.

3. Initiation: Beschneidung im Alten Testament und im Judentum

Die Funktion als Initiationsritus und Identitätsmerkmal, die die christliche Taufe im Laufe der Zeit zunehmend bekommt, erfüllt im Judentum von seinen biblischen Anfängen bis heute die Beschneidung. Sie ist das Ritual, das im Alten Testament und im Judentum für männliche Kinder die Zugehörigkeit zum Gottesvolk und den Bund besiegelt. Sie wurde im alttestamentlichen Israel sowie bei seinen Nachbarvölkern, den Ägyptern, Edomitern, Ammonitern und Moabitern, praktiziert (Jer 9,24f.). Im Gegensatz dazu galten die indogermanischen Philister im Alten Testament als Unbeschnittene (Ri 14,3; 1 Sam 31,4). Ex 4,25 und Jos 5,2f. deuten auf steinerne Werkzeuge hin, mit denen die Beschneidung durchgeführt wurde. Alttestamentliche Texte (Gen 34; Ex 4,24–26) stellen sie als alten, vorexilischen Brauch dar. Von ihrer allgemeinen

Verbindlichkeit ist aber erst in nachexilischer Zeit auszugehen (vgl. Wagner 2010).

Die meistens der Priesterschrift zugeordnete Erzählung in Gen 17,1–14 verortet die Beschneidung bereits in der Zeit vor der Sesshaftwerdung im Zusammenhang mit Bundesschluss und Mehrungsverheißung an Abraham. Nach Gen 17,10.12 gilt die Beschneidung der Vorhaut an jedem männlichen Kind als Zeichen des Bundes: »Das ist mein Bund (ברית/*brjt*), den ihr halten sollt, zwischen mir und euch und deiner Nachkommenschaft (זרע/*zrʿ*) nach dir: Alles, was männlich ist, soll bei euch beschnitten (מול/ *mwl*) werden. [...] Im Alter von acht Tagen soll alles, was männlich ist, bei euch beschnitten werden, in euren Generationen: der im Haus geborene und der von einem Fremden für Silber gekaufte Sklave, der nicht von deiner Nachkommenschaft ist« (Übers. MG).

In diesem Text wird die Knabenbeschneidung im Alter von acht Tagen festgesetzt. Auch wenn sie als Gebot formuliert wird, ist davon auszugehen, dass damit eine bereits bestehende Praxis festgeschrieben wird. Gen 17,10–14 ist der einzige Text im Alten Testament, in dem die Beschneidung und vor allem die Knabenbeschneidung explizit eingeführt und durch eine göttliche Weisung begründet werden (Zimmermann 2006: 28f.). Die alttestamentlichen Texte stellen die Beschneidung als unhinterfragten Stammesbrauch dar, mit dem Identität und Zugehörigkeit zum Volk Israel besiegelt werden. Nach dem Wegfallen des Tempels werden im Exil Sabbat, Passafest und Beschneidung als identitätsstiftende Merkmale zunehmend wichtig. Die Beschneidung ist Zeichen von Gottes Gnade und dem Bund ohne Bedingungen. Durch die Beschneidung bekommen – männliche – Kinder die Kultfähigkeit und die Berechtigung, am Passamahl teilzunehmen (Ex 12,26f.43–50).

Dass die Beschneidung ein gender-unterscheidendes Identitätsmerkmal ist, wird heute in jüdischer feministischer bzw. gendersensibler Exegese auf vielfältige Weise diskutiert (Hoffman 1996). Eine Möglichkeit, damit umzugehen, ist die Schaffung eigener Rituale für Mädchen in reformjüdischen Kreisen. Ein anderer Weg liegt in der relecture von Gen 17 aus einer Gender-Perspektive: Im Kontext in Gen 17 ist die Beschneidung eingebettet in die Mehrungsverheißung und die Aufforderung zur Namensänderung, die beide sowohl an Abraham als auch an Sara ergehen (Gen 17,5f.15f.). Nach talmudischer Tradition (bYev 46ab) haben die Erzmütter ein Tauchbad als Ersatz für die Beschneidung vorgenommen (Sänger 2011: 293, 319). Die matrilineare Dimension ist also im Bundesverständnis der Erzelternerzählungen von Anfang an mit gedacht (Mark 2003: 6–7).

Bereits innerhalb des Alten Testament kann die Beschneidung von ihrem konkret-physischen Sinn auf die »Beschneidung des Herzens« als gelebtem Nachvollzug des Gottesbundes übertragen werden (Dtn 10,12–22; 30,1–10). Grundlegende theologische Momente der Knabenbeschneidung sind die Aufnahme des Kindes in die Familie und das Volk und die Besiegelung des göttlichen Bundes. Trotz der prinzipiellen Kontinuität des Rituals und seiner grundlegenden Rolle zur Identitätsstiftung hat die Beschneidung eine wechselvolle Geschichte und wird heute – besonders im Reformjudentum – aus moralischen, medizinischen und Gründen der Geschlechtergerechtigkeit immer wieder hinterfragt und diskutiert (Hoffman 1996).

Die geschilderten Motive, Konzepte und Texte zeigen, dass einzelne Elemente aus der alttestamentlich-jüdischen Tradition – der Vorstellungskomplex Un-/Reinheit, prophetische Verkündigung und das Konzept der Beschneidung – wichtige Hintergründe für die Entstehung der christlichen Taufpraxis und der sie beschreibenden und deutenden neutestamentlichen Texte bilden. Daneben hat die christliche Taufe aber auch Aspekte aus anderen, paganen Traditionen aufgenommen. Gleichzeitig entwickelt das Judentum die Reinheitstorot aus der Hebräischen Bibel nach der Zerstörung des Zweiten Tempels in anderen Formen weiter, die in keinem Zusammenhang mit der christlichen Taufe stehen.

Quellen- und Literaturverzeichnis

1. Quellen

BHS: Elliger, Karl/Rudolph, Wilhelm (Hgg.): Biblia Hebraica Stuttgartensia, Stuttgart ⁴1990.

Josephus, Flavius – Antiquitates Judaicae: Niese, Benedikt (Hg.): Flavii Josephi Opera, Bd. 1 – Bd. 4., Berlin 1887–1890.

Josephus, Flavius – Bellum Judaicum: Niese, Benedikt (Hg.): Flavii Josephi Opera, Bd. 6, Berlin 1894.

Josephus, Flavius – Vita: Niese, Benedikt (Hg.): Flavii Josephi Opera, Bd. 4, Berlin 1890, 321–389.

Maier 1995–1996: Maier, Johann (Hg.): Die Qumran-Essener. Die Texte vom Toten Meer, 3 Bde., München/Basel 1995–1996.

Nestle-Aland²⁷: Aland, Barbara/Aland, Kurt u.a. (Hgg.): Novum Testamentum Graece, Stuttgart ²⁷1993.

Philo von Alexandrien – Specialibus legibus: Cohn, Leopold (Hg.): Opera quae supersunt, Bd. 5, unv. Nachdr., Berlin 1962.

Talmud: Talmud Bavli, Nachdruck der Ausgabe Romm, Wilna 1880–1886, Jerusalem 1931.

2. Sekundärliteratur

Blaschke 1998: Blaschke, Andreas: Beschneidung. Zeugnisse der Bibel und verwandter Texte (TANZ 28), Tübingen/Basel 1998.

Ego 2007: Ego, Beate: Art. Reinheit/Unreinheit/Reinigung (AT), in: WiBiLex (www.wibilex.de), Stuttgart 2007.

Enger 2006: Enger, Philipp A.: Die Adoptivkinder Abrahams. Eine exegetische Spurensuche zur Vorgeschichte des Proselytentums (BEAT 53), Frankfurt a.M. 2006.

Erbele-Küster 2008: Erbele-Küster, Dorothea: Körper und Geschlecht. Studien zur Anthropologie von Leviticus 12 und 15 (WMANT 121), Neukirchen-Vluyn 2008.

Fischer 2002: Fischer, Irmtraud: Gotteskünderinnen. Zu einer geschlechterfairen Deutung des Phänomens der Prophetie und der Prophetinnen in der Hebräischen Bibel, Stuttgart 2002.

Hellholm 2011: Hellholm, David u.a. (Hgg.): Ablution, Initiation, and Baptism – Waschungen, Initiation und Taufe. Late Antiquity, Early Judaism, and Early Christianity – Spätantike, Frühes Judentum und Frühes Christentum (BZNW 176/1), Berlin/New York 2011.

Hoffman 1996: Hoffman, Lawrence A.: Covenant of Blood. Circumcision and Gender in Rabbinic Judaism (Chicago Studies in the History of Judaism), Chicago/London 1996.

Hoss/Ristow 2001: Hoss, Stefanie/Ristow, Sebastian: »Untertauchen in lebendigem Wasser ...«. Das jüdische Reinigungsbad und die christliche Taufe. Gemeinsamkeiten und Unterschiede, in: WUB 19-22 (2001), 70-75.

Labahn 2011: Labahn, Antje: Aus dem Wasser kommt das Leben. Waschungen und Reinigungsriten in frühjüdischen Texten, in: Hellholm 2011, 157-219.

Mark 2003: Mark, Elizabeth Wyner: Wounds, Vows, Emanations. A Phallic Trope in the Patriarchal Narrative, in: dies. (Hg.): The Covenant of Circumcision. New Perspectives on an Ancient Jewish Rite (Brandeis Series on Jewish Women), Hanover 2003, 3-17.

Müller 2002: Müller, Ulrich B.: Johannes der Täufer. Jüdischer Prophet und Wegbereiter Jesu (Biblische Gestalten 6), Leipzig 2002.

Sänger 2011: Sänger, Dieter: »Ist er heraufgestiegen, gilt er in jeder Hinsicht als ein Israelit« (bYev 47b). Das Proselytentauchbad im frühen Judentum, in: Hellholm 2011, 291-334.

Seidl 2004: Seidl, Theodor: Art. Rein und unrein II. Altes Testament, in: RGG^4, Bd. 7, Tübingen 2004, 240-242.

Stegemann 1994: Stegemann, Hartmut: Die Essener, Qumran, Johannes der Täufer und Jesus, Freiburg i.Br. ^{3}1994.

Wagner 2010: Wagner, Volker: Profanität und Sakralisierung der Beschneidung im Alten Testament, in: VT 60 (2010), 447-464.

Webb 1991: Webb, Robert L.: John the Baptizer and Prophet. A Socio-Historical Study (JSNT.S 62), Sheffield 1991.

Wöhrle 2006: Wöhrle, Jakob: Der Abschluss des Zwölfprophetenbuches. Buchübergreifende Redaktionsprozesse in den späten Sammlungen (BZAW 389); Berlin/New York 2006.

Wolff 1985: Wolff, Hans Walter: Dodekapropheton 2. Joel und Amos (BKAT XIV/2), Neukirchen-Vluyn ^{3}1985.

Wright 1997: Wright, Benjamin G.: Jewish Ritual Baths - Interpreting the Digs and the Texts. Some Issues in the Social History of Second Temple Judaism, in: Silberman, Neil Asher/Small, David (Hgg.): The Archaeology of Israel. Constructing the Past, Interpreting the Present (JSOT.S 237), Sheffield 1997, 190-214.

Würthwein 1984: Würthwein, Ernst: Die Bücher der Könige. 1. Kön. 17-2. Kön. 25 (ATD 11,2), Göttingen 1984.

Zimmermann 2006: Zimmermann, Ulrich: Kinderbeschneidung und Kindertaufe. Exegetische, dogmengeschichtliche und biblisch-theologische Betrachtungen zu einem alten Begründungszusammenhang (BVB 15), Münster 2006.

3. Literaturhinweise zum vertiefenden Studium

Harrington, Hannah K.: The Purity Texts (Companion to the Qumran Scrolls 5), London/New York 2004.

Lawrence, Jonathan D.: Washing in Water. Trajectories of Ritual Bathing in the Hebrew Bible and Second Temple Literature (SBL Academia Biblica 23), Atlanta 2006.

Öhler, Markus: Elia im Neuen Testament. Untersuchungen zur Bedeutung des alttestamentlichen Propheten im frühen Christentum (BZNW 88), Berlin u.a. 1997.

Poorthuis, Marcel J. H. M./Schwartz, Joshua (Hgg.): Purity and Holiness. The Heritage of Leviticus (Jewish and Christian Perspectives Series 2), Leiden/Boston 2000.

Snodgrass, Klyne R.: Streams of Tradition Emerging from Isaiah 40:1–5 and their Adaption in the New Testament, in: JSNT 8 (1980), 24–45.

Werrett, Ian C.: Ritual Purity and the Dead Sea Scrolls (StTDJ 72), Leiden/Boston 2007.

Neues Testament

Markus Öhler

Einheit und Vielfalt: Die Taufe in neutestamentlicher Perspektive

Vor allem in zwei Zusammenhängen erfahren wir innerhalb des Neuen Testaments etwas mehr über die Taufhandlung, in den Berichten über die Taufe Jesu durch Johannes (Mk 1,4–12 par) und in der Erzählung von der Taufe des äthiopischen Schatzmeisters durch Philippus (Apg 8,26–39). In diesen beiden Taufberichten, so unterschiedlich sie im Einzelnen sein mögen, lassen sich die wesentlichen Strukturelemente der Taufe erkennen: Zwei Personen sind unerlässlich, der Täufer und der Täufling. Der Täufer hat eine Botschaft, der sich der Täufling anschließt. Die Inhalte haben einen klaren Transzendenzbezug und fordern Zustimmung. Diese wird durch das Wasser-Ritual körperlich vollzogen und öffentlich gemacht, zugleich orientiert es das Leben des Getauften neu. Was in beiden Geschichten fehlt, ist der soziale Aspekt der Gemeinschaft, denn beide Getauften bleiben zunächst für sich: Jesus geht in die Wüste (Mk 1,12f. par), der Schatzmeister reist nach Äthiopien (Apg 8,39). In beiden Texten findet sich aber als entscheidender *terminus technicus* »taufen«.

Mit »taufen« wird das eher seltene Wort βαπτίζω wiedergegeben, das vor allem »untertauchen, baden« bedeutet (dazu ausführlich Ferguson 2009: 38–59). Der »Täufer« (βαπτιστής) bzw. »Taufende« (βαπτίζων) vollzieht die »Taufe« (βάπτισμα/βαπτισμός). Die LXX verwendet βαπτίζω u.ä. nur an vier Stellen (Jes 21,4; 2/4Kön 5,14; Jdt 12,7; Sir 34,25[31,30]). Außer bei Jesaja, wo es metaphorisch gebraucht wird, ist jeweils eine rituelle Waschung gemeint, wie sie die Tora vorschreibt. Die Geschichte von Naaman (2Kön 5) macht wahrscheinlich, dass es auch tatsächlich um ein Untertauchen geht: Der Kranke muss sich ja ganz vom Aussatz reinigen (s. dazu S. 19f.).

Auch andere Begriffe sind als Hinweise auf die Taufe gedeutet worden: »(ab-)waschen« (1Kor 6,11; Apg 22,16; Hebr 10,22), »Bad« (Eph 5,26; Tit 3,5), »versiegeln« (2Kor 1,22; Eph 1,13; 4,30) oder »salben« (2Kor 1,21) bzw. »Salbung« (1Joh 2,20.27). Es wird sich im Folgenden zeigen, wie weit damit jeweils tatsächlich die Taufe gemeint ist. Überblickt man insgesamt den neutestamentlichen Befund, ist schließlich bemerkenswert, dass die Taufe nicht so häufig vorkommt, wie man angesichts ihrer theologischen Bedeutung meinen möchte. Zudem besteht die Möglichkeit, dass an einigen Stellen βαπτίζω nicht auf die Taufe als Ritual verweist, sondern auf ein Eintauchen in den Geist oder metaphorisches Sterben (vgl. Dunn 1999; s. dazu unter 3.3).

1. Die Taufe des Johannes

1.1. Johannes, der Täufer

Alle Evangelien und auch schon die Logienquelle berichten von Johannes dem Täufer. Stets bildet dabei die Taufe ein wesentliches Element der Darstellung, die offenbar das einzigartige Merkmal seines Wirkens war: Er war Johannes »der Täufer« (Mk 6,25; Mt 3,1 u.ö.; auch Flavius Josephus, *Antiquitates Judaicae* 18,116). Seine Tauftätigkeit war nicht zu trennen von der Erwartung des unmittelbaren Zorngerichts und dem Ruf zur Umkehr (Mt 3,7–10 par Lk 3,7–9 Q). Niemand könne sich auf die Erwählung Israels berufen (Mt 3,9 par Lk 3,8), das Feuergericht des Stärkeren, also wohl Gottes, stehe unmittelbar bevor (Mt 3,11f. par. Lk 3,16f. Q; vgl. etwa Mal 3,19; Nah 1,6). Er, Johannes, biete den Ausweg an: Das Untertauchen im Wasser bedeute »Umkehr zur Vergebung der Sünden« (Mk 1,4).

Die Bereitschaft zur Taufe setzte also die Anerkenntnis der Täuferbotschaft voraus, der Prozess der Umkehr wurde mit dem Wasserritus zu einem Abschluss gebracht. Das öffentliche Untergetauchtwerden machte die Neuausrichtung zunächst für den Täufer (und die Beobachtenden) sichtbar, sodann für Gott, der ja der eigentliche Adressat der Umkehr war, und schließlich (und vor allem) für den Getauften: Die körperliche Erfahrung setzte den Anfangspunkt für den neuen, gottgefälligen Weg in der Zuversicht, dem Gericht zu entgehen.

Die Taufe im Jordan ist so sowohl effektiv – der Getaufte ist (wie auch bei jüdischen Reinigungsbädern; vgl. etwa 1QS 3,4–9) jetzt schon gereinigt von den Sünden – als auch verheißend zu verstehen: Die Wassertaufe sichert die Bewahrung vor der eschatologischen Feuertaufe, mit der das Volk Israel von den Ungerechten gereinigt werden wird, zu. In diesem Sinn ist die Taufe des Johannes auch als prophetische Zeichenhandlung zu verstehen: Sie sagt aus, was in Zukunft geschehen wird, nämlich die Feuertaufe zum Gericht. Nur jene, die das erkennen und durch die Wassertaufe diese Erwartung auch zu ihrer machen, entgehen ihr. Die Verheißung einer zukünftigen Geisttaufe (Mk 1,8 par) ist – sofern es sich dabei nicht, was wahrscheinlicher ist, um eine christliche Interpretation handelt – im Zusammenhang der Erwartung der Geistausgießung zu sehen (Jo 3,1–5; s. S. 29–32).

Im Kontext jüdischer Reinigungsrituale stellt die Taufe des Johannes daher eine einzigartige Kombination verschiedener Elemente dar, von denen etliche für die christliche Taufe besondere Bedeutung erlangten, einige aber auch aufgegeben wurden.

- Die Taufe geschieht im Jordan (Mk 1,5 u.ö.), jenem Fluss, der für die Landnahme (Jos 3) besonders wichtig war. Allerdings nennt Joh 3,23 als Taufort auch ein gewisses Ainon bei Salim in der Nähe von Sichem (Samaria), 5 km vom Jordan entfernt. Wenn dies auf historischer Überlieferung beruht, wofür manches spricht, dann sollte die Bedeutung des Jordan nicht zu hoch veranschlagt werden.
- Die Taufe geschieht durch den Täufer. Jüdische Reinigungsbäder sind ausnahmslos Selbstreinigungen, auch in Qumran (s. S. 21f.). Der Täufer hat als Prophet eine mediatorische Rolle: Sowohl die Verkündigung als auch das Ritual selbst geben Gottes Wirken weiter.

- Die Taufe des Johannes geschah, obwohl dies nicht explizit gesagt wird, nur einmal. Das ergibt sich vor allem aus der eschatologischen Naherwartung, aber auch aus der deutlichen Forderung einer ethischen Neuorientierung, die keine Wiederholung zulässt.
- Die Taufe steht unter der Qualifizierung der Zeit als Endzeit. Der eschatologische Horizont treibt Johannes zum Taufen und die Menschen zur Taufe.
- Die Taufe hat eine reinigende Funktion: Sie nimmt die Sünden, die als Verunreinigungen verstanden werden können (s. S. 25f.), von den Menschen und qualifiziert damit zur eschatologischen Begegnung mit Gott.
- Die Taufe kann als Gegenritual zum Tempelkult gedeutet werden (Webb 2000: 285f.), ist aber eher als eine Ausweitung auf ganz Israel zu verstehen, die »die Realität eines funktionierenden Sühnekultes schlicht hinter sich gelassen hat« (Avemarie 1999: 407).
- Die Taufe setzt die Lebensführung der Getauften unter ein neues Vorzeichen: Die ethische Ausrichtung an der Tora (illustriert in der Standespredigt Lk 3,10–14) ist eine unbedingte Konsequenz (vgl. auch Mt 3,8 par Lk 3,8 Q).

Eine initiatorische Funktion hat die Johannestaufe an sich nicht. Zwar wissen wir von Anhängern des Johannes (Flavius Josephus, *Antiquitates Judaicae* 18,118; Apg 18,25; 19,1–6; Joh 1,35–37), zu denen auch Jesus gehörte (s. u. 1.4), die Johannestaufe hat aber nach Ausweis der Quellen keine Bedeutung für die Konstituierung einer spezifischen Gruppe (anders in Qumran vgl. Webb 1991: 160). Initiatorisch im weiteren Sinn ist sie, weil die durch die Taufe gereinigten und ethisch neu ausgerichteten Israeliten von jenen unterschieden sind, die im kommenden Gericht untergehen. Die Taufe des Johannes markiert in diesem Sinne eine Grenze, die auch im Bild vom Weizen, der in der Scheune gesammelt wird, und der Spreu, die in unlöschbarem Feuer brennen wird, angesprochen ist (Mt 3,12 par Lk 3,17 Q). So entsteht durch das Untertauchen zwar nicht spezifisch eine Gemeinschaft, aber doch eine Unterscheidung im Volk Israel. Für den Umstand, dass die Taufe auch über den Tod des Johannes hinaus eine motivierende Bedeutung hatte, stehen die sog. »Johannesjünger« (Apg 18,25; 19,1–6).

Zu erwähnen sind in diesem Zusammenhang auch die Mandäer (Sabäer), in deren Texten Johannes der Täufer eine wichtige Rolle spielt (grundlegend Rudolph 1960/61). Bei ihnen finden zu Feiertagen, bei lebensgeschichtlich bedeutsamen Ereignissen und in Riten für Verstorbene Taufen bis heute statt. Die Angehörigen dieser Religion leben gegenwärtig vor allem im Iran und Irak, sie wird in der Forschung mehrheitlich als Fortführung einer jüdischen Täufersekte aus dem 1. Jahrhundert n. Chr. verstanden. Möglicherweise setzt sich schon das Johannesevangelium mit solchen Gruppierungen auseinander (vgl. v.a. Joh 1), die bei den Kirchenvätern öfters begegnen (vgl. Rudolph 1999).

1.2. Die Deutung der Johannestaufe im frühen Christentum

Dass Jesus von Johannes getauft wurde, wird durch Markus, Matthäus und Lukas bezeugt und wurde wahrscheinlich auch in der Logienquelle berichtet (Webb 2000: 262–265). Die Deutung der Johannestaufe wie des Umstands, dass sich auch Jesus selbst hatte taufen lassen, geschieht allerdings recht unterschiedlich. Dabei ist – neben der sprachlichen Gestalt – vor allem zu bedenken, dass die Evangelisten die christliche Taufe, in welcher Form auch immer, kannten, und dies auch in ihre Darstellung des Johannes einbrachten.

Bei *Markus* wird die Taufe neben die Verkündigung gestellt, wonach Johannes »die Taufe der Umkehr zur Vergebung der Sünden« predigte (Mk 1,4). Die Taufe Jesu steht vor allem unter dem Vorzeichen, dass dieser dabei den Geist empfängt und als Sohn Gottes proklamiert wird (Mk 1,10f.). Johannes ist der Wegbereiter des Gottessohnes Jesus, der selbst mit Heiligem Geist taufen wird (was allerdings nur im Johannesevangelium explizit eingelöst wird; vgl. Joh 20,22).

Matthäus stellt an den Anfang seiner Darstellung die Nähe der Herrschaft der Himmel, die Anlass für die Umkehrforderung des Johannes ist (Mt 3,2). Zudem ist die aus der Logienquelle übernommene eschatologische Gerichtsdrohung sehr wichtig (Mt 3,7–10.12). Die Taufe wird verbunden mit dem Bekenntnis der Sünden (Mt 3,6) bzw. mit der Umkehr (Mt 3,11). Matthäus erkennt die christologische Problematik der Taufe Jesu: Ist dieser der Gottessohn (Mt 3,17; vgl. schon 2,15), gezeugt aus dem Heiligen Geist (Mt 1,20), wie kann er dann eine Taufe, die mit Umkehr und Sündenbekenntnis verbunden ist, wollen? Entsprechend wehrt bei Matthäus der Täufer Johannes das Taufbegehren Jesu ab: »Ich habe nötig, von dir getauft zu werden« (Mt 3,14). Die Taufe durch Jesus (also im Sinne des Matthäus mit Heiligem Geist und Feuer 3,11) steht über der Wassertaufe des Johannes. Das hierarchische Verhältnis zwischen Jesus und Johannes bildet sich auf der Ebene des Rituals ab (Ernst 1989: 164). Jesus freilich besteht darauf, getauft zu werden, sei doch nur auf diese Weise die Gerechtigkeit, also der Wille Gottes, zu erfüllen (Mt 3,15). Das Problem der Sündlosigkeit Jesu wird basierend auf Mt 3 im apokryphen Nazaräerevangelium im Zusammenhang der Taufe von Jesus selbst ausdrücklich angesprochen: Jesus habe allein die »Sünde« der Unwissenheit begangen (EvNaz 2).

Lukas versteht die Taufe wie Markus (und Matthäus) im Zusammenhang von Umkehr und Sündenvergebung (Lk 3,3) und betont wie die Logienquelle (und Matthäus) den Zusammenhang mit der Gerichtserwartung (Lk 3,7–9.17). Hinsichtlich der Taufe Jesu ist er noch zurückhaltender: Erst nachdem er die Tötung des Johannes durch Herodes berichtet hat (Lk 3,19f.), nennt er die Taufe des Volkes und auch Jesu (Lk 3,21) als Anlass für die Geistbegabung und Proklamation als Gottessohn (Lk 3,22). Lukas liegt mehr an der ethischen Verpflichtung, die mit der Taufe verbunden ist, wie sie in der sog. Standespredigt für einzelne Gruppen angesprochen wird (Lk 3,10–14; vgl. 3,18). Johannes wird deutlich in die Tradition der Propheten eingepasst, verkündigt damit aber auch schon das Evangelium (Lk 3,18).

Im *Johannesevangelium* schließlich hat die Taufe des Johannes keine eigene Funktion mehr, sie ist lediglich Ansatzpunkt für das Zeugnis des Johannes über Jesus, das Lamm bzw. den Sohn Gottes (1,19–34). Dass Jesus selbst sich taufen ließ, lässt sich hier nicht mehr erkennen.

1.3. Flavius Josephus

Auch der jüdisch-römische Historiker Josephus beschreibt das Handeln des Täufers (*Antiquitates Judaicae* 18,116–119) und ordnet es in seinen Verstehenshorizont ein. Johannes, »der Täufer genannt wurde« (ebd. 18,116), habe von seinen Anhängern ein tugendhaftes Leben, Gerechtigkeit untereinander und Frömmigkeit gefordert (ebd. 18,117). Die Taufe sei der demonstrative Abschluss der Neuorientierung gewesen, die für Josephus selbstverständlich innerlich stattfindet. Auffallend ist, dass auch Josephus die Taufe unter dem Aspekt der Reinigung betrachtet, aber versichert, dass die Seele »durch die Gerechtigkeit zuvor gereinigt« worden sei (ebd. 18,117). Hier liegt eine für ein hellenistisch denkendes Publikum stilisierte Beschreibung der Taufe vor, die eine gewisse Ritualkritik erkennen lässt: Das Eigentliche geschieht im Menschen, das Ritual hat nur dann Gültigkeit, wenn das Innere des Menschen auf Tugend, Gerechtigkeit und Frömmigkeit ausgerichtet ist. Ähnliches lässt sich übrigens aus der Regel der Qumrangemeinschaft erkennen (1QS 3,1–5): Es gibt keine Form von Waschung, die reinigt, wenn sie nicht mit der Bereitschaft zur Umkehr verbunden ist.

1.4. Jesus, der Täufer?

Der Umstand, dass Jesus sich von Johannes taufen ließ und auch später eng mit dem Wirken des Täufers verbunden wurde (Mk 6,14–16) bzw. selbst den Täufer schätzte (vgl. nur Mt 11,7–19 par Lk 7,24–28 Q; Mk 11,27–33), lässt sich so erklären, dass Jesus selbst wenigstens zeitweise zum Kreis um den Täufer gehörte. In dem Zusammenhang sind Bemerkungen im Johannesevangelium auffällig, die von einer Tauftätigkeit Jesu in Judäa berichten (Joh 3,22; 4,1–3). Zwar wird zugleich eingeschränkt, dass Jesus selbst nicht getauft habe, sondern seine Jünger (Joh 4,2), doch wird auch dies in den synoptischen Evangelien nicht erwähnt. Tatsächlich wäre für die historische Verbindung von Johannestaufe und christlicher Taufe eine Tauftätigkeit Jesu selbst von großer Bedeutung (so Twelftree 2009), allerdings spricht das Fehlen in den anderen Evangelien gegen die Historizität der durch den Verfasser des Johannesevangeliums ja selbst eingeschränkten Berichte. Die merkwürdige Darstellung im JohEv ist eher als Reflex der Konkurrenzsituation zwischen Jesus- und Johannesanhängern zu verstehen (vgl. auch Joh 1,6–16). Man wird daher als wahrscheinlich annehmen können, dass Johannes mit seiner Form des Tauchbads tatsächlich allein auf weiter Flur war.

2. Der Ritualtransfer von der Taufe des Johannes zur Taufe der Christusgläubigen

Zwischen der Taufe des Johannes und der frühchristlichen Taufe fand ein Ritualtransfer statt. Aus der eschatologischen Zeichenhandlung, die von der Sünde reinigte, wurde, obwohl die Handlung selbst im Wesentlichen gleich blieb, ein Ritual, das mit dem Eintritt in die Gemeinschaft und einer einschneidenden Lebensveränderung verbunden war. Wie dies historisch ablief, lässt sich kaum mehr ergründen, da Anweisungen zur Taufe durch den Auferstandenen (Mt 28,19; Mk 16,16 [sekundär]) kaum historisch sind (anders zuletzt wieder Ferguson 2009: 133). Wenn aber weder Jesus taufte (s.o.) noch die ersten Christen in Jerusalem getauft waren (s.u.), bleibt es trotz der inhaltlichen Übereinstimmungen zwischen Johannes und Jesus ein Rätsel, warum sich die Taufe als eines der grundlegenden Rituale des Christentums etablierte. Verwiesen wurde zur Erklärung auf die Bedeutung der eschatologischen Naherwartung, die dazu drängte, das ohnehin schon von der Aussicht auf das Gericht geprägte Ritual des Johannes christlich zu adaptieren (Dinkler 1992: 48f.). Man könnte auch daran denken, dass die Taufe Jesu als Vorbild übernommen wurde (Kvalbein 1996: 67–83) oder die Geisterfahrung als Taufe verstanden wurde, der die körperlich erlebbare Wassertaufe zur Seite gestellt wurde (Theißen 1999: 101f.). Entscheidend war aber wahrscheinlich, dass Jesusanhänger und -anhängerinnen nach Ostern das Bedürfnis hatten, die Zugehörigkeit zum Auferstandenen durch ein ihnen vom Täufer bekanntes Ritual zu erleben, das sie zu der neuen Gemeinschaft zusammenschließen sollte, die nun – zunächst innerhalb des Judentums – entstanden war. Dass dies nicht bei allen so war, ist sehr wahrscheinlich, und dass es dabei auch deutliche Verständnisdifferenzen gab, ebenso.

3. Paulus

3.1. Die Taufe des Paulus

Dass Paulus getauft wurde, ist sehr wahrscheinlich. Sowohl in 1Kor 12,13 als auch in Röm 6,3f. ist er in der 1. Person Plural inkludiert. Wann, wie und von wem Paulus getauft wurde, berichtet er selbst allerdings nicht. Wie man überhaupt feststellen muss: Explizite Erwähnungen der Taufe sind bei Paulus nicht häufig, sondern beschränken sich auf wenige Abschnitte: Röm 6,3f.; 1Kor 1,13–17; 10,2; 12,13; 15,29; Gal 3,27.

Geht es nach der Apostelgeschichte, war die Taufe des Paulus ein wesentliches Element auf dem Weg zum Zeugen für Christus (vgl. Apg 9,18; 22,16). In Apg 9,17f. wird die Taufe durch Hananias in Damaskus als Endpunkt der Berufungserzählung verstanden: Paulus wird wieder sehend und mit Heiligem Geist erfüllt. Die zweite, vom lukanischen Paulus selbst erzählte Version rückt die Bedeutung der Taufe in den Vordergrund (Apg 22,16): Sie wäscht, verbunden mit der Anrufung Jesu, die Sünden ab. Auch wenn die Darstellung jeweils von lukanischen Interessen geprägt ist, so scheint doch als Kern der Überlieferung die Taufe in Damaskus (vgl. Gal 1,17) durch einen sonst unbekannten Hananias historisch glaubwürdig. Paulus ist auf jeden Fall das älteste namentlich bekannte Beispiel für einen durch Christen Getauften.

3.2. Paulus, der Täufer

Paulus ist, wenigstens was das Alter der Quellen angeht, auch der erste Christusgläubige, von dem wir mit Sicherheit sagen können, dass er getauft hat. In 1Kor 1,13–17 gibt er allerdings zu erkennen, dass er darin nicht seine Hauptaufgabe sah. »Ich danke Gott, dass ich keinen von euch taufte außer Krispus und Gajus«, schreibt er angesichts der Probleme, die offenbar durch die enge Verbindung von Täufer und Täufling entstanden waren. In 1Kor 1,17 meint er ergänzend, dass er nicht gesandt wurde, um zu taufen, sondern um das Evangelium zu verkündigen.

Daraus lässt sich eine deutliche Zurückhaltung gegenüber der Bedeutung der Taufe erkennen. Zwar hatte Paulus bei seinem Erstaufenthalt durchaus getauft (vgl. für Krispus auch Apg 18,8), aber eben nur wenige. Entscheidend ist die Verkündigung, die die Korinther im Glauben angenommen haben (1Kor 15,1f.).

Während Paulus sonst über sein Taufhandeln schweigt, gibt uns die Apostelgeschichte ein etwas anderes Bild. In Philippi und Korinth (Apg 16,15.33) taufte er (mit Silas und anderen?) einzelne Personen mit ihren Hausangehörigen, Lydia (Apg 16,15), den Gefängniswärter (Apg 16,33) sowie den Synagogenvorsteher Krispus (Apg 18,18; vgl. 1Kor 1,14). Ein Sonderfall ist die Taufe der Johannesjünger in Apg 19,5. Angesichts der zahlreichen Glaubenden ist dies eine schmale Zahl, wenngleich Lukas diese Taufen wahrscheinlich nur exemplarisch nennt und für andere Orte und Gemeinden voraussetzt. Auffallend ist aber auch, dass Lukas offenbar Gläubigwerden und Taufe personal und zeitlich eng verbindet, was Paulus selbst gerade nicht tut (vgl. auch 1Kor 3,6–10).

Die Lage in Korinth macht die Zurückhaltung des Paulus gegenüber seiner eigenen Tauftätigkeit verständlich (1Kor 1,10–31). Paulus hatte von Leuten der Chloë berichtet bekommen, dass es Spaltungen und Streit in der Gemeinde gab, da sich die Glaubenden bestimmten Personen zuordneten: Paulus, Apollos, Kephas (Petrus) und Christus. Er verweist darauf, dass Spaltungen unzulässig seien, da Christus, an dem sie alle Anteil hätten (vgl. V.30; c.12), nicht zerteilt sein könne (V. 13a). Nicht Paulus (sondern Christus) sei gekreuzigt worden und die Taufe sei nicht auf den Namen des Paulus (sondern Christi) geschehen (V. 13b). Offenbar verbindet Paulus die Parteiungen mit der Taufe durch bestimmte Personen (auch durch Petrus!), ist er doch erleichtert, dass er selbst nur wenige getauft hat (V. 14f.). An die Stelle der Hochschätzung von Menschen sollte, so die folgenden Ausführungen (V. 17–31), die Erkenntnis treten, dass allein in Christus die Weisheit liegt, Gerechtigkeit, Heiligung und Freikauf.

Aus diesem ersten Abschnitt werden einige Elemente des paulinischen Taufverständnisses erkennbar. Zunächst: Bei der Taufe spielt der Name, der dabei angerufen wird, eine entscheidende Rolle, gibt er doch die Zugehörigkeit des Getauften an. Wer behauptet, zu Paulus zu gehören, müsste auf den Namen des Paulus getauft sein (vgl. V.15). Tatsächlich, so wird aus V.13b deutlich, sind aber alle Korinther auf den Namen Christi getauft. Sodann ist auffällig, dass die Kreuzigung Christi als Heilstat für die Glaubenden und die Taufe als Zuordnung der Glaubenden zu Christus und zugleich Aneignung der Heilstat zusammen gestellt werden. Die Taufe wird von der Soteriologie her gedeutet. Und schließlich rückt Paulus die Bedeutung des Taufenden völlig in den Hintergrund. Die Glaubenden sind aus Gott in Christus (V.30), der Mensch, sei er Täufer oder Verkündiger, hat keine Bedeutung. Beim Ritual der Taufe tritt nach paulinischem Verständnis also derjenige, der das Ritual durchführt, zurück, und zwar nicht, weil er lediglich Repräsentant Gottes oder der Gemeinschaft ist, sondern weil das Ritual selbst die Verbindung mit der Transzendenz herstellt.

3.3. Taufe und Gemeinschaft

Noch in einem weiteren Zusammenhang kommt Paulus im 1. Korintherbrief auf die Taufe zu sprechen. In Kap.12 widmet er sich den Begabungen, Diensten und Wirkungen, mit denen die Mitglieder der Gemeinde unterschiedlich beschenkt sind. Deren Verschiedenheit stellt, so Paulus, die Einheit der Gemeinde nicht in Frage, sondern alle »Charismata« (Begabungen) werden durch denselben Geist, denselben Herrn und denselben Gott bewirkt (1Kor 12,4–6). V.11 rückt aus dieser Perspektive den Geist als energetisches Epizentrum in den Vordergrund, mit V.12 kommt zusätzlich ein Bild ins Spiel, das Paulus schon zuvor angesprochen hatte (1Kor 10,16f.): die Gemeinde als Leib (σῶμα) Christi. Die Verschiedenheit der Begabungen und ihrer Träger wird verglichen mit der Vielzahl der unterschiedlichen Glieder eines Leibes. Wie der menschliche Leib (dennoch) ein Ganzes ist (»einer«), »so auch der Christus« (1Kor 12,12c). Es ist nun ausgerechnet die Taufe, die aus den vielen unterschiedlichen Menschen den einen Leib Christi gemacht hat (1Kor

12,13): »Denn wir alle sind auch in *einem* Geist in *einen* Leib hinein getauft worden, seien es Juden oder Griechen, seien es Sklaven oder Freie, und alle sind wir mit *einem* Geist getränkt worden.« Paulus verwendet hier eine ältere Tradition, auf die er schon in Gal 3,27f. zurückgriff: »Denn wieviele ihr auf Christus getauft worden seid, ihr habt Christus angezogen. Da ist nicht Jude noch Grieche, da ist nicht Sklave noch Freier, da ist nicht männlich und weiblich; denn ihr alle seid *einer* in Christus Jesus.«

Es geht hier also darum, dass aus den unterschiedlichen ethnischen, sozialen und geschlechtlichen Gruppierungen »einer« geworden ist: Christus Jesus. In Gal 3,27 wird dies verbunden mit der Metaphorik vom Anziehen eines Gewandes, in 1Kor 12,13 mit der metaphorischen Tränkung mit dem Geist. Wird in 1Kor 12 ausführlich mit der Leib-Metaphorik gearbeitet, steht sie in Gal 3,28 (»*einer*«) lediglich im Hintergrund. Dabei ist Paulus offenbar wichtig, dass dies nicht nur bildlich gesprochen ist: Die Glaubenden *sind* der Leib Christi (vgl. 1Kor 12,27), sie *sind* »*einer* in Christus Jesus« (Gal 3,28).

Die Taufe hat also eine klare sozialdynamische Funktion, denn aus ihr heraus setzt sich aus den vielen unterschiedlichen Menschen diese Gemeinschaft zusammen, die von Christus her konstituiert wird. Folgende Elemente sind dabei besonders auffällig:

- Die Taufe wird von Paulus als die Eingliederung in den Leib Christi verstanden, der freilich nicht erst daraus entsteht. Die Formulierung »in *einen* Leib hinein« (εἰς ἓν σῶμα) macht deutlich, dass Christus als der Leib, der die Präsenz des Heilsereignisses in der Wirklichkeit ist, vorgegeben ist. Die Glaubenden werden durch die Taufe, das *körperliche* Ritual, in die *Verkörperung* des Heils hineingebracht.
- Soziale Antagonismen, die trennend bzw. zuteilend wirken, sind durch das Ritual überwunden. Entsprechend betont Paulus die Einheit, an der die Getauften Teil haben, sodass horizontale Communitas (der Getauften) durch die vertikale Communitas (mit Christus) entsteht (vgl. Strecker 2004: 283).
- Paulus geht allem Anschein nach davon aus, dass alle Glaubenden getauft sind. In 1Kor 12,13 fällt das betonte »alle« auf, in Gal

3,27f. soll die Argumentation alle Adressaten umfassen. Auch wenn die Taufverständnisse in Korinth und darüber hinaus nicht einheitlich gewesen sein mögen, so ist doch die Tatsache des Getauft-Seins aller für Paulus eine Ausgangsbasis, aus der heraus er seine Schlüsse entfalten kann.

– Geist und Taufe sind für Paulus so eng verbunden, dass – wenigstens nach 1Kor 12,13 – aus Taufe und Geisttränkung dasselbe folgt, ohne identisch zu sein. Selbst wenn die Geisttränkung nicht die Taufe meint, ergibt sich daraus allerdings nicht eine lediglich metaphorische Deutung des ganzen Abschnittes, als ob »getauft« nicht das Ritual meinen würde (so aber Dunn 1999: 308f.)

3.4. Taufe, Tod und Leben (Röm 6,1–14)

Die Taufe wird von Paulus in Röm 6,1–14, einem in seiner Deutung recht umstrittenen Text, am ausführlichsten bearbeitet. Tatsächlich von Taufe die Rede ist in Röm 6,3f.: »Oder wisst ihr nicht, dass wie viele wir getauft wurden auf Christus Jesus, wir auf seinen Tod getauft wurden? So sind wir begraben worden mit ihm durch die Taufe in den Tod, damit, wie Christus auferweckt wurde von den Toten durch die Herrlichkeit des Vaters, so auch wir in Neuheit des Lebens wandeln.«

Paulus greift das Thema Taufe auf, weil er zuvor den Gegensatz von Sterben und Leben aufgemacht hat (Röm 6,2): Die der Sünde gestorben sind (also ihrem Machtbereich entzogen sind), leben nicht mehr in ihr. Der gesamte Abschnitt ist von dieser Gegenüberstellung geprägt, sodass die Taufe in das Thema »Tod und Leben« eingepasst wird.

Mit der rhetorischen Eröffnung »Wisst ihr nicht, dass ...« leitet Paulus eine Deutung der Taufe ein, von der er annimmt, dass sie den Adressaten und Adressatinnen vertraut ist: Die Taufe hat mit Tod und Leben zu tun, und zwar mit Sterben und Auferstehungsleben Jesu Christi. Aus der Jesustradition finden sich Tod, Begräbnis und Auferweckung (vgl. 1Kor 15,3f.), allerdings wendet Paulus dies hier auf die Glaubenden an: Sie sind in den Tod Christi getauft, mit-begraben mit ihm, damit sie wie Christus leben. Paulus umschreibt dabei die eigentliche Verbindung zwischen der Taufe und dem Schicksal Jesu, um deutlich zu machen, dass die Erfahrung des Rituals der Wendepunkt zwischen Tod und Leben des Glaubenden ist. So nahe wie möglich kommt er dabei dem Zusammenschluss Christi mit den Getauften (Röm 6,5): Sie sind »Zusammengewachsene mit der Gleichheit seines Todes«. Selbstverständlich bleibt der Tod Christi das entscheidende Heilsereignis, aber durch die Taufe geschieht die aneignende Verbindung des Einzelnen mit dem Kreuzestod, so dass dieser zu seiner Rechtfertigung wird (V. 7). Unterstrichen wird dies durch die Metaphorik des Begrabenseins, die wohl nicht mit dem eigentlichen Taufritual zu tun hat (Christus ist ja nicht ertränkt worden). So ist dieser Text daher auch kein Beleg für die Ganztaufe durch vollständiges Untertauchen, sondern will den definitiven Charakter dieses Todes unterstreichen: Taufe ist einerseits tatsächliches Tot-Sein.

Freilich ist andererseits der Tauf-Tod, mit dem der alte, versklavte Mensch mit seinem sündigen Leib stirbt, nicht das Ende, sondern vielmehr der Anfang. Aus der Auferstehung Christi ergibt sich für Paulus die Neuheit des Lebens für die Glaubenden, die diese bereits jetzt mit der Taufe ergriffen hat und ihnen zum neuen Leben wird. Dieses neue Leben ist schon und ist zugleich auch noch nicht erfüllt: Es wird die Auferstehung sein (V. 5) und das Leben mit Christus wird sein (V. 8), aber zugleich herrscht der Tod schon jetzt nicht mehr (V. 9) und die Glaubenden wandeln in der Neuheit des Lebens (V. 4; vgl. 2Kor 5,17). In all dem, im Tod, im Begrabensein, im Leben, sind die Getauften mit Christus verbunden. An die Stelle des bei Paulus sonst vorherrschenden »in Christus« tritt daher in Röm 6 das »mit Christus« (V. 4–6.8).

3.5. Die Taufe auf den Namen

Paulus scheint die Rede von der Taufe »auf den Namen Christi« (εἰς τὸ ὄνομα Χριστοῦ) übernommen zu haben. In 1Kor 1,13.15 spricht er ironisch von der Taufe auf seinen eigenen Namen. Die Formel selbst begegnet mit Abweichungen (»in« ἐν oder »auf« ἐπί statt εἰς, sowie andere Namensformen) in Apg 2,38; 8,16; 10,48; 19,3; Mt 28,19. Ihre Herkunft und Bedeutung ist allerdings unsicher.

Der Name Christi spielt auch in anderen Texten, die möglicherweise auf die Taufe anspielen, eine Rolle. In 1Kor 6,11 greift Paulus wahrscheinlich ältere Tradition auf, wenn er als Reihe formuliert: »Ihr seid abgewaschen, ihr seid geheiligt, ihr seid gerechtfertigt durch den Namen des Herrn Jesus Christus und durch den Geist unseres Gottes.« Der Name Christi steht hier für die Präsenz des Herrn, wobei Paulus mit einiger Wahrscheinlichkeit auf den Taufakt selbst anspielt. Die Bedeutung des Namens zeigt sich mit Jak 2,7 auch in einem Schreiben, in dem Taufe und Christologie an sich eine geringe Rolle spielen. Es ist dort die Rede davon, dass Vermögende die Armen vor Gerichte zerren und so den »guten Namen, der über euch angerufen worden ist« lästern. Wird »der gute Name« auf Christus gedeutet, ist hier wohl tatsächlich die ausdrückliche Nennung des Namens bei der Taufe gemeint, der die Würde der Glaubenden begründet, die durch Lästerer gefährdet ist.

Der Wortlaut der Formel »auf den Namen« gibt allerdings gewisse Rätsel auf. Sie könnte vom hebräischen *leschem* (aram. *leschum*) herkommen, um die Übereignung an Christus analog zu Opferhandlungen auszudrücken (vgl. aus der Mischna Sev 4,6; so etwa Strack/Billerbeck I 1054f.) oder die Ausrichtung des Ritus auf Christus (vgl. aus der Mischna Nid 5,6; so Hartman 1992: 44–46). In der griechischen Form begegnet sie allerdings ausschließlich im Geschäftsleben, um die Übereignung von Geld auf ein Konto zu beschreiben (Belege bei Arzt-Grabner u.a. 2006: 70–72). Der Getaufte würde also, wenn man die Formel so liest, in den Besitz des Christus übergehen. Zumindest bei den meisten Erstlesern und -leserinnen wird dies die erste Assoziation gewesen sein, auch wenn semitisch geprägte Menschen dahinter einen anderen Sinn gesehen haben mögen.

Dass die Glaubenden Eigentum Christi sind, wird aus anderen paulinischen Texten durchaus deutlich. 1Kor 3,21–23 greift Paulus die Spaltungen aus 1Kor 1,12 noch einmal auf, um zu bestimmen: »Ihr seid Christi«. Auch in Röm 6 wird die Besitzmetaphorik aufgenommen: Die Getauften waren früher Sklaven der Sünde (Röm 6,6), nun sind sie solche der Gerechtigkeit bzw. Gottes Sklaven (Röm 6,16–22).

3.6. Taufe und Geist

An mehreren Stellen haben wir schon gesehen, dass Paulus Taufe und Geist in Beziehung zueinander sieht. Dabei geht es nicht in erster Linie darum, dass durch die Taufe der Geist verliehen wird. So wird aus 1Kor 6,11 deutlich, dass Taufe nicht Geistverleihung bedeutet, sondern das Wirken des Geistes den Glaubenden dazu führt, seine Schuld abwaschen zu lassen, um so vor Gott als heilig und gerecht (be)stehen zu können. Der gegenwärtige Geist Gottes ist, in der Präsenz des Christus, Mittler der Taufe, nicht Gabe in der Taufe.

Das wird auch bestätigt durch die breite Erörterung der Gaben des Geistes in 1Kor 12, die wir oben unter dem Aspekt der Einheit schon betrachtet haben. Alle sind »in *einem* Geist« – also durch ein und denselben Geist, egal welche Begabung er bewirkt – zu einem Leib getauft worden. Alle Glaubenden sind, so setzt er fort, »mit *einem* Geist getränkt worden« (πάντες ἓν πνεῦμα ἐποτίσθημεν 1Kor 12,13). Häufig wird dies so gedeutet, dass Paulus hier auf die Taufe anspielt, bei der der Geist den Glaubenden gegeben wird, was bildhaft als »tränken, zu trinken bekommen« beschrieben wird (Beasley-Murray 1968: 224; Hartman 1992: 68). Alttestamentlich-jüdische Texte können von einem Geist als Getränk sprechen (Jes 29,10; PsSal 8,14) bzw. vom Ausgießen des Geistes (Jo 3,1f.; Sach 12,10; vgl. dazu Zeller 2010: 398f.). Das Bild vom Trinken widerspricht aber dem des Eintauchens so weit, dass man davon ausgehen sollte, dass Paulus das Getränkt-Werden nicht auf die Taufe bezieht, sondern allgemein auf den Empfang des Geistes. Alle wurden damit getränkt und zwar gleichermaßen, ohne Unterschied, und nicht nur jene mit auffälligen Geistwirkungen.

Zur Debatte steht in diesem Zusammenhang auch ein Abschnitt aus dem 2. Korintherbrief. Im Zusammenhang seiner Verteidigung gegen den Vorwurf der Unzuverlässigkeit (2Kor 1,12–24) formuliert Paulus (2Kor 1,21f.): »Der aber uns mit euch in Christus festigt und uns gesalbt hat, ist Gott, der uns auch versiegelt und das Pfand des Geistes in unsere Herzen gegeben hat.« Der Abschnitt wird zumeist als vorpaulinische Tradition gedeutet, in der die Taufe mit verschiedenen Metaphern zum Ausdruck gebracht wird: Befestigung, Salbung, Versiegelung und Geistverleihung (u.a. Dinkler 1992: 72–76). Zwar finden sich entsprechende Aussagen nicht mehr bei Paulus selbst, aber in anderen Texten durchaus in diesem Kontext. Die Salbung Jesu mit dem Heiligen Geist wird bei Lukas mit der Taufe Jesu verbunden (Apg 10,38) und 1Joh 2,20.27 wird über den Geist als Salbung gesprochen. In Eph 1,13f. sind mit Versiegelung und Pfand (ἀρραβών; oft auch mit »Angeld« übersetzt) zwei Elemente aus 2Kor 1,21f. mit dem Gläubigwerden und dem Heiligen Geist verbunden (vgl. auch Eph 4,30). Dabei hat das Siegel im Epheserbrief (wie auch Apk 7,2–8) eine bewahrende Funktion hin auf den Tag der Erlösung. Allerdings zeigt auch diese Durchsicht, dass von Salbung und Versiegelung zwar durchaus häufig mit Bezug auf den Geist die Rede ist, allerdings nicht in Bezug auf die Taufe der Glaubenden. Die Gabe des Geistes (u.a. als Pfand) wird bei Paulus auch sonst nicht mit der Taufe verbunden (vgl. 1Thess 4,8; Röm 5,5; 2Kor 5,5). Von der rituellen Versiegelung im Zusammenhang der Taufhandlung selbst ist erst im 2. Jahrhundert die Rede (u.a. *Hirt des Hermas*, sim 9,16,3–7; s. dazu auch S. 87).

Tatsächlich spricht Paulus in 2Kor 1,21f. gar nicht von einer Handlung Gottes an allen Glaubenden, vielmehr unterscheidet er zwischen den Adressaten (»uns mit euch«) und sich selbst (»uns«, zusammen mit Timotheus und Silvanus 2Kor 1,19). Die gegenwärtige Befestigung zusammen mit den Glaubenden geschieht durch Christus, die Glaubwürdigkeit des Apostels, die das eigentliche Thema des Abschnittes ist, beruht hingegen darauf, dass Paulus sich von Gott als gesalbt sieht (vgl. Jes 61,1; 1Kön 19,16b), als versiegelt und geistbegabt. Die Adressaten und Adressatinnen könnten darauf vertrauen, dass derselbe Gott, der sie und die Apostel fest macht, der ist, der dem Wort des Apostels Zuverlässigkeit gibt. Man kann also wahrscheinlich weder von einer vorpaulinischen Tradition ausgehen, noch dass Paulus hier von der Taufe und der damit verbundenen Geistverleihung schreibt. Diese Verbindung von Taufe und Geistbegabung findet sich erst in der Apostelgeschichte.

3.7. Die Taufe auf Mose (1Kor 10,2)

Neben der Beschneidung als dem selbstverständlichen Ritus, der die Zugehörigkeit zum jüdischen Volk festmacht, kann Paulus in 1Kor 10,2 von einem besonderen Handeln Gottes schreiben, das er als Taufe auf Mose darstellt. Aus der Exodusgeschichte (s. S. 24f.) greift er in 1Kor 10 auf Gottes Rettungshandeln durch die leitende Wolke (Ex 13,21f.; Ps 105,39 LXX) und den Durchzug durch das Meer (Ex 14,21f.; Ps 41,8; 65,6 LXX) zurück: Wolke und Meer werden als jene Orte bzw. Elemente bezeichnet, in denen alle Israeliten »auf Mose getauft wurden« (εἰς τὸν Μωϋσῆν ἐβαπτίσθησαν). Das ist sprachlich und inhaltlich als Analogon zur Taufe auf Christus gebildet (Gal 3,27; vgl. Röm 6,3; 1Kor 1,13–15). Paulus versteht Mose damit als Heilsmittler (vgl. Ex 14,31), denn der Exodus war ein Rettungsgeschehen, das der Rettungstat Gottes in Christus entspricht (Ostmeyer 2000: 141–145). Eine Statusänderung analog zu der der Christen hatte auch die Wüstengeneration Israels erlebt. Entsprechend hatten sie auch geistliche Speise und geistlichen Trank empfangen (1Kor 10,3f.). Das Anliegen des Paulus ist es, die Korinther davor zu warnen, wie die Wüstengeneration die Rettungstat Gottes mitsamt Taufe und geistlichem Mahl zu verspielen: Die Geschehnisse in der Mosezeit seien als typologische Warnung zu verstehen (1Kor 10,11), wobei besonders die Beteiligung am Götzendienst gemeint ist. Deutlich wird für die Frage nach der Bedeutung der Taufe aber auf jeden Fall, dass Paulus die Taufe nicht als unverlierbares Rettungsgeschehen versteht, sondern als zu bewahrendes. Zwar wird Gott selbst dafür sorgen, dass die Glaubenden nicht mehr versucht werden, als sie zu ertragen vermögen (1Kor 10,12), doch müssen sie den Götzendienst fliehen (1Kor 10,14).

3.8. Die Taufe der Toten (1Kor 15,29)

In 1Kor 15,29 verweist Paulus auf die Praxis einiger Christen, »sich für die Toten taufen zu lassen« (auch bekannt als Vikariatstaufe). Ganz offensichtlich ergibt das nur Sinn, wenn die Taufe als Mittel zur Rettung auch ungetauft Verstorbener angesehen wurde. Zudem wird damit auch vorausgesetzt, dass sich die Lebenden stellvertretend öfters taufen lassen, damit die Toten Anteil an der endzeitlichen Auferweckung haben werden. Nicht gesagt ist, dass diese schon zum Glauben gekommen waren und – aus welchen Gründen auch immer – nicht getauft wurden. Überraschend dabei: Paulus korrigiert diese Praxis nicht, sondern führt sie im Gegenteil als Hinweis auf den Glauben einiger Adressaten und Adressatinnen an eine leibliche Auferweckung an. Die »magische Ersatzhandlung« (Zeller 2010: 500) wird von ihm zumindest toleriert.

Die Suche nach religionsgeschichtlichen Parallelen hat sich als fruchtlos erwiesen (Zeller 2007). Die häufig genannten Belege aus der Beschreibung orphischer Weihen für die Toten (Plato, *Respublica* II 364e–365a; *Orphische Fragmente* 232 Kern) sind anders zu verstehen, sodass man von einem genuin christlichen Brauch ausgehen muss. Er beruht auf der in der antiken Welt weit verbreiteten Überzeugung, dass die Lebenden für die Toten Riten verrichten können, die diesen im Totenreich bzw. bei Gott (vgl. 2Makk 12,43–45) helfen könnten. Wie bedeutsam die Taufe für die Korinther war, zeigt der Beginn des Briefes (1Kor 1,12–15). Da nun aber die pagane Ahnenverehrung bzw. die kultischen Riten zugunsten der Vorfahren nicht mehr fortgeführt wurden, adaptierten die Christen jenen Ritus, den sie als den »rettenden« verstanden.

Eine Weiterführung haben diese besonderen Taufen für die Toten in der Alten Kirche aufgrund ihrer theologischen Fragwürdigkeit allerdings kaum gefunden, in der Gegenwart werden sie freilich von Mormonen und der Neuapostolischen Kirche programmatisch betrieben.

4. Theologische Deutungen der Taufe im Neuen Testament außerhalb der echten Paulusbriefe

4.1. Die nachpaulinische Tradition

Der *Kolosserbrief* deutet die Taufe, indem er sie als Beschneidung beschreibt (Kol 2,11–13). Eine metaphorische Rede von der Beschneidung findet sich schon im Alten Testament (vgl. Dtn 10,16; 30,6; s. dazu S. 34), der Verfasser bezeichnet hier nun aber das konkrete Ritual der Taufe als Beschneidung auf Christus hin. Sie löst von dem Leib, der, in die Übertretungen getrieben vom Fleisch, dem Schuldurteil verfallen ist. Weil »das Fleisch« entfernt – wörtlich: abgelegt – wird, funktioniert die Metapher besonders gut: Auch bei der realen Beschneidung wird ja Fleisch, wenigstens ein Stück, entfernt. Die Beschneidung Christi ist allerdings göttliches Handeln (»nicht mit Händen gemacht«). Wie in Röm 6 wird die Taufe im Weiteren (Kol 2,12f.) als Mitbegrabensein und Auferstehen mit Christus gedeutet, allerdings nun so, dass auch die Auferstehung schon geschehen ist (Aorist statt Futur wie Röm 6). Die Leser und Leserinnen sollen gewiss sein können, dass sie das verheißene Heil schon jetzt haben und nichts Zusätzliches benötigen. Von Paulus unterscheidet sich der Verfasser durch den metaphorischen Gebrauch der Beschneidung, die perfektische Rede von der Auferstehung und die enge Verbindung von Taufe und Schuldvergebung. Eine bewusste Kontrastierung von jüdischer menschlicher Beschneidung und der Taufe als göttlicher Beschneidung ist aber wohl nicht sein Anliegen.

Der *Epheserbrief* greift aus dem paulinischen Erbe die Rede von der Versiegelung auf (Eph 1,13; 4,30; vgl. 2Kor 1,22). Das Versiegelte gehört Gott, das Siegel ist der Heilige Geist. Ihn hat man auch als Pfand empfangen (Eph 1,14), er bewahrt die Glaubenden »auf den Tag der Erlösung hin« (Eph 4,30). Auch hier kann – wie schon 2Kor 1,22 – die Taufe gemeint sein, allerdings wird sie nicht ausdrücklich genannt. Lediglich in Eph 4,5f., im Zusammenhang der Ermahnung zur Einheit, findet sich eine Bemerkung zur Taufe: »*Ein* Herr, *ein* Glaube, *eine* Taufe, *ein* Gott und Vater aller«. Daraus wird deutlich, dass für den Verfasser, ebenso wie schon für Paulus in 1Kor

12 die Taufe als ein Ritual gilt, das alle Christen teilen und das sie mithin verbindet. Der Bezug auf den Ritus wird so auch argumentativ eingesetzt, um die Einheit als selbstverständlich einsichtig zu machen. Es ist dementsprechend »*ein* Leib und *ein* Geist« und »*eine* Hoffnung« (Eph 4,4), in der die Glaubenden ohne Unterschied vereint sind (Eph 4,7–16).

Umstritten ist die Deutung von Eph 5,25–27, wo es in V.26 über die Kirche als Braut Christi heißt, sie sei geheiligt und gereinigt worden »durch das Wasserbad im Wort« (τῷ λουτρῷ τοῦ ὕδατος ἐν ῥήματι). Jüdisches und pagan-hellenistisches Hochzeitsbrauchtum kennen das Brautbad, sodass klar ist, dass hier die Metaphorik weitergeführt wird. Da allerdings in V.25–27 die Bildebene immer wieder gebrochen wird und zudem von dem »Wasserbad *im Wort*« die Rede ist, bleibt es wahrscheinlich, dass die Leser und Leserinnen des Epheserbriefes hier einen Hinweis auf die Taufe entnehmen konnten (vgl. Zimmermann 2001: 369–372). Die Verbindung zwischen Christus und der Kirche wird durch dessen Handeln gestiftet: Er heiligt, er reinigt durch die Taufe (vgl. 1Kor 6,11), bei der sein Name (»das Wort«) angerufen wird, sodass er die Kirche als eine »heilige und untadelige« Braut nach Hause, zum Heil, führt.

Auf den Spuren von Eph 5, aber auch der paulinischen Briefe, scheint der *Titusbrief* formuliert zu sein (3,5): Gott hat die Glaubenden gerettet »durch das Bad der Wiedergeburt und die Erneuerung durch den heiligen Geist«. Das λουτρὸν παλιγγενεσίας meint wahrscheinlich die Taufe. Die Linie aus Röm 6 wird weitergeführt: Aus Mit-Sterben und Mit-Auferstehen wird »Wiedergeburt« (Dinkler 1992: 88), eine Vorstellung, die in antiken Mysterienkulten Parallelen hat (s. unter 6.2). Die enge Verbindung von Taufe und Geist, wie sie in 1Kor 6,11; 12,13 begegnet, wird auch im Titusbrief aufgenommen, ohne dass die Geistgabe an die Taufe gebunden wäre.

Im kultisch geprägten *Hebräerbrief* wird die Taufe als Waschung verstanden (Hebr 10,22). Dabei wird die Reinigung des Hohepriesters (vgl. v.a. Lev 16,4; s. dazu S. 17) übertragen auf die Glaubenden, die als Getaufte den wahren Gottesdienst feiern können, der sich in ihrem Leben vollzieht. Das gereinigte Herz und der mit reinem Wasser gewaschene Leib beschreiben die Taufe als ein Seele und Körper umfassendes Geschehen, mit dem das Heil, das durch den wahren Hohepriester Christus eröffnet wurde, dem Einzelnen zugeeignet wird (Weiß 1991: 530). Sündenvergebung (in 9,13f. durch das Blut Christi) und Glaube sind eng damit verbunden (vgl. auch Barnabasbrief 11,1.11).

Rätselhaft und viel diskutiert ist die Erwähnung von »Taufen und Handauflegungen« als Bestandteil urchristlicher Belehrung (Katechese) in Hebr 6,2 (Überblick bei Gräßer 1990: 341f.). Ein Bezug zu jüdischen Waschungen, die in Hebr 9,10 verworfen werden, liegt wohl nicht vor. Eher scheint es in den Gemeinden, die der Verfasser vor Augen hat, nicht nur eine Taufe, sondern wie in Korinth (1Kor 15,29) mehrere gegeben zu haben. Ob auch hier die Taufe für die Toten oder andere Waschungen gemeint sind, muss offen bleiben. Es wird aber zumindest daraus deutlich, das der Umgang mit der Taufe bzw. den Taufen im frühen Christentum durchaus vielfältig war.

Wasser fungiert im *1.Petrusbrief* als typologische Verbindung zwischen der Sintflut (Gen 6–8) und der Taufe (1Petr 3,20f.). Damals waren acht Menschen, Noah und seine Familie, gerettet worden und zwar durch das Wasser. Ebenso rettet auch das Wasser der Taufe als Antitypos zur alttestamentlichen Erzählung: Freilich wird hier nun nicht vernichtet (wie bei der Sintflut), vielmehr deutet der Verfasser die Taufe als »Bitte zu Gott um ein gutes Gewissen«, die durch Christi Auferstehung erst ermöglicht wird. Diese recht prosaische Deutung will zeigen, dass die (äußerliche) Taufe zum einen ein inneres Geschehen bewirkt, zum anderen aber auch eine den Getauften verpflichtende Bitte an Gott darstellt, von Sünden frei zu bleiben.

4.2. Das lukanische Doppelwerk

Während sich das Lukasevangelium lediglich mit der Taufe Jesu (und der Leidenstaufe Lk 12,50, s.u.) befasst, hat die Taufe in der Apostelgeschichte eine hohe Bedeutung. Am deutlichsten tritt dies in der Pfingstpredigt des Petrus zu Tage, in der der Apostel fordert: »Kehrt um, und jeder von euch lasse sich taufen auf den Namen Jesu Christi zur Vergebung eurer Sünden und ihr werdet die Gabe des heiligen Geistes empfangen« (Apg 2,38). Einiges aus der synoptischen bzw. (deutero-)paulinischen Tradition findet sich auch hier – der Name Christi, die Vergebung der Sünden, die Gabe des Geistes – und ist nun ganz eng mit der Taufe verbunden, die zudem auch eine eingliedernde Funktion hat (vgl. Apg 2,41). Von der programmatischen Ansage in 2,38 her lassen sich auch die anderen Tauferzählungen lesen, wenngleich es dabei durchaus Varianten gibt: Kornelius und sein Haus empfangen *zunächst* den Geist (Apg 10,44) und werden erst dann, obwohl sie Völkerchristen sind, getauft (Apg 10,48f.). Die Samaritaner, die Philippus tauft, erhalten den Geist nicht durch die Taufe, sondern durch Handauflegung der Apostel (Apg 8,14–17), dem Magier Simon wird dies hingegen verweigert (Apg 8,13.18–24). Ähnliches berichtet Lukas über Männer, die nur die Taufe des Johannes kannten (Apg 19,1–7). Die Erzählung vom äthiopischen Kämmerer (Apg 8,26–40) enthält keinen Hinweis auf die Geistgabe, obwohl der Geist auf Philippus einwirkt (Apg 8,29.39). Bei einigen Tauferzählungen rückt der Gemeinschaftsaspekt in den Vordergrund, so programmatisch bei Kornelius (Apg 10,34f.48; 11,3), aber auch bei Lydia (Apg 16,15) und dem Gefängniswärter von Philippi (Apg 16,33f.).

Aus all diesen Erzählungen, deren unterschiedliche Gestaltung von historischen Überlieferungen und lukanischen Interessen geprägt sind, wird eine lukanische Tauftheologie deutlich (vgl. Avemarie 2002: 452): Die Taufe ist für Lukas Ausdruck der Umkehr und zugleich Gottes Gabe, die die Kirche vermittelt. Sie geschieht im Namen Christi und bewirkt Sündenvergebung und Heil. Mit der Taufe empfängt der Täufling den Geist, in der Regel durch Handauflegung. Verstanden als Initiation in die Gemeinschaft der Glaubenden verpflichtet sie zugleich zu einer entsprechenden Lebensgestaltung.

4.3. Der Taufbefehl des Auferstandenen (Mt 28,16–20)

Der Abschluss des Matthäusevangeliums enthält die Anweisung des Auferstandenen an die Elf: »Geht also hin und macht zu Jüngern alle Völker, indem ihr sie tauft auf den Namen des Vaters und des Sohnes und des heiligen Geistes, und sie lehrt, alles zu halten, was ich euch geboten habe!« (Mt 28,19–20a). Im Blick auf die Taufe wird hier deutlich, dass der erste Schritt zur Gewinnung der Menschen für die Jüngerschaft die Taufe ist. Sie ist die initiatorische Handlung schlechthin, und die Zugehörigkeit zur Kirche (»zu den Jüngern«) ist die entscheidende Wirkung der Taufe. Diese geschieht in Erweiterung der alten Namensformel in triadischer Gestalt (vgl. auch *Didache* 7,1.3). Diese ist – ohne Bezug auf die Taufe – schon bei Paulus zu finden (2Kor 13,13; 1Kor 12,4–6), in Mt 28 spiegelt sie die dreifache Zuordnung der Glaubenden zu Gott, Christus und dem Geist wider.

4.4. Die Taufe in den johanneischen Schriften

Von einer »Taufe« von Christen ist in den johanneischen Schriften wörtlich nicht die Rede. Freilich lässt sich aus der Tauftätigkeit Jesu und der Jünger (Joh 3,22; 4,1–3) logisch schließen, dass die Taufe in der johanneischen Gemeinde als Initiationsritus ausgeübt wurde. Das wird auch aus einigen Anspielungen wahrscheinlich.

In Joh 3 spricht der Offenbarer von einer Geburt, die für den Eintritt in die Gottesherrschaft unerlässlich ist und aus Wasser und Geist erfolgt (Joh 3,3–5). Sie geschieht »von oben« (ἄνωθεν vgl. 3,31; 19,11), was aber auch »von neuem« meinen kann. So ist zwar nicht ausdrücklich von einer »Wiedergeburt« die Rede (wie in Tit 3,5), aber bei einer von Gott herkommenden Neuwerdung des Menschen zu einer Existenz im Geist (3,6).

Entsprechend sind die Jünger, mit Ausnahme des Überlieferers Judas, schon rein und haben es nicht nötig, ganz gewaschen zu werden (Joh 13,9–11). Vielleicht steckt hier ein Bezug auf die Johannestaufe dahinter, die durch ein weiteres Ritual, die Fußwaschung, ergänzt werden sollte. Auf jeden Fall führt die Taufe zur Reinigung, wie auch das Wort Jesu reinigt (Joh 15,3) oder sein Blut (1Joh 1,7).

Auffällig ist auch die Rede vom χρῖσμα in Bezug auf den Heiligen Geist (1Joh 2,20.27; vgl. 2Kor 1,21). Strittig ist vor allem die grammatikalische Deutung: Meint χρῖσμα das Salböl oder resultativ die Salbung? Zumindest ist auch hier das Ergebnis entscheidend: Die Salbung bleibt in den Glaubenden und lehrt sie, was dem Wirken des Parakleten, also des Heiligen Geistes entspricht (vgl. Joh 14,17.26). Von 2Kor 1,21; Lk 4,18 und Apg 10,38 her wird häufig hinter der Salbung bzw. dem Empfangen des Salböls ein Verweis auf die Taufe gesehen: Durch die Taufe sei der Geist gegeben worden. Auch wenn man den Zusammenhang von Taufe und Geistbegabung nicht überall voraussetzen kann, so scheint er im johanneischen Schrifttum doch vorhanden zu sein (vgl. auch Joh 3,5). Der altkirchliche Brauch der Salbung bei der Taufe (vgl. dazu S. 87f.) ist für die johanneische Gemeinde allerdings nicht nachweisbar, handelt es sich doch in 1Joh 2 um metaphorische Rede.

Ebenso vieldeutig ist die Zusammenstellung von Blut, Wasser und Geist in 1Joh 5,6–8. Im Vordergrund steht dort zunächst die Betonung der menschlichen Existenz Jesu in Wasser und Blut (vgl. Joh 19,34), die durch den Geist den Glaubenden bestätigt wird (V. 6). Im Folgenden werden allerdings Geist, Wasser und Blut als gegenwärtige Zeugen angeführt, sodass eine Deutung auf Taufe und Eucharistie wahrscheinlich ist. Der Geist ist dabei nicht einer unter den dreien, sondern die sinnerschließende Macht der beiden Riten: Aus ihnen werden die Realität der Menschlichkeit Jesu und die Realität des Heils, das in Taufe und Eucharistie angeeignet werden kann, erkennbar.

4.5. Die Leidens-Taufe (Mk 10,38f.; Lk 12,50)

Die Bitte der Jünger Jakobus und Johannes um einen Platz zur Rechten und Linken Jesu in der Herrlichkeit der Gottesherrschaft und deren Ablehnung (Mk 10,35–45) enthält einen Hinweis darauf, dass von »Taufe« (βάπτισμα) auch in ganz anderem Sinn gesprochen werden konnte. Jesus deutet in Mk 10,38 sein Leidensschicksal als »Becher, den ich trinke, oder Taufe, mit der ich getauft werde«, und sagt dasselbe Schicksal auch den beiden Jüngern voraus (Mk 10,39). Häufig wird angenommen, es handle sich hier um Hinweise auf Eucharistie und Taufe, doch lässt sich das kaum halten, spricht Jesus doch bezogen auf seine Person von einer gegenwärtigen bzw. zukünftigen Taufe, nicht im Rückblick von der Taufe im Jordan durch Johannes oder im Vorausblick von der Taufe der Glaubenden. Vielmehr wird man an dieser Stelle von einem metaphorischen Gebrauch von »Taufe« ebenso wie von »Becher« auszugehen haben. Dass dies schon früh missverständlich war, zeigt die

Streichung der Taufe in der Parallele Mt 20,22f. Die Taufe wird in Mk 10,38f. deutlich in den Passionskontext gerückt (vgl. dasselbe für den Becher in Mk 14,36). Sie ist daher wörtlich als »Eintauchen« zu verstehen (Delling 1970: 240–242): Das Leidensschicksal umfängt den auf die Passion zugehenden Jesus vollständig (vgl. 2Sam 22,5; Ps 42,8; 69,2f.), wobei durchaus möglich ist, dass dies – gerade wegen der Widerständigkeit – auf den historischen Jesus zurückgeht. Dasselbe Schicksal wird für die Jünger vorausgesagt: Auch sie werden das Todesschicksal erleiden (vgl. für die Entwicklung des 2. Jahrhunderts S. 90).

Noch klarer ist die futurische Deutung in Lk 12,50 (in Abhängigkeit von Mk 10,38?): »Mit einer Taufe habe ich getauft zu sein, und wie ungeduldig bin ich, dass sie endlich vollzogen ist!«, ruft Jesus dort aus. Sein Leiden wird hier als Taufe beschrieben, als Eintauchen in das göttliche Gerichtshandeln (V. 49 spricht vom Feuer), das der Christus auf sich nimmt. Ein Bezug zu Röm 6 ist daher unwahrscheinlich.

5. Die Taufe und ihre Beteiligten

5.1. Die Elemente des Rituals

Über die konkrete Durchführung der Taufe erfahren wir relativ wenig: Johannes taufte im Jordan, der eine besondere heilsgeschichtliche Bedeutung hatte, möglicherweise aber auch an anderen Orten. Nach Apg 8,36–39 reichte eine Wasserstelle. Erst die *Didache* gibt genauere Anweisungen (*Didache* 7,1–3): Nach Möglichkeit sollte die Taufe im fließenden »lebendigen Wasser« geschehen (vgl. Lev 14), sonst konnte es auch kaltes – wohl: frisches – oder warmes (Zisternen-)Wasser sein. Das setzt zumindest Becken voraus, am ehesten wohl Privatbäder. Für den Fall, dass eventuell nicht genug Wasser zum Untertauchen bereitstand, war die Taufe durch Übergießen möglich. Die Regel war aber offenbar das Untertauchen, was sich ab dem 2./3. Jahrhundert (s. dazu S. 94) änderte.

Der Ritus selbst geschah aller Wahrscheinlichkeit nach schon von Anfang an unter Anrufung des Namens Christi (bzw. später in der triadischen Form; vgl. Hartman 1992: 39–46). Die *Didache* nennt ein vorbereitendes Fasten zumindest von Täufer und Täufling (*Didache* 7,4). Lukas hielt vielleicht die Handauflegung für ein mit der Taufe verbundenes Ritual (dazu Avemarie 2002: 163–167). Die Salbung hat sich erst später aus der metaphorischen Rede des Neuen Testaments (1Joh 2,20.27; vgl. 2Kor 1,21) entwickelt, ähnliches gilt für spezielle Taufkleider (vgl. Kol 2,11–13) (zu beidem s. S. 94).

5.2. Die am Ritual Beteiligten

Obwohl mit Johannes dem Täufer eine charismatische Gestalt am Anfang des Taufens stand, ist von einer besonderen Rolle der Taufenden, einer ausdrücklichen Qualifikationsanforderung oder Beauftragung durch die Gemeinde keine Rede. Auch wenn sich manche Glaubenden offenbar ihrem jeweiligen Täufer besonders verbunden fühlten (vgl. 1Kor 1,12–16), konnte jeder Christ taufen. Erst bei Ignatius wird, um die Einheit der Gemeinde zu bewahren, die Anwesenheit des Bischofs gefordert (Ignatiusbriefe, *Smyrna* 8,2).

Grundsätzlich war also der Täufling wichtig, nicht der Täufer. Entscheidend für das frühe Christentum war dabei, dass es keine Einschränkungen hinsichtlich der ethnischen, sozialen oder geschlechtlichen Zugehörigkeit gab. Erstens bedeutet dies, dass jene Gemeinschaft, die Teil des Judentums bzw. der judäischen Kultur war, durch die Taufe von Nicht-Juden das ethnische Paradigma, das für das Judentum von zentraler Bedeutung war, verließ. Zweitens ging die Offenheit weit über das gesellschaftlich Übliche hinaus, wenn Freie und Sklaven (1Kor 12,13; Gal 3,28) gleichermaßen durch die Taufe am Leib Christi Anteil haben. Und dasselbe gilt drittens für die geschlechtliche Differenzierung (Gal 3,28), die offenbar in der Taufe überwunden wurde. Die Taufe war als Ritual, das allen offen stand, betont egalitär ausgerichtet, wie auch die Gemeinschaft, in die die Getauften aufgenommen wurden.

Heftig diskutiert wurde immer wieder die Frage, ob Kinder bzw. Säuglinge getauft wurden (Jeremias 1958 und 1962; Aland 1963; dazu Löhr 2011). Die Thematik wurde unter anderem an den Taufen von Häusern abgehandelt, wie Lukas sie mehrfach nennt (Apg 10,1–11,18; 16,13–15; 16,25–34; 18,8). Die Diskussion erwies sich allerdings als fruchtlos, da sich nicht klären lässt, ob Lukas für diese Familien auch mit Kindern rechnete, obwohl dies grundsätzlich wahrscheinlich ist. Der hohe Stellenwert der Familie und ihre Bedeutung für die Alltagsreligiosität in der Antike lassen aber zu Recht erwarten, dass Kinder, egal welchen Alters, sowie Sklaven und Sklavinnen getauft wurden, wenn der Haushaltsvorstand (in der Regel der Paterfamilias) dies wollte (anders zuletzt Ferguson 2009: 178). Immerhin liefert Paulus einen Hinweis darauf, dass im Blick auf die Familie die Frage nach einer (mit der Taufe verbundenen) individuellen Glaubensentscheidung anachronistisch erscheint (1Kor 7,14): Ein glaubendes Mitglied heiligt die gesamte Familie. Auch die Taufe für die Toten (1Kor 15,29) weist darauf hin. Umgekehrt darf man aber auch nicht von einem Taufzwang ausgehen, wie das Beispiel des Sklaven Onesimus zeigt: Sein Herr Philemon hatte ihn nicht zum Glauben (und zur Taufe) gezwungen (vgl. Phlm 10).

Die Regel stellte aber sicherlich die Taufe Erwachsener dar. Für diese wird vorausgesetzt, dass sie zum Glauben gekommen waren. Die lukanische Apostelgeschichte lässt darauf schließen, dass dafür keine ausdrückliche Katechese Voraussetzung war, sondern dass die Taufe relativ kurzfristig geschehen konnte (vgl. etwa Apg 8,26–40; 16,13–15.25–34). Die Taufe bestätigte die Hinwendung zu Christus, die der Täufling zuvor geäußert hatte. Allerdings lässt sich eine spezifische Zuordnung von Texten, die Bekenntnischarakter haben (etwa Röm 10,9; Kol 2,6f.; Eph 5,14), zur Taufe nicht fixieren, da diese auch zu anderen Kontexten passen.

Wesentliche Bedeutung hatte der Öffentlichkeitscharakter der Taufe, war sie doch selbst Bekenntnisakt. Nur wer sich der Verkündigung des Evangeliums anschloss, unterzog sich dem Ritual und machte damit für alle Gemeindeglieder, aber wohl auch für beobachtende Gäste (1Kor 14,22–26), sichtbar, dass er sich dem Christus übereignete. Insofern gehören die Beobachter und Beobachterinnen der Taufe, also die Gemeinde, in der Regel zum Ritual selbst dazu, wenn auch nicht als Bedingung (vgl. Apg 8,26–40).

5.3. Die Entwicklung der Taufe zum Unterscheidungsmerkmal von Juden und Christusgläubigen

Innerhalb des Judentums hatten Reinigungen eine große Bedeutung (siehe S. 16–23). Die ersten Gemeinden in Jerusalem, Judäa und Galiläa verstanden die Taufe als eine Fortführung des Rituals, dem sich auch Jesus selbst unterworfen hatte, mit einiger Gewissheit als Schritt in eine innerjüdische Gemeinschaft. In dieser bedeutete das eschatologisch motivierte Reinigungsbad, wahrscheinlich bereits verbunden mit der Zuordnung zu Christus als dem Herrn, den Schritt in das Leben in der Gottesherrschaft.

Mit der verstärkten und erfolgreichen Verkündigung des Evangeliums an Nicht-Juden veränderte sich dies, da das Ritual im paganen Umfeld verbunden war mit einer Abwendung vom bisherigen religiösen Kontext. Die Taufe wurde verstanden als Konversion zu einem »Kult«, der Ausschließlichkeit beanspruchte, aus einer innerjüdischen Umkehrtaufe wurde eine Konversionstaufe (Theißen 1999: 99).

Das wirkte sich auch auf das Ritual der Beschneidung aus. In den Anfängen war sie selbstverständlich, mit der Öffnung zu den Nicht-Juden wurde sie – vor allem von Paulus – geradezu als feindliches Ritual verstanden (Gal 5,2): »Ich, Paulus, sage euch, dass Christus euch nichts nützen wird, wenn ihr euch beschneiden lasst.« Der ethnisch ausgerichtete Initiationsritus des jüdischen Volkes, das den Christusgläubigen aus Israel auch weiterhin zugestanden wurde, wurde für die Völker ersetzt durch das egalitär ausgerichtete Initiationsritual der Taufe. Entsprechend war eine metaphorische Deutung der Taufe als Beschneidung durch Christus (Kol 2,11–13) völlig unproblematisch.

Für die Ausbreitung des frühen Christentums, vor allem unter Sympathisanten des Judentums, war die Form des Rituals wahrscheinlich auch bedeutsam: Sie war wie die Beschneidung ein Ritual, auf dem die Verheißung der Zugehörigkeit zum Volk Gottes lag, allerdings ohne schmerzhaften und stigmatisierenden Eingriff, zudem für Männer und Frauen gleich. Auch in dieser Hinsicht ist die Aufhebung ethnischer und geschlechtlicher Differenzen in der Taufe (Gal 3,28) bedeutsam.

5.4. Christusgläubige ohne Taufe

So sehr die Taufe, wenn auch verschieden gedeutet, zu den grundlegenden Gemeinsamkeiten frühchristlicher Gemeinden gehörte, so auffällig ist, dass sie nicht als *conditio sine qua non* angesehen wurde. Von den frühesten Anhängern und Anhängerinnen des historischen Jesus werden die meisten, da Jesus selbst nicht taufte, auch nachösterlich nicht getauft worden sein. Einige waren möglicherweise wie Jesus selbst von Johannes getauft worden (vgl. Joh 1,35f.), doch von keinem der Zwölf wird die Taufe auf den Namen Jesu erzählt. Lukas versteht wohl die Geistausgießung zu Pfingsten (Apg 2,1–4) als äquivalentes Geschehen. Aber auch über den Kreis der ersten Glaubenden in Jerusalem hinaus gab es wahrscheinlich etliche Christen und Christinnen, die nicht »christlich« getauft worden waren. So wird über Apollos berichtet, dass er lediglich die Johannestaufe kannte, aber dennoch als Christusverkündiger erfolgreich wirkte (Apg 18,24f.). Und schließlich deutet Lukas an den Beispielen des Prokonsuls Sergius Paulus (Apg 13,12) und des Areopagiten Dionysios (Apg 17,34) an, was wahrscheinlich nicht ganz ungewöhnlich war: Menschen, deren Status ein demonstratives Bekenntnis nicht zuließ, schlossen sich, obwohl sie der Christusverkündigung Glauben schenkten, nicht mittels der in gewissem Sinn öffentlichen Taufe der Kirche an (zur weiteren entsprechenden Entwicklung vgl. S. 100–102).

6. Die Taufe als Ritual

6.1. Die Taufe als Initiationsritual

Die frühchristliche Taufe lässt sich allgemein als Passage- bzw. Übergangsritus verstehen, dessen typische Ausprägung die Initiation ist (dazu ausführlicher mit Literatur S. 232–238). Nach der klassischen Ritualtheorie Arnold van Genneps (1909) bestehen Passageriten aus einer Trennungsphase, einer Schwellen- bzw. Umwandlungsphase sowie der Wiedereingliederungsphase. Bei einer Initiation handelt es sich um die Trennung von einer früheren Gemeinschaft (Separation), den eigentlichen Übergangsritus und das Eintreten in die neue Gemeinschaft (Aggregation). Victor Turner (1969) legte in seiner Weiterentwicklung dieses Verständnisses besonderen Wert auf die Schwellenphase, die er auch als liminale Phase bezeichnete. Diese kann durchaus länger andauern bzw. in eschatologisch ausgerichteten Gemeinschaften zu einer Lebenseinstellung werden, die die Mitglieder dieser Gemeinschaften in besonderer Weise zusammenschließt (vgl. dazu ausführlich Strecker 1999). Ordnet man die frühchristliche Taufe in dieses anthropologische Verständnis ein, lässt sich folgendes erkennen:

(1) Die Taufe bezieht sich zunächst einmal auf das Sein unter den Bedingungen des alten vergangenen Zeitalters, dem adamitischen Todesverhängnis, der sündigen Existenz in Unreinheit. Die Trennung von der alten Existenz wird schon in der Johannestaufe angesprochen, wenn sie mit der Forderung nach Umkehr verbunden ist und Reinigung von den Sünden bedeutet (Mk 1,4). Die paulinische Metaphorik vom Mit-Sterben mit Christus baut darauf auf, dass der Getaufte »der Sünde abgestorben ist« (Röm 6,2), der alte Mensch mitgekreuzigt, der sündige Leib abgelegt, die Sklaverei beendet wurde (Röm 6,6). Auch weit darüber hinaus ist immer wieder die Verbindung von Taufe und Reinigung, Rettung, Sündenvergebung usw. deutlicher Hinweis darauf, dass darin eine Hauptdimension der frühchristlichen Taufe liegt: die Trennung (Separation) von der früheren Existenz.

(2) Die Taufe bezieht sich zugleich aber auch auf die neue Existenz. Diese kann negativ als Abwesenheit von Sünde und Tod beschrieben werden, wird aber vor allem positiv dargestellt. Zugespitzt beschreibt Kol 2,12f. das durch das Ritual Erlangte als Sein im neuen Leben, das von Gottes Auferstehungskraft ausgeht. Bei Paulus wird dies noch abgefedert durch den eschatologischen Vorbehalt (Röm 6,5), sodass hier der Bezug zur Schwelle noch deutlicher ist. Die Existenz im Geist, wie sie in Tit 3,5; Joh 3,3–6 und vor allem in der Apostelgeschichte im Kontext der Taufe angesprochen

wird, gehört ebenfalls zu diesem neuen Leben, in das der Glaubende durch die Taufe eingeordnet wird (Aggregation).

(3) Die Taufe ist das Ritual, das diesen Übergang körperlich und öffentlich wahrnehmbar gestaltet. Das Ritual setzt zwar unbestritten eine Hinwendung zum Glauben aufgrund der Verkündigung bzw. durch das Wirken des Geistes voraus, sie wird aber als Gottes rettendes Handeln gedeutet: Die Verbindung mit Tod und Auferstehungsleben Christi geschieht darin (Röm 6; Kol 2), sie entspricht der Rettung aus der Flut (1Petr 3) und dem Roten Meer (1Kor 10). Die Bedeutung als auch körperlicher Übergang wird gerade dort besonders akzentuiert, wo die Taufe mit Geburtsmetaphorik verbunden wird (Joh 3; Tit 3).

6.2. Die Taufe im Kontext antiker Initiation

Das antike Umfeld kennt unterschiedliche Rituale der Initiation. Im Bereich des Judentums ist hier das Proselytentauchbad zu nennen, das allerdings erst nach 70 n. Chr. entstanden ist und sich auch phänomenologisch von der christlichen Taufe deutlich unterscheidet (vgl. dazu S. 22f.; Sänger 2011).

In der paganen Umwelt waren Initiationsriten allgemein für Heranwachsende vorgesehen, für unseren Zusammenhang sind sie aber vor allem hinsichtlich der Mysterienkulte interessant. Dabei eröffnet die Initiation den Zugang zur Gemeinschaft der Eingeweihten, zu weiteren Ritualen und Geheimnissen, die Außenstehenden verborgen bleiben. Bezüglich der genauen Gestalt dieser Riten gilt freilich Walter Burkerts Votum: »Über Einzelheiten der Mysterieninitiationen haben wir nur bruchstückhafte Informationen« (Burkert 1994: 78). Dabei ist wichtig, dass die Einweihung in die Mysterien, die zugleich die Aufnahme in die Kultgemeinschaft bedeutete, eine Reihe von Riten darstellte, die sehr unterschiedlich ausgeprägt waren. Im Vergleich zur Taufe fällt auf, dass Reinigung dabei eine wichtige, freilich nicht die ausschließliche Rolle spielte. Ein Relief zu den Weihungen im attischen Eleusis zeigt neben Opfer und Begegnung mit den Göttinnen auch eine Reinigung aus einem Brunnen. Ein Fries der dionysischen Mysterien in Pompeji (Villa dei Misteri) enthält eine Reinigungsszene, die auch aus anderen Quellen für diesen Kult belegt ist (Burkert 1994: 80f.). Besonders in den Mysterien der Isis war Reinigung verankert, wie aus den *Metamorphosen* des Apuleius deutlich wird (11,23,2). Allerdings sind Reinigungsriten ein Element der meisten antiken Kulte, sodass daraus nicht allzu viel geschlossen werden sollte (vgl. Ferguson 2009: 25–37).

Auffällig ist auch, dass im Kontext der Mysterien Tod und neues Leben thematisiert werden (z.B. Apuleius, *Metamorphosen* 11,21,6) und der Tag der Weihe als Geburtstag gilt (ebd. 11,24,5). Freilich lässt sich ein Bezug auf ein bestimmtes Ritual ebenso wenig nachweisen wie eine metaphorische Rede von der Wiedergeburt durch das Ritual (Burkert 1994: 83–85).

Im Blick auf die christliche Taufe wird man so weder von einer Abhängigkeit von paganen Mysterien noch von ihrer Überbietung ausgehen dürfen, sondern von einer Beeinflussung, die am besten als »Interritualität« gefasst wird (vgl. S. 229). Christusgläubige entwickelten das Taufritual in einem stark ritualisierten paganen bzw. jüdischen Umfeld, sodass ihr spezifisches Initiationsritual davon beeinflusst, aber auch abgegrenzt wird. Nachweisen lassen sich Abhängigkeiten im Einzelnen kaum, wenngleich die Denkstrukturen mehr oder weniger ähnlich sind (vgl. Zeller 1991: 60f.; Graf 2011: 114) und in weiterer Folge durchaus ähnlicher werden (vgl. S. 238–240). Zudem wird die Taufe gegen Ende des 1. Jahrhunderts n. Chr. ähnlich wie in Mysterien zu einem Ritual, das den Zugang zum gemeinsamen rituellen Mahl eröffnet (*Didache* 9,5, begründet mit Mt 7,6). Aber schon die Tatsache, dass die Christen überhaupt ein Ritual gestalteten, freilich ein relativ schlichtes, lässt erkennen, dass sie »ein gesamtgesellschaftlich bedingtes und gesamtgesellschaftlich verbreitetes Bedürfnis nach religiös symbolisierter Statusverbesserung« teilten (Theißen 1999: 112).

6.3. Die liminale Existenz

Eine Besonderheit, die gerade im Blick auf Paulus vom Verständnis der Taufe als Passageritus her naheliegt, ist die hohe Bedeutung der Liminalität (s.o.). Die Aussagen in Röm 6,3–5 lassen ja erkennen, dass der Getaufte zwar den Tod Christi mitgestorben ist, zugleich aber die Mit-Auferstehung noch aussteht, obwohl das Leben schon in Neuheit geführt wird. Diese »liminale Existenz« zum christlichen Selbstverständnis gemacht zu haben, kann als ein Spezifikum paulinischer Theologie verstanden werden (ausführlich bei Strecker 1999). Als liminal erlebt der Glaubende zwar die Erlösung von der Sünde als Macht, bleibt aber zugleich versucht. Das warnende Beispiel der Exodusgemeinde Israels (1Kor 10) soll verdeutlichen, dass diese Gefährdung stets besteht, dass also – religionswissenschaftlich gesprochen – die Phase der Aggregation noch nicht erreicht ist (vgl. auch Hebr 10,22f.; *2. Clemensbrief* 6,9; *Hirt des Hermas*, vis 3,7,3).

Kennzeichnend für die Liminalität ist zudem, dass die Phase der Unbestimmtheit auch »die geläufigen sozialen und kulturellen Normen und Rollenverteilungen zeitweise, z.T. auch endgültig außer Kraft« setzt (Strecker 1999: 43). In Bezug auf die Taufe lässt sich das sehr gut an Gal 3,28; 1Kor 12,12 erkennen: Die anerkannten gesellschaftlichen Differenzierungen sind in dem neuen Status nicht mehr relevant, da das Ritual die Glaubenden aus der gesellschaftlichen Bestimmtheit in die Unbestimmtheit hineingebracht hat, die auf die Erfüllung ausgerichtet und von da her jetzt schon bestimmt ist. Auch wo die Präsenz des Heils in den Vordergrund rückt (Kol 2,11–13), gilt, dass die Zusage des schon aktuellen Auferstehungslebens verbunden ist mit der Ermahnung, dies auch festzuhalten (vgl. etwa Kol 1,21–23).

6.4. Performanz und Dynamik

Das Verständnis der Taufe als Initiationsritual ermöglicht auch genauerhin zu untersuchen, welche performative Kraft das Ritual für den Einzelnen wie die Gemeinschaft hatte. Die Taufe kann ja als Inszenierung von Glauben im geschützten und eschatologisch qualifizierten Raum der bereits Getauften, der Kirche, verstanden werden. Sie macht den Glaubenden zu einem Teil dieser Gemeinschaft, indem er durch die Taufe seine Ergriffenheit durch das Evangelium zu einem bestimmten Zeitpunkt öffentlich macht.

Als Teil der Vereinigung der Christusgläubigen ist der Einzelne zugleich an die Ordnung dieser Gemeinschaft gebunden, die sein ganzes Leben neu ausrichtet. Das wird schon bei Johannes dem Täufer deutlich, implizit durch die Umkehrforderung, explizit in der sog. Standespredigt (Lk 3,10–14). Vor allem in der Briefliteratur ist die Taufe deutlich markiert als der entscheidende Schritt zu einer Kontrolle der Affekte (vgl. von Gemünden 2009: 226–247). Ist der Mensch in der Taufe vom Tod in das Leben hindurchgedrungen und hat die alte affektgetriebene Existenz abgelegt (Kol 2,11–13; vgl. auch Eph 2,6), so bedeutet das einen tiefgreifenden Wandel. Entsprechend sind Erinnerungen an die Taufe mit Mahnungen verbunden, dem in der Taufe bzw. durch die Taufe erreichten Status zu entsprechen, der Einheit der Glaubenden (1Kor 12,12f.; Eph 4,5f.), vor allem aber der Freiheit von der Sünde (Röm 6; 1Petr 3,20f.). Mit dem Status der Liminalität ist eine neue Ordnung verbunden, die durch das Ritual eröffnet, aber auch verpflichtend wird.

Die christliche Affektbewältigung wird also nicht nur durch Wortbelehrung gestärkt, sondern eben auch zentral durch ein somatisch erfahrbares Ritual. Es nimmt den Menschen in ein – ebenfalls somatisches – Geschehen hinein, Tod und Auferweckung Jesu, aus dem er als »Gewaschener«, »Geheiligter« und »Gerechtfertigter« in einen neuen Leib, ein neues σῶμα, die Kirche, eintritt. »Die individuelle, psychische Neustrukturierung wird durch den Ritus der Taufe symbolisch dargestellt, performativ vollzogen, dazu sozial und somatisch eingebettet« (von Gemünden 2009: 246).

Damit wird nun aber nichts anderes gemacht, als gegen die vorfindliche Welt, den alten Äon, die neue Welt zu stellen, in der sich der Getaufte von den alten Strukturen befreit sieht (vgl. Gal 3,28; 1Kor 12,13) und in einer neuen eschatologischen Gemeinschaft befindet. Auf grundsätzliche Weise wird damit das Ritual zu dem Mittel, Dinge so darzustellen, wie sie sein sollten – nach eigenem Verständnis: wie sie unter dem Eindruck des Heilsereignisses eigentlich sind – in bewusster Spannung zu dem, wie sie vorfindlich in der Welt ablaufen (vgl. Smith 1998: 223). Das Ritual als *die* Performanz des Glaubens konstruiert also die Welt neu und schafft eine individuelle und gemeinschaftliche Identität. Diese »ideale Situation« wird durch das Ritual geschaffen, ist allerdings zugleich bedroht, da die reale Situation in einer dauernden Spannung dazu steht (DeMaris 2008: 30f.).

Die Gemeinschaft der Getauften befindet sich freilich nicht nur im Gegensatz zu ihrer eigenen früheren Existenz, sondern auch zur vorfindlichen Gesellschaft, die als die »Unkundigen und Ungläubigen« (1Kor 14,23) Teil der Realität sind. Als Gruppe, in der die Differenzierungen der Gesellschaft aufgehoben sind (Gal 3,28; 1Kor 12,13; Kol 3,11), steht sie in der Anfeindung durch Außenstehende, Nicht-Initiierte (vgl. etwa 1Petr; Apk). Auch in dieser Auseinandersetzung haben die Erinnerung an das einmalige Ritual der Taufe wie das wiederholte Ritual des gemeinsamen Mahles eine vergewissernde und bestärkende Funktion: Was einmal erlebt wurde (und immer wieder aktualisiert wird) als Verbindung mit bzw. als Übereignung an Jesus Christus, motiviert zum neuen Leben.

7. Grundelemente frühchristlicher Tauftheologie

Die frühchristliche Taufe hat sich als Ritus unter Einfluss und Bezugnahme auf unterschiedliche Riten der antiken Welt entwickelt: Kultische Reinigungsriten jüdischer wie paganer Provenienz, vor allem aber die Taufe des Johannes haben dazu geführt, dass sich die Taufe als gemeinsames christliches Ritual herauskristallisierte. Obwohl nicht in allen neutestamentlichen Texten von ihr die Rede ist, wird sie in sehr unterschiedlichen Dokumenten des frühen Christentums angesprochen: Von den Synoptikern über Paulus bis in das weitere Umfeld deuteropaulinischer Literatur begegnet sie als selbstverständliches Element christlicher Identität. Das lässt doch darauf schließen, dass die Taufe schon sehr früh und in den meisten Gemeinden verbreitet war. Zugleich lässt sich freilich feststellen, dass sie offenbar unterschiedlich ausgeübt wurde, ja dass durchaus auch andere Formen von Taufen (Totentaufe, mehrere Taufen) in Gebrauch waren. Allen gemeinsam und in Kontinuität zur Johannestaufe waren das Element des Wassers sowie das Zusammenwirken von Täufer und Täufling. Die Deutungen waren im Einzelnen unterschiedlich und den Anliegen der Texte, in denen wir Nachrichten über die Taufe haben, angepasst. Aus ihnen lassen sich allerdings Elemente einer neutestamentlichen Tauftheologie entnehmen, die für die gegenwärtige Diskussion Grundlagen darstellen können:

1) *Die Taufe ist Gottes Handeln.* Der Ritus braucht einen Täufer, eine Selbsttaufe ist nicht bekannt. Während die Person des Täufers aber unwesentlich bleibt, ist die Passivität des Täuflings Programm: Die Taufe widerfährt ihm als Ritual und in ihr widerfährt ihm Gottes Handeln. Der Durchgang vom alten ins neue Sein ist begründet in Gottes Auferweckungskraft (Kol 2,12; vgl. Röm 6,4–6). Die Taufe ist daher Beschneidung von Gott her (Kol 2,11), Christi Reinigungshandeln an der Kirche (Eph 5,26), die (erneute) Geburt von oben her (Joh 3,3–6), ja sie kann sogar an den Toten wirken (1Kor 15,29). Programmatisch kann man das als das *extra nos* der Taufe bezeichnen, das für alle Deutungen des Rituals im Neuen Testament konstitutiv erscheint, nicht nur für Paulus: Das Heil kommt nicht aus dem eigenen (rituellen) Handeln, sondern geht von Gott aus. Sündenvergebung, Reinigung, die Verbindung mit dem Wirken bzw. der Gabe des Geistes sind Elemente, die die neutestamentlichen Taufaussagen fast vollständig durchziehen. Sie bringen den Grundgedanken zum Ausdruck, dass das in der Taufe den Täufling umfangende Geschehen göttliches Widerfahrnis ist, das Gott mit Christus gesetzt hat und das in der Taufe dem Einzelnen zugeeignet wird.

2) *Die Taufe ist mit dem Geist verbunden.* Die paulinischen Aussagen zur Taufe lassen die Nähe von Geist und Taufe erkennen, ohne die Geistbegabung an die Taufe zu binden (1Kor 6,11; 12,13; 2Kor 1,21f.). Dies stünde wahrscheinlich auch frühchristlicher Erfahrung entgegen, die Geistwirkungen ohne vorhergehende Taufe kennt (z.B. Apg 10,44). Und doch zeigt sich als Trend eine immer engere Verbindung von Taufe und Geist, wie sie in der Darstellung der Taufe Jesu begegnet (Mk 1,9f. par), von Lukas als Regelfall verstanden wird (Apg 2,38) und in johanneischen Texten zum Ausdruck kommt (1Joh 2,20.27). Das bedeutet keineswegs, dass die Geistbegabung an die Taufe gebunden ist, sondern umgekehrt: Die Taufe wird pneumatisch aufgeladen. Sie ist das Ritual, in dem der Glaubende Gottes Geist *auf jeden Fall* empfängt, sodass die Erinnerung an die »*eine* Taufe« mit der Rede von dem »*einen* Geist«

(1Kor 12,12f.; Eph 4,4f.) verbunden werden kann und Abweichungen davon als Unregelmäßigkeiten behandelt werden (Apg 8,13–24; 19,1–7).

3) *Die Taufe verbindet mit dem Heilsereignis.* Vor allem aufgrund von Röm 6 und Kol 2 lässt sich sagen, dass die Taufe (wie auch die Eucharistie) den Täufling in das Heilsereignis von Tod und Auferweckung Christi hinein nimmt (vgl. auch Tit 3,5). In diesem Sinn kann man von einem »Sakrament« sprechen (vgl. S. 138–141), das aus der Verkündigung des Evangeliums und dem Glauben heraus, die beide Gott wirkt, Rettung und Sündenvergebung leiblich erfahrbar macht. Zugleich ist aber wichtig: Das Heil ist nicht gebunden an die Taufe, sondern an den Glauben. Darauf verweisen zwei Dinge: Die Tatsache, dass Taufe nicht für alle Glaubenden vorausgesetzt werden kann, und die im Vergleich seltene Erörterung der Taufe überhaupt. Die Richtung ist wie bei der Geistgabe die, dass das Heil in der Taufe *auf jeden Fall* den Täufling umfasst, dies aber nicht auf Getaufte beschränkt ist.

4) *Die Taufe schafft Gemeinschaft.* Die Zueignung an Christus durch die Taufe auf seinen Namen und die Rede von dem Leib Christi, in den man hinein getauft wird (1Kor 12,13; Eph 4,4f.), macht erkennbar, dass die Taufe Gemeinschaft mit Christus stiftet. Sie wird als »Zusammenwachsen mit Christus« gedeutet, aus dem die Gemeinschaft mit dem Kyrios in der neuen Existenz erwächst (Röm 6,5). Zugleich entsteht daraus die Gemeinschaft mit den anderen Getauften, die Glieder am Leib Christi sind (1Kor 12), zur Schar der Jünger gehören (Mt 28,19) und sich als Gemeinden konstituieren (Apg). Zwar wird dies nicht in allen Texten zur Taufe zum Thema gemacht, doch ist der Grundduktus deutlich, der die Taufe daher auch zu dem Initiationsritus schlechthin macht.

5) *Die Taufe stellt das Individuum als Mensch in den Vordergrund.* Sich taufen zu lassen, bedeutet im frühen Christentum, sich dem Bekenntnis zu Christus öffentlich und leibhaftig anzuschließen. Die Taufe ist der individuelle Entschluss des Einzelnen – vielleicht mit Ausnahme der Haus- und Kindertaufen – und zugleich Verpflichtung des Einzelnen, dem wörtlichen und körperlichen Be-

kenntnis entsprechend sein Leben neu auszurichten (1Kor 10; Hebr 10,22-24; 1Petr 3,21). Der Mensch wird damit aber auch in einen neuen Status versetzt, aus gesellschaftlichen Rollenbestimmungen heraus und hinein in die egalitäre Gemeinschaft, die sich vor dem Horizont des eschatologischen Heils konstituiert.

Quellen- und Literaturverzeichnis

1. Quellen

Apuleius – Metamorphosen: Helm, Rudolf (Hg.): Apuleius, Metamorphoseon libri XI, Stuttgart ³1931.
Barnabasbrief: Wengst, Klaus (Hg.): Didache (Apostellehre). Barnabasbrief. Zweiter Klemensbrief. Schrift an Diognet, SUC 2, Darmstadt 1984, 101–202.
BHS: Elliger, Karl/Rudolph, Wilhelm (Hgg.): Biblia Hebraica Stuttgartensia, Stuttgart 1990⁴.
2. Clemensbrief: Wengst, Klaus (Hg.): Didache (Apostellehre). Barnabasbrief. Zweiter Klemensbrief. Schrift an Diognet, SUC 2, Darmstadt 1984, 203–280.
Didache: Wengst, Klaus (Hg.): Didache (Apostellehre). Barnabasbrief. Zweiter Klemensbrief. Schrift an Diognet, SUC 2, Darmstadt 1984, 1–100.
Hirt des Hermas: Leutzsch, Martin (Hg.): Hirt des Hermas, SUC 3, Darmstadt 1998, 105–497.
Ignatiusbriefe: Fischer, Joseph A. (Hg.): Die Apostolischen Väter, SUC 1, Darmstadt ¹⁰1993, 109–225.
Josephus, Flavius – Antiquitates Judaicae: Niese, Benedikt (Hg.): Flavii Josephi Opera, 7 Bd. 1-Bd. 4., Berlin 1887–1890.
Nestle-Aland²⁷: Aland, Barbara/Aland, Kurt u.a. (Hgg.): Novum Testamentum Graece, Stuttgart ²⁷1993.
Mischna: Correns, Dietrich (Übers.): Die Mischna. Das grundlegende enzyklopädische Regelwerk rabbinischer Tradition, Wiesbaden 2005.
Mischna Traktat Nidda: Barslai, Benyamin Z. (Hg.): Die Mischna. Text, Übersetzung und ausführliche Erklärung, VI/7: Nidda (Unreinheit der Frau), Berlin/New York 1980.
Orphische Fragmente: Kern, Otto (Hg.): Orphicum fragmenta, Dublin u.a. ³1922.
Plato – Respublica: Eigler, Gunther (Hg.): Plato, Werke in acht Bänden. Griech./Dt. Die deutsche Übersetzung gemäss der Schleiermacherschen, teilweise der Hieronymus-Müllerschen und teilweise Neuübersetzung. Griechischer Text aus der Sammlung Budé (Les Belles Lettres, Paris), Bd. 4: Politeia (Der Staat), Darmstadt ⁶2010.

Strack, Herman L./Billerbeck, Paul: Das Evangelium nach Matthäus erläutert aus Talmud und Midrasch, München ⁸1982.

2. Sekundärliteratur

Aland 1963: Aland, Kurt: Die Säuglingstaufe im Neuen Testament und in der alten Kirche. Eine Antwort an Joachim Jeremias (TEH N.F. 86), München ²1963.

Arzt-Grabner u.a. 2006: Arzt-Grabner, Peter/Kritzer, Ruth Elisabeth/Papathomas, Amphilochios/Winter, Franz: 1. Korinther (PKNT 2), Göttingen 2006.

Avemarie 1999: Avemarie, Friedrich: Ist die Johannestaufe ein Ausdruck von Tempelkritik? Skizze eines methodischen Problems, in: Ego, Beate/Lange, Armin/Pilhofer, Peter (Hgg.): Gemeinde ohne Tempel. Community without Temple (WUNT 118), Tübingen 1999, 395–410.

Avemarie 2002: Avemarie, Friedrich: Die Tauferzählungen der Apostelgeschichte. Theologie und Geschichte (WUNT 139), Tübingen 2002.

Beasley-Murray 1968: Beasley-Murray, George R.: Die christliche Taufe. Eine Untersuchung über ihr Verständnis in Geschichte und Gegenwart, Kassel 1968.

Burkert 1994: Burkert, Walter: Antike Mysterien. Funktionen und Gehalt, München ³1994.

Delling 1963: Delling, Gerhard: Die Taufe im Neuen Testament, Berlin 1963.

Delling 1970: Delling, Gerhard: Βάπτισμα βαπτισθῆναι, in: Hahn, Ferdinand (Hg.): Studien zum Neuen Testament und zum hellenistischen Judentum, Göttingen 1970, 236–256.

DeMaris 2008: DeMaris, Richard E.: The New Testament in its Ritual World, London/New York 2008.

Dinkler 1992: Dinkler, Erich: Die Taufaussagen des Neuen Testaments. Neu untersucht im Hinblick auf Karl Barths Tauflehre (1971), in: Merk, Otto/Wolter, Michael (Hgg.): Im Zeichen des Kreuzes. Aufsätze von Erich Dinkler (BZNW 61), Berlin/New York 1992, 39–132.

Dunn 1999: Dunn, James D. G.: ›Baptized‹ as Metaphor, in: Porter, Stanley E./Cross, Anthony R. (Hgg.): Baptism, the New Testament and the Church. FS Reginald E. O. White (JSNT.S 171), Sheffield 1999.

Ernst 1989: Ernst, Josef: Johannes der Täufer. Interpretation – Geschichte – Wirkungsgeschichte, BZNW 53, Berlin/New York 1989.

Ferguson 2009: Ferguson, Everett: Baptism in the Early Church. History, Theology, and Liturgy in the First Five Centuries, Grand Rapids/Cambridge 2009.

Gräßer 1990: Gräßer, Erich: An die Hebräer. 1. Teilband Hebr 1–6 (EKK XVII/1), Zürich u.a. 1990.

Graf 2011: Graf, Fritz: Baptism and Graeco-Roman Mystery Cults, in: Hellholm, David u.a. (Hgg.): Ablution, Initiation, and Baptism – Waschungen, Initiation und Taufe. Late Antiquity, Early Judaism, and Early Christianity – Spätantike, Frühes Judentum und Frühes Christentum (BZNW 176/1), Berlin/New York 2011, 101–118.

von Gemünden 2009: Gemünden, Petra von: Die urchristliche Taufe und der Umgang mit den Affekten. Zur Ritualisierung von Affektkontrolle im Urchristentum, in: dies.: Affekt und Glaube. Studien zur Historischen Psychologie des Frühjudentums und Urchristentums (NTOA 73), Göttingen 2009, 226–247.

van Gennep 1909: Gennep, Arnold van: Les rites de passage, Paris 1909; dt. Übergangsriten (Les rites de passage), Frankfurt a.M./New York 1986.

Hartman 1992: Hartman, Lars: »Auf den Namen des Herrn Jesus«. Die Taufe in den neutestamentlichen Schriften (SBS 148), Stuttgart 1992.

Jeremias 1958: Jeremias, Joachim: Die Kindertaufe in den ersten vier Jahrhunderten, Göttingen 1958.

Jeremias 1962: Jeremias, Joachim: Nochmals: Die Anfänge der Kindertaufe. Eine Replik auf Kurt Alands Schrift »Die Säuglingstaufe im Neuen Testament und in der alten Kirche« (TEH N.F. 101), München 1962.

Kvalbein 1996: Kvalbein, Hans: The Baptism of Jesus as a Model for Christian Baptism. Can the Idea be traced back to New Testament times?, in: StTh 50 (1996), 67–83.

Löhr 2011: Löhr, Hermut: Kindertaufe im frühen Christentum. Beobachtungen an den neutestamentlichen Apokryphen, in: Hellholm, David u.a. (Hgg.): Ablution, Initiation, and Baptism – Waschungen, Initiation und Taufe. Late Antiquity, Early Judaism, and Early Christianity – Spätantike, Frühes Judentum und Frühes Christentum (BZNW 176/2), Berlin/New York 2011, 1531–1552.

Ostmeyer 2000: Ostmeyer, Karl-Heinrich: Taufe und Typos. Elemente und Theologie der Tauftypologien in 1. Korinther 10 und 1. Petrus 3 (WUNT 2. Reihe 118), Tübingen 2000.

Rudolph 1960/61: Rudolph, Kurt: Die Mandäer, 2 Bde. (FRLANT 74/75), Göttingen 1960/1961.

Rudolph 1999: Rudolph, Kurt: The Baptist Sects, in: Horbury, William/Davies, William David/Sturdy, John (Hgg.): The Cambridge History of Judaism III: The Early Roman Period, Cambridge 1999, 471–500.

Sänger 2011: Sänger, Dieter: »Ist er heraufgestiegen, gilt er in jeder Hinsicht als ein Israelit« (bYev 47b). Das Proselytentauchbad im frühen Judentum, in: Hellholm, David u.a. (Hgg.): Ablution, Initiation, and Baptism – Waschungen, Initiation und Taufe. Late Antiquity, Early Judaism, and Early Christianity – Spätantike, Frühes Judentum und Frühes Christentum (BZNW 176/1), Berlin/New York 2011, 291–334.

Smith 1998: Smith, Jonathan Z.: Ritual und Realität, in: Belliger, Andréa/ Krieger, David J. (Hgg.): Ritualtheorien. Ein einführendes Handbuch, Wiesbaden 1998, 213–226.

Strecker 1999: Strecker, Christian: Die liminale Theologie des Paulus. Zugänge zur paulinischen Theologie aus kulturanthropologischer Perspektive (FRLANT 185), Göttingen 1999.

Strecker 2004: Strecker, Christian: Auf den Tod getauft – ein Leben im Übergang. Erläuterungen zur lebenstransformierenden Kraft des Todes bei Paulus im Kontext antiker Thanatologien und Thanatopolitiken, in: JBTh 19 (2004), 259–295.

Theißen 1999: Theißen, Gerd: Die urchristliche Taufe und die soziale Konstruktion des Menschen, in: Assmann, Jan/Stroumsa, Guy G. (Hgg.): Transformation of the Inner Self in Ancient Religions (SHR 83), Leiden u.a. 1999, 87–114.

Turner 1969/1989: Turner, Victor W.: The Ritual Process, 1969; dt. Das Ritual. Struktur und Antistruktur, Frankfurt a.M. 1989.

Twelftree 2009: Twelftree, Graham H.: Jesus the Baptist, in: Journal for the Study of the Historical Jesus 7 (2009), 103–125.

Webb 1991: Webb, Robert L.: John the Baptizer and Prophet. A Socio-Historical Study (JSNT.S 62), Sheffield 1991.

Webb 2000: Webb, Robert L.: Jesus' Baptism: Its Historicity and Implications, in: Bulletin for Biblical Research 10 (2000), 261–309.

Weiß 1991: Weiß, Hans-Friedrich: Der Brief an die Hebräer (KEK 13), Göttingen 1991.

Zeller 1991: Zeller, Dieter: Die Mysterienkulte und die paulinische Soteriologie (Röm 6,1–11), in: Siller, Hermann Pius (Hg.): Suchbewegungen. Synkretismus – Kulturelle Identität und kirchliches Bekenntnis, Darmstadt 1991, 42–61.

Zeller 2007: Zeller, Dieter: Gibt es religionsgeschichtliche Parallelen zur Taufe für die Toten (1Kor 15,29)?, in: ZNW 98 (2007), 68–76.

Zeller 2010: Zeller, Dieter: Der erste Brief an die Korinther (KEK 5), Göttingen 2010.

Zimmermann 2001: Zimmermann, Ruben: Geschlechtermetaphorik und Gottesverhältnis. Traditionsgeschichte und Theologie eines Bildfelds in Urchristentum und antiker Umwelt (WUNT 2. Reihe 122), Tübingen 2001.

3. Literaturhinweise zum vertiefenden Studium

Avemarie, Friedrich: Die Tauferzählungen der Apostelgeschichte. Theologie und Geschichte (WUNT 139), Tübingen 2002.

Ferguson, Everett: Baptism in the Early Church. History, Theology, and Liturgy in the First Five Centuries, Grand Rapids/Cambridge 2009.

Hellholm, David u.a. (Hgg.): Ablution, Initiation, and Baptism – Waschungen, Initiation und Taufe. Late Antiquity, Early Judaism, and Early Christianity – Spätantike, Frühes Judentum und Frühes Christentum (BZNW 176/1–3), Berlin/New York 2011.

Strecker, Christian: Die liminale Theologie des Paulus. Zugänge zur paulinischen Theologie aus kulturanthropologischer Perspektive (FRLANT 185), Göttingen 1999.

Kirchengeschichte

Andreas Müller

Tauftheologie und Taufpraxis vom 2. bis zum 19. Jahrhundert

1. Einleitung

Für ein Verständnis von Tauftheologie und Taufpraxis in den zeitgenössischen Konfessionen ist ein historischer Zugang zum Thema Taufe unerlässlich. Erst wer sich mit der Taufe in historischer Perspektive beschäftigt, vermag das Sakrament in all seinen Facetten zu verstehen. Die Geschichte der Taufe, insbesondere jene der Taufliturgie, ist über Jahrhunderte kaum bearbeitet worden. Das mag besonders damit zusammenhängen, dass die Taufe kontroverstheologisch nach der Reformation keineswegs so umstritten gewesen ist wie z.B. das Abendmahl. Lediglich die Missionsarbeit und die Täuferbewegungen nötigten zwischen dem 16. und dem 20. Jahrhundert zur Reflexion über die kirchliche Taufe. In dem ab dem 20. Jahrhundert zu beobachtenden Aufschwung bei der Geschichte der Erforschung von Tauftheologie und -praxis lassen sich vier Motivationen festhalten, nämlich (1) das religionsgeschichtliche Interesse, (2) das ökumenische, (3) das liturgiewissenschaftlich-agendarische bzw. die eigene Konfessionsidentität betreffende sowie (4) speziell jenes an der Praxis der Kindertaufe. Alle diese Aspekte werden auch in der folgenden Darstellung berücksichtigt werden.

2. Taufe in Antike und Spätantike

Für das Entstehen insbesondere der christlichen Tauf*praxis* lassen sich religionsgeschichtliche Parallelen, aber auch die antike Badepraxis (Stommel 1959, unter Betonung des Verzichts auf ein vollständiges Untertauchen) als Vorbild anführen. Einlinige religionsgeschichtliche Ableitungen z.b. aus der jüdischen Proselytenpraxis (s. S. 22f.), anderen orientalischen Lustrationsritualen wie denen der Qumran-Essener (s. S. 21f.) oder auch der Mandäer, der paganen Religiosität wie z.b. Tauchbädern in den Mysterienreligionen (s. S. 70f. und 239) und selbst der von Johannes dem Täufer praktizierten Taufe (s. S. 40–44) sind fragwürdig und bereits in den vorhergehenden Beiträgen ausführlich thematisiert worden. Hier soll daher die religionsgeschichtliche Herleitung altkirchlicher Taufpraxis nicht weiter verfolgt werden. Vielmehr wird zunächst eine Synopse über unterschiedliche Dimensionen einer Tauftheologie und dann auch der Taufpraxis geboten. In beiden Bereichen wird dabei deutlich, wie vielfältig im antiken und spätantiken Christentum mit dem Thema Taufe umgegangen worden ist (zur Taufe in der Alten Kirche bes. Fürst 2008: 99–218; Ferguson 2009; Hellholm 2011).

2.1. Taufverständnis in den ersten drei Jahrhunderten

Aus den ersten drei Jahrhunderten liegen Informationen über die Tauftheologie und Taufpraxis in ganz verschiedenartigen Quellen vor (Cramer 1993 u.a.). Dazu gehören Kirchenordnungen wie die *Didache* und die *Traditio Apostolica* (= TA). Darüber hinaus wird die Taufe u.a. in Apologien, in Kommentarliteratur, aber auch in ganz eigenen Abhandlungen zum Thema Taufe behandelt. Selbst in apokrypher Literatur spielt die Taufe eine nicht zu unterschätzende Rolle. Von den Apologien ist besonders diejenige Justins († um 165 n. Chr.) zu nennen. In seiner ersten *Apologie* behandelt er die Taufe an zwei Stellen (apol. I 61 und 65). In seinem Kommentar zum Römerbrief thematisiert Origenes in beeindruckender Weise die Taufe. Die bedeutendsten Abhandlungen zum Thema Taufe in der uns interessierenden Zeit stellen der *Paidagogos* des Clemens von

Alexandrien und Tertullians Schrift *De baptismo* dar. In ihr wird die Taufpraxis seiner Zeit sehr detailliert beschrieben und gedeutet.

Die uns nur sehr fragmentarisch überlieferten Aussagen über die Taufe sind an ganz unterschiedlichen Orten und in verschiedenen Zeiten verfasst: Während die *Didache* wahrscheinlich im syro-palästinischen Raum beheimatet war und um 100 n. Chr. geschrieben wurde, ist die in ihrer Herkunft umstrittene TA unterschiedlich datiert worden. Die klassische Zuschreibung an Hippolyt von Rom († 235 n. Chr.) und die Datierung in das ausgehende 2. oder beginnende 3. Jahrhundert sind stark hinterfragt worden. Christoph Markschies datiert sie beispielsweise in der vorliegenden Form erst ins beginnende 4. Jahrhundert (Markschies 1999; zur traditionellen Datierung Geerlings 1991). Tradiert wurde der Text auch im ägyptischen Umfeld, setzt aber eindeutig eine größere Gemeindestruktur voraus. Justin ist wiederum ursprünglich im palästinischen Kontext des 2. Jahrhunderts beheimatet und in Rom tätig gewesen, Tertullian (ca. 160–220) hingegen eindeutig in Nordafrika. Seine Schrift *De baptismo* stammt aus der Zeit zwischen 198 und 203 n. Chr. Angesichts der unterschiedlichen Herkunft und der unterschiedlichen Abfassungszeit der uns vorliegenden Texte zum Thema Taufe ist eine einheitliche Tauftheologie der vorkonstantinischen Zeit nicht zu erheben. Noch bis ins 5. Jahrhundert lassen sich große Differenzen selbst in den Taufliturgien feststellen.

Es ist also festzuhalten, dass es in der frühen Kirche eine Vielfalt von Tauftheologien und -verständnissen gab. Charakteristisch für den Umgang mit Taufe im 2. Jahrhundert ist z.B. Justins *Apologie* (1,61.65). In dieser stellte er den Gegnern des Christentums die Taufe vor, um antichristlichen Ressentiments vorzubeugen. Taufe ist nach ihm nur möglich, wenn die Kandidaten der Botschaft des Evangeliums zustimmen und ihre Bereitschaft zur christlichen Lebensweise bekunden. Der Weg zur Taufe setzt also eine bewusste Entscheidung voraus. Es folgt als Vorbereitung Beten und Fasten, um das Flehen nach Sündenvergebung zu unterstreichen. Dies hatten nicht nur die Täuflinge allein zu vollziehen, vielmehr nahmen auch andere Teile der Gemeinde Fasten und Gebet auf sich. Bei Justin ist – wie auch in den meisten anderen Texten der frühen

Christenheit – nicht von Taufe in einem speziellen Baptisterium die Rede. Vielmehr soll sie an Wasserstellen stattfinden.

Inhaltlich interpretierte Justin die Taufe als Wiedergeburt. Auch die Interpretation der Taufe als Akt der Erleuchtung spielte bei ihm eine Rolle. Ferner diente die Taufe der Aufnahme in die Gemeinschaft von christlichen Geschwistern. Die Taufhandlung selbst ist mit der trinitarischen Taufformel fest verbunden. Nach der Taufe findet eine Versammlung mit Gebet und Friedenskuss statt. Danach werden Brot und ein Becher mit Wasser, anschließend einer mit Wasser und Wein geteilt. Taufe war bei Justin also mit der Mahlgemeinschaft fest verbunden.

Justin nahm bestehende Taufauffassungen u.a. aus Rom auf. Auffallend ist bei ihm bereits die hohe Bedeutung des Exorzismus im Umfeld der Taufe: Dies setzt eine ausgefeilte Dämonologie voraus – Justin spricht sogar von der dämonischen Nachäffung der Taufe in der paganen Kultur. Noch viel stärker sind seine Ausführungen aber von dem Gedanken der Erleuchtung, des φωτισμός geprägt. Dies kann man im Sinn einer Intellektualisierung der Taufvorstellung deuten. Der Gedanke des φωτισμός ließ sich der paganen Umwelt jedenfalls besser vermitteln als die Deutung der Taufe als Durchzug durch den Tod ins Leben. Einige zentrale Interpretationsansätze lassen sich über Justin hinaus vom 2. bis ins beginnende 4. Jahrhundert beobachten. Fassen wir diese im Folgenden zusammen:

Unbestritten war in jener Zeit die Vorstellung, dass die Taufe ein einmaliger Akt sei. Das bedeutete zugleich, dass sie eine *Initiationshandlung* darstellte.

Auch die Namensformel (»... im Namen des ...«) gehörte fest zum frühchristlichen Taufritus hinzu. Sie verwies auf einen *Herrschaftswechsel*. Die Täuflinge lösten sich von der Welt und ihren Herren, die seit dem 2. Jahrhundert in der Regel als Dämonen gedeutet wurden. Sie unterstellten sich gleichzeitig der Herrschaft Gottes in Jesus Christus (vgl. *Polykarpbrief* 6,2f.; Tertullian, *De corona* 3,2). Bereits im 2. Jahrhundert wurde dabei meist nicht mehr nur auf den Namen Jesu, sondern – wie in Mt 28,19 angelegt – trinitarisch getauft. Der Herrschaftswechsel bedeutete zugleich eine neue Lebensgestaltung. Die frühchristliche Ethik lag insbesondere in der Taufe begründet. Die Taufe war nämlich ein Akt der *conversio* (»Bekehrung«).

Dem Herrschaftswechsel entsprechend hat sich bereits in der vorkonstantinischen Zeit der Ritus einer Abschwörung gegenüber dem Teufel entwickelt, die sog. *abrenuntiatio diaboli*. Auch Exorzismen spielten in deren Zusammenhang eine wichtige Rolle. Die TA legt davon deutlich Zeugnis ab. Diese Abrenuntiation bildete im 3. Jahrhundert das Ende eines längeren Prozesses, der mit Exorzismen, intensivem Fasten, Unterricht und auch Prüfungen verbunden gewesen ist (*Didache* 7,4; Justin, 1/2 *Apologie* 61,2).

Mit der Taufe war nicht nur eine Wasserhandlung verknüpft. Vielmehr tauchte in ihrem Kontext auch die so genannte *Versiegelung* auf. Die Vorstellung einer Versiegelung, die ebenfalls bereits neutestamentlich angelegt ist (vgl. Eph 1,13; 4,30 als Versiegelung durch den Geist; Apk 7,3f.; 9,4; s. S. 58f.), ist analog zur Beschneidung (vgl. auch Röm 4,11) konstruiert worden. Sie galt als eine Art Markierung, die die Zugehörigkeit zu Christus signalisieren sollte. Solche Siegel sollten den Geretteten im Jüngsten Gericht als Schutz dienen. Der Gedanke der Taufe als Akt der Versiegelung findet sich explizit im sog. *Hirten des Hermas* (sim 9,16,3f.; ferner *Thomasakten* 49). Er scheint die ganze Taufhandlung als Akt der Versiegelung zu verstehen. Sie dürfte Mitte des 2. Jahrhunderts jedenfalls auch als eine Art Schutzmittel interpretiert worden sein, dass vor den Wirkungen von Sünde und Dämonen bewahrte.

Die *Geistverleihung* stellte einen zentralen Akt bei der Taufhandlung dar. Dieser Vorgang war eng mit der neutestamentlichen Vorstellung der Versiegelung durch den Geist verbunden, wie sie sich im Epheserbrief findet. Als Zeichen für die Verleihung des Geistes wurde dabei während der Handlung die Hand aufgelegt (vgl. Apg 8,16f.; 19,6). Ende des 2. Jahrhunderts hat sich im palästinischen Christentum die Praxis der Geistmitteilung bereits vor der eigentlichen Taufhandlung entwickelt. So ging hier in zahlreichen Texten, die größtenteils nicht aus der Mehrheitskirche stammten, eine Salbung zur Heiligung der Wassertaufe voraus (vgl. u.a. *Thomasakten* 121; 132; 157). Bei dieser Praxis ging es wohl in erster Linie um eine messianische Auslegung der Taufe Jesu unter Rückgriff auf 1Petr 2,9: »Ihr aber seid ein auserwähltes Geschlecht, eine königliche Priesterschaft, ein heiliger Stamm ...«. Die Salbung wurde als eine Art Investitionsakt des Messias, des Gesalbten angesehen. Durch deren Nachvollzug sollte wohl auch den Täuflingen ermöglicht werden, in das eschatologische Reich des Messias einzutreten. Daneben gab es die Deutung, dass es sich bei der Salbung um einen Ersatz für die jüdische Beschneidung und dabei auch um einen Schutz gegen teuflische Anfechtungen gehandelt habe – so z.B. beim Ostsyrer Narses (vgl. *Homilie* 22, Connolly 41f.; 45). Eine präbaptismale Salbung lässt sich auch bei bedeutenden Vertretern der Mehrheitskirche ab dem 3. Jahrhundert beobachten: So ist von einer präbaptismalen Salbung zur Geistmitteilung bei Theophil von Antiochien (170–185) die Rede, der von einer *laudatio olei* spricht. Ähnliches findet sich später im syrischen Christentum bei Ephraem dem Syrer (*Hymni de Virginitate* 7,5f., Beck 26; Aphrahat, *Demonstrationes* 6,14).

Eine weitere Dimension in der Tauftheologie stellte auch in nachneutestamentlicher Zeit die Vorstellung von der *Wiedergeburt* und *Erleuchtung* bei der Taufe dar. Sie findet sich u.a. – wie wir oben bereits sahen – bei Justin. Die Begriffe lassen sich ähnlich auch in den Mysterienkulten finden, wurden aber anders verwendet. Es ging hier darum, sich vom handelnden Gott neu schaffen zu lassen. Der Neugeborene wird somit gleichsam zum *Kind Gottes* (vgl. z.B. *Didascalia* 9). Genau diese Adoption macht – in enger Anlehnung an das Johannesevangelium – den Prozess der Wiedergeburt und der Erleuchtung aus. Besonders klar ist diese Vorstellung von Wiedergeburt im *Paidagogos* des Clemens von Alexandria formuliert (vgl. u.a. *Paidagogos* 1,25,1). Durch die neue Existenz in der Wahrheit bzw. durch die Formung vermittels des Heiligen Geistes wird der Täufling gleichsam zur göttlichen Kreatur (vgl. *Barnabasbrief* 16,8). Auch deswegen wurde die Geistverleihung im Rahmen des Taufgeschehens – insbesondere in der östlichen Tradition – sehr bedeutsam.

Inhaltlich war mit der Taufe – ganz in Anlehnung an die neutestamentliche Deutung – die Vorstellung der *Sündenvergebung* verbunden (vgl. *2. Clemensbrief* 6,9; *Thomasakten* 132). Dabei stellte sich nun zunehmend die Frage, wie mit den Sünden umzugehen sei, die der Täufling erst nach der Taufe auf sich lud. So entstand die Frage nach der Möglichkeit einer zweiten Buße (vgl. *Hirt des Hermas,* mand 4,3,1–3; Hebr 6,4–6). Die Diskussionen darüber sollten bald sogar zu Schismen in der Christenheit führen, z.B. mit den Novatianern. Trotz der unterschiedlichen Ansätze zum Umgang mit den Sünden nach der Taufe ist eine zweite Taufe generell ausgeschlossen worden. Man ging vielmehr – wie bereits festgestellt, von einem einmalig gegebenen Siegel aus (vgl. bereits 2. *Clemensbrief* 8,6), das allenfalls gebrochen, keineswegs aber wiederholt werden konnte (vgl. *Hirt des Hermas,* sim 9,16,3–7; *Thomasakten* 26.131). Taufe wurde also nicht nur als eine Art Schutzsiegel verstanden, sondern auch wie ein bindendes *Gelöbnis* bzw. wie ein Rechtsakt interpretiert, der nicht mehr zu wiederholen ist – so vor allem in der Tradition des lateinischen Westens. Ab 200 n. Chr. hat der Katechumenat, d.h. der Taufunterricht, eine wichtige Rolle bei der Vorbereitung auf solch einen Rechtsakt erhalten (Überblick bei Kretschmar 1989). Dieser wurde durch Lehrer und Exorzisten begleitet, während die Taufe selbst durch den Bischof durchgeführt worden ist.

Sündenvergebung, Wiedergeburt und Heiligung bzw. Vervollkommnung eröffneten letztlich eine neue Form der *Gemeinschaft mit Christus*. Diese ist u.a. von Origenes bei der Auslegung von Röm 6 (s. dazu S. 51f.) stark unterstrichen worden. Auch der Gedanke der engen Verbindung mit Christus durch das Taufgeschehen, den wir bereits im Neuen Testament haben beobachten können, spielte in der Antike und Spätantike also eine wichtige Rolle. Insbesondere die östliche Theologie hat ihn in der Folgezeit stark rezipiert.

Zunehmend wurde für das Taufverständnis in der Antike die *Typologie* bedeutsam. Vor allem Origenes hat viel zur typologischen Deutung der Taufe beigetragen. Ereignisse im Alten Testament wie die Sintflut-Geschichte und der Durchzug der Israeliten durch das Rote Meer (s. S. 24f.) wurden so zu Bildern für die Taufe: Auch die Taufe ist ein Auszug aus dem Land des Verderbens, ein Ersäufen der Sünden, ein Durchzug durch das Wasser ins gelobte Land.

Eine Besonderheit der Tauftheologie in der vorkonstantinischen Zeit ist noch über diese allgemeine Deutung der Taufe hinaus zu erwähnen. Sie bestand im Konzept der »Bluttaufe«. Dieses hatte sich seit dem 2. Jahrhundert in der Zeit der Christenverfolgungen im Blick auf die Taufbewerber entwickelt, die ihre Taufe selbst noch nicht erhalten haben. Das Bekenntnis zu Christus vor den Gerichtsbehörden bzw. das nachfolgende Martyrium stellten nun eine der Taufe gleichwertige Handlung dar. Ein eindeutiges Zeugnis dieser Vorstellung findet sich in TA 19. Ein prominenter Zeuge für die Vorstellung der Bluttaufe im 3. Jahrhundert ist auch Origenes. Daneben gab es die Möglichkeit zur Selbsttaufe, bei der sich der Täufling z.B. unter Ausspruch der Taufformel in Wasserpfützen stürzte und dadurch gültig getauft war (vgl. *Paulusakten* 34). Selbst im Spott vollzogene, nicht ernsthafte Taufen konnten aufgrund des Sprechens der Taufformel als gültig verstanden werden (vgl. *Chronicon Paschale*, Ad annum 297, 513).

2.2. Die Tauftheologie im 4. und 5. Jahrhundert

Im 4. und 5. Jahrhundert liegen wesentlich mehr Quellen für die Theologie bzw. das Verständnis von Taufe vor. Im »Osten« ist dabei vor allem an Kyrill von Jerusalem, Basileios von Kaisareia, Gregor von Nyssa, Johannes Chrysostomos und Theodor von Mopsuestia zu denken. Alle diese Theologen rezipierten Ansätze, die bereits in vorkonstantinischer Zeit zum Thema Taufe erarbeitet worden sind. Grundsätzlich lässt sich eine noch stärkere Adaption von paganen Vorstellungen, insbesondere in der zweiten Hälfte des 4. Jahrhunderts, in der Tauftheologie beobachten. In den Kyrill von Jerusalem zugeschriebenen *Mystagogicae catecheses* spielt z.B. die Mysteriensprache terminologisch eine große Rolle (zur Vorstellung der Heilsteilhabe durch das Taufsakrament im 3. und 4. Jhd. vgl. v.a. Slenczka 2000). Im Folgenden sollen zwei grobe Tendenzen in der weiteren Entwicklung der Tauftheologie unterstrichen werden:

Bei den östlichen Theologen standen die Herstellung der Gemeinschaft mit Christus im Taufgeschehen selbst und die unmittelbar mit diesem verbundene Geistwirkung im Vordergrund. Das Absterben gegenüber der Sünde und der Prozess der Vervollkommnung und Heiligung wurden als aktiver Vorgang auch auf Seiten der Täuflinge verstanden. Kyrill von Jerusalem deutete dabei das Eintauchen in das Taufbecken – und damit ist wahrscheinlich gegen Stommel ein wirkliches Untertauchen gemeint – als ein Begraben-Werden im Felsengrab (*Mystagogicae catecheses* 3,12). Hier eine nur homiletische Veranschaulichung des Vorganges anzunehmen, geht nicht an (so Stommel 1959: 12). Taufe wird so zum ἀντίτυπον, wörtlich: Abbild des Leidens Christi. Ihr musste konsequenterweise – was im syro-palästinischen Raum neu ist – die Geistsalbung folgen. Dem Tod und der Auferstehung folgt nämlich die Gabe des Heiligen Geistes (*Mystagogicae catecheses* 3,1). Der Nachvollzug des Heilshandelns Christi wurde von Kyrill allerdings als Nachahmung im Bild verstanden, die Heil aber in Wirklichkeit zu vermitteln vermochte (ebd. 2,5). Eine derartige Konzeption lässt sich wiederum vor dem Hintergrund antiker Mysterienreligionen verstehen. Ähnliches gilt z.B. für die Bezeichnung der Taufzeit als »unheimlicher Stunde« – das *tremendum* und das *fascinosum* der Mysterien spielte also auch hier eine Rolle. Die nun relativ unbedenkliche Rezeption solcher Vorstellungsmuster stellte deutlich eine Weiterentwicklung in den Taufvorstellungen dar. Die Taufhandlung wird zum μυστήριον, wörtlich: Geheimnis, wie in der griechischen Theologie ein Sakrament bis heute generell bezeichnet wird.

Bei Theodor von Mopsuestia ist dagegen die ethische Dimension des Gedankens der Wiedergeburt stark betont. Ähnlich unterstrich Johannes Chrysostomos (349–412) das »neue Leben«, das dem Taufbewerber durch die Gnade Gottes bei der Taufe geschenkt wird. Wenn auch nicht ganz so zugespitzt wie bei Theodor, so findet sich doch die deutliche Vorstellung einer Gott gemäßen Neuschöpfung des Menschen durch dessen Reinigung von aller Schlechtigkeit (*Catecheses baptismales* 2,1,8; 2,2,10). Mit dem Taufgeschehen ist dieser Prozess bereits abgeschlossen – eine Salbung nach der Taufe kannten weder Theodor noch Johannes. Als Kinder Gottes haben sich die Getauften hohen Anforderungen in Bezug auf das Leben zu stellen. Auch bei Theodor sind für die weitere ostkirchliche Tradition typische Elemente zu beobachten: So finden sich hier passive Formeln sowohl bei der Salbung nach der Abrenuntiation als auch bei der Taufe. Dort heißt es nämlich: »Der und der wird getauft im Namen des Vaters und des Sohnes und des Heiligen Geistes.« (*Katechetische Homilien* 13,17; 14,14f.).

Von dem östlichen Ansatz zur Tauftheologie unterschied sich besonders seit dem ausgehenden 4. Jahrhundert derjenige Augustins (vgl. u.a. *Enchiridion* 13,41–42; 14,51–54; *epistulae* 105, 12; 98,7–9; *Liber de unico baptismo*; *De baptismo libri septem*), der die westliche Kirche stark beeinflusst hat. Augustin setzte sich von den Donatisten und den Pelagianern u.a. mit seiner Tauflehre ab. Die Donatisten forderten die Taufe im Rahmen einer heiligen, unbefleckten Kirchengemeinschaft und damit auch durch reine Spender, die Pelagianer betonten noch viel stärker als die östliche Theologie das menschliche Mitwirken bei der Taufe. Bedeutsam für die gesamte spätere Entwicklung wurden Augustins grundsätzliche Gedanken zur Sakramentslehre. Er unterschied beim Sakrament, also auch bei der Taufe, grundsätzlich zwischen Zeichen (*signum*) und Sache (*res*). Zu den Zeichen sind das Wasserbad, die Salbung und die Handauflegung, also die äußeren Handlungen bei der Taufe zu zählen. Diese haben die Aufgabe des symbolischen Verweises auf das Erlösungsgeschehen. Es besteht in der Aufnahme in den Leib Christi, der Sündenvergebung und der Geistmitteilung. Für Augustin war dementsprechend in der Auseinandersetzung mit den Donatisten der Täufer, also der Sakramentsspender, keineswegs das eigentlich handelnde Subjekt. Dieser ist allenfalls für die korrekte Durchführung des *signum* zuständig. Die Sache selbst liegt vielmehr in den Händen Christi (vgl. Augustinus, *Contra litteras Petiliani* 2,88). Daher gilt das Sakrament auch unabhängig von der Würde des Spenders. Sogar ein Häretiker kann somit eine gültige Taufe durchführen. Er vermag sie lediglich nicht ausreichend zu vermitteln. Die Problematik einer solchen Taufe liegt demnach im Bereich des *signum*. Eine korrekte Zeichenhandlung, also eine ausreichende Vermittlung des an sich gültigen Taufaktes, ist nach Augustin nur in der Kirche als dem Leib Christi möglich. Das Erlösungshandeln in der Taufe stellt für ihn – gerade auch in Auseinandersetzung mit den Pelagianern – das Fundament für jeden Christenmenschen dar. Augustin spricht in diesem Zusammenhang von einem unzerstörbaren *character*, einer unzerstörbaren Prägung durch die Übereignung an Christus. Im einzelnen Subjekt löst diese Übereignung, die Prägung durch Glaube und Liebe, eine Veränderung aus. Auf diesen Veränderungsprozess muss sich der Einzelne einlassen. Es besteht also keineswegs eine automatische Erlösung durch die Taufe, wohl aber eine deutlich vorhergehende Tat Gottes. Gegen die Pelagianer betonte Augustin auch die Notwendigkeit der Kindertaufe (s. S. 154f.). Er setzte dabei die Erbsünde bei allen Menschen voraus. Durch den Akt der Zeugung, der einen Akt der Begierde und somit nach Augustin Sünde darstellte, hat sich die Sünde Adams von einer Generation auf die andere übertragen. Kein Mensch kommt dementsprechend ohne Sünde zur Welt. Daher ist eine Taufe möglichst schnell durchzuführen, damit niemand vor der Befreiung von der Erbsünde sterben und dadurch der Verdammnis anheimfallen würde. Spätestens mit Augustin hat sich dementsprechend eine eigene Variante des Taufverständnisses profiliert, die in der Folgezeit für die westliche Theologie von entscheidender Bedeutung werden sollte. Die Taufe als Abwaschung der Erbsünde ist im Bereich der östlichen Theologie – zumindest in der Zeit nach Augustin – nicht formuliert worden.

2.3. Taufordnungen

Taufordnungen finden sich u.a. in eigenständigen Schriften zur Taufe wie derjenigen Tertullians. Besonders interessant sind daneben die frühen Kirchenordnungen. Mindestens zwölf antike und spätantike Texte sind als solche zu bezeichnen. Davon sind vier Texte von besonderer Bedeutung. Sie bilden nämlich eigenständige literarische Einheiten, die voneinander unabhängig sind: Es handelt sich um die erst 1873 entdeckte und wahrscheinlich eine Kompilation älterer Werke darstellende *Didache* der Apostel aus dem Ende des 1. Jahrhunderts, die sogenannte *Traditio Apostolica* (= TA) wahrscheinlich vom Anfang des 3. Jahrhunderts, die *Didascalia* aus der Mitte des 3. Jahrhunderts und die *Apostolische Kirchenordnung* möglicherweise vom Ende des 3. Jahrhunderts. Von den übrigen Werken sind insbesondere die *Apostolischen Konstitutionen* zu nennen, die um 375 n. Chr. entstanden sind und weitgehend ein Sammelwerk aus den bereits genannten Schriften darstellen. Ferner ist aus den 80er Jahren des 4. Jahrhunderts auch die Beschreibung der Taufpraxis in Jerusalem überliefert. Eine Pilgerin namens Egeria legt davon in einem ebenfalls im 19. Jahrhundert wiederentdeckten Bericht Zeugnis ab (*Itinerarium* 24–49).

Die konkrete Taufliturgie ist ebenso unterschiedlich gestaltet worden wie die Ansätze zur Deutung der Taufe verschieden waren. Dennoch lassen sich vier allen Ansätzen gemeinsame Teile in den Taufordnungen feststellen: (1) Der Taufe gingen – seit der TA im 3. Jahrhundert deutlich belegte (vgl. TA 20), bei Egeria im 4. Jahrhundert hingegen auf Fragen nach schwerwiegenden Lastern beschränkte – Prüfungen der Kandidaten im Blick auf Stand und Lebensführung voraus. Es folgten präbaptismale Taufkatechesen (vgl. womöglich bereits *Didache* 1–6) zur Vermittlung insbesondere von Bibelkenntnissen und christlicher Ethik. Nach Egeria dauerten diese bis zu drei Stunden am Tag. Sie berichtet von der Übergabe des Glaubensbekenntnisses nach fünf Wochen Taufunterricht, das bis zum Montag der Karwoche auswendig zu lernen war (vgl. auch Kyrill von Jerusalem, *Mystagogicae catecheses* 5,12). Zur Vorbereitung auf die Taufe fasteten Täufer und Täufling. Ferner wurden nach der TA Exorzismen durchgeführt (vgl. TA 20). Der eigentliche Taufakt begann mit einem vorbereitenden Gebet über dem Taufwasser. Auch die bei der Taufhandlung verwendeten Öle konnten in diesem vorbereitenden Teil der Taufhandlung konsekriert werden. Der Täufling selbst wurde durch die Abrenuntiation, die Abschwörung gegenüber dem Teufel, vorbereitet. Mancherorts wurde er danach am ganzen Körper gesalbt. Dem Vorbereitungsteil folgte (2) der eigentliche Taufakt. Dieser war durch die dreifache Immersion, also das dreifache Ein- bzw. Untertauchen im Baptisterium, charakterisiert. Nach der TA wurde dies durch einen Presbyter/Priester durchgeführt, dem ein Diakon assistierte (vgl. TA 21). Schon in der *Didache* wird eine trinitarisch angelegte Taufformel verwendet (*Didache* 7,1–3). Verbunden war dieser Akt mit dem Taufbekenntnis (vgl. besonders eindrücklich TA 21). Er wurde abgeschlossen durch das Aufsteigen aus dem Taufbecken bzw. in der *Didache* möglichst noch aus einem Fluss (*Didache* 7,1), eine Salbung und die Bekleidung mit einem weißen Gewand. Es schloss sich (3) der Akt der Geistverleihung an. Dabei legte der Bischof dem Täufling die Hand auf, versiegelte die Stirn mit Öl, sprach ein Gebet und leitete den Friedenskuss ein. Die Versiegelung gehörte allerdings nicht in allen Taufliturgien dazu – sie fehlte z.B. in Nordafrika. Schließlich folgte (4) die Taufeucharistie gemeinsam mit der ganzen Gemeinde in der Kirche. Nach der TA wurden nicht nur Brot und Wein, sondern auch Wasser zur inneren Reinigung sowie Milch und Honig (TA 21; vgl. auch Tertullian, *De corona* 3,2) als Symbol für den Einzug in das gelobte Land ausgeteilt. In ihr wurde – entsprechend dem Arkanum in den Mysterienkulten – auch die Geheimhaltung des Wissens über die Taufe empfohlen. Vor dem 3. Jahrhundert ist eine solche Empfehlung nicht zu beobachten. Bei Egeria ist von sog. »mystagogischen Katechesen« die Rede, die nach der Taufe in die »tieferen Mysterien Gottes« einwiesen. Deren Inhalte waren – nun ganz deutlich in Anlehnung an die Mysterienkulte – strikt geheim zu halten.

Taufen sind zunächst zu beliebigen Zeitpunkten durchgeführt worden, eben immer dann, wenn ein Taufkandidat die Taufe anstrebte. Je stärker die Zahl der Kandidaten aber anstieg, umso häufiger gab es auch Taufunterricht zu feststehenden Terminen bzw. gemeinsame Tauftermine für größere Gruppen. Schon im 3. Jahrhundert ist der Ostertermin für solche Feiern belegt (Hippolyt, *In Danielem* I 16,2). Auch Tertullian hat am Osterfest den feierlichsten Tag für die Taufe gesehen (Tertullian, *De baptismo* 19). Dieser Termin legte sich angesichts von biblischen Texten zur Taufe wie Röm 6 (s. dazu S. 51f.) nahe: Das Leiden des Herrn, so Tertullian, auf das wir getauft worden sind, hat sich ja an diesem Tag erfüllt. Der Nordafrikaner sah allerdings auch die Pfingstzeit als für das Taufbad geeignet an. In dieser Zeit sei der Herr den Jüngern zunächst noch häufig begegnet. Schließlich sei ihnen zu Pfingsten selbst der Heilige Geist vermittelt worden. Nach Tertullian eignet sich eigentlich jeder Tag als Tag des Herrn für die Taufe bzw. die Gnadenmitteilung. Die Taufe zu Ostern und Pfingsten habe lediglich einen feierlicheren Charakter, keineswegs sei sie aber voller der Gnade. Erst in nachkonstantinischer Zeit wurde der Ostertermin explizit für die Taufhandlung vorgezogen und breit theologisch gedeutet, so sehr anschaulich bei Egeria beschrieben. Auch jetzt gab es aber noch Ausnahmen, z.B. bei menstruierenden Frauen (vgl. u.a. *Testamentum Domini* 2,6 [121 Z. 15f. Rahmani]). Noch Augustin betonte, dass die Taufe das ganze Jahr über durchzuführen sei (*Sermones ad populum* 210,1,2, PL 38, 1048). Für den Tauftermin an Ostern spräche nur die erhöhte Festfreude.

2.4. Der Ketzertaufstreit und die Frage nach einer einheitlichen Taufpraxis

Im »Ketzertaufstreit« ging es äußerlich um die Frage, wie mit Getauften schismatischer oder häretischer Sondergemeinschaften umzugehen sei. Grundlegend war dabei die Frage, wer die eigentlich entscheidenden Personen in der Taufpraxis sind. In Texten wie der TA taucht z.B. eine ganze Reihe von Personal im Taufkontext auf wie der Lehrer, die herbeiführenden Personen, die Eltern, vor allem aber auch Diakon, Presbyter und insbesondere der Bischof. Müssen solche Personen eine besondere Eigenschaft mit sich bringen? Genauer: Welche Rolle spielt deren Rechtgläubigkeit für die Taufe? – Diese Frage spielte besonders in den Zeiten der Verfolgung eine Rolle. Wie war mit Christen umzugehen, die durch so genannte *lapsi*, also »Verräter« des Christentums, getauft worden waren? Mussten sie noch einmal neu getauft werden? Oder reichte es, sie durch Handauflegung in die Mehrheitskirche aufzunehmen?

Tertullian hatte noch vor den eigentlichen Auseinandersetzungen die Position vertreten, dass Häretiker ohnehin gar nicht getauft worden seien. Der eigentliche »Ketzertaufstreit« brach erst nach der Decischen Verfolgung Mitte des 3. Jahrhunderts aus, genauer in den Jahren 255 und 256. Dabei standen sich Vertreter aus verschiedenen Regionen des westlichen Christentums gegenüber, nämlich Cyprian von Karthago (248–258) und Stephan von Rom († 257). Die Auseinandersetzung fand nicht nur um die Taufe, sondern viel grundsätzlicher um verschiedene ekklesiologische Konzepte, damit aber zugleich auch um Machtverteilung in der Kirche statt: Cyprian verfocht ein eher auf die einzelnen Diözesen, Stephan hingegen ein stärker auf Rom hin orientiertes Prinzip.

Der Nordafrikaner hat dabei die auch bei Tertullian zu beobachtende traditionelle Position vertreten, dass niemand außerhalb der *einen* Kirche getauft werden könne. Nur in der heiligen Kirche sei daher eine Taufe möglich. Denn die Reinigung, die das Bad zur Vergebung der Sünden bewirke, könne nur von »reinen« Priestern durchgeführt werden. Ebenso könnten nur Sündlose auch wirklich Sünden vergeben. Die Wirksamkeit der Taufe war bei ihm somit stark an den Täufer gebunden (vgl. Cyprian, *Epistulae* 70; 72).

Anders sah es Bischof Stephan I. von Rom (vgl. Cyprian, *Epistulae* 74; Euseb, *Historia ecclesiastica* 7,3). Er verneinte die Wiedertaufe konsequent. Auch er konnte sich dabei auf die Tradition, freilich diejenige Roms, beziehen. Wie bei exkommunizierten Büßern sei auch bei den von Häretikern an und für sich gültig Getauften lediglich eine Handauflegung notwendig, um sie in die Kirche aufzunehmen. Allerdings ist eine formal korrekt vollzogene Taufe eine wichtige Voraussetzung. Gültig wird die Taufe nach Stephanus also nicht durch die Heiligkeit des Spenders oder gar durch seine Amtswürde, sondern durch die Majestät Gottes.

Im Verlauf der Auseinandersetzungen forderte Stephan eine einheitliche Praxis in der Gesamtkirche. Dadurch unterschied sich der römische Bischof von Cyprian. Er drohte den Afrikanern sogar mit der Exkommunikation, falls diese sich einer solchen Vereinheitlichung der Praxis nicht fügen, und das hieß auch: sich Rom nicht beugen würden. Die Situation spitzte sich gewaltig zu und hätte wohl zu einem Bruch zwischen den Kirchen geführt, wenn nicht die beiden Kontrahenten zuvor gestorben wären – Stephan starb bereits im August 257, Cyprian im darauffolgenden Jahr.

Zur kirchenamtlichen Anerkennung der »Ketzertaufe« kam es auf Seiten der Nordafrikaner allerdings erst gut 50 Jahre später auf der Synode von Arles im Jahr 314 (canon 9). Diese Synode war von Kaiser Konstantin einberufen worden, um das bereits erwähnte Donatistenproblem zu lösen. Die Konzilsväter lehnten eine Wiedertaufe konsequent ab. Eine Taufe durch Ketzer sei allerdings nur dann zu akzeptieren, wenn sie mit Wasser und trinitarischer Formel durchgeführt worden sei. Bei den übertretenden Häretikern sei der Glaube zu überprüfen. Falls es in diesem Bereich keine Unstimmigkeiten gäbe, wären sie durch Handauflegung in die Kirche zu integrieren. Die Ergebnisse von Arles wurden breit in der Sakramentenlehre Augustins reflektiert, nach der – wie bereits erwähnt – die Ketzertaufe lediglich keine Heilswirksamkeit hat. Auch er stellte fest, dass es außerhalb der Kirche kein Heil gäbe, allerdings nur deswegen, weil dort keine Heilswirksamkeit existiere (vgl. Augustinus, *De baptismo libri septem* 4,17,24). Für Augustin stand damit auch fest, dass das Heil nicht auf den Spender der Taufe und seine Würdigkeit angewiesen sei. Vielmehr rechtfertigt Christus den Gottlosen – darin liegt der Ursprung der Wiedergeburt (vgl. Augustinus, *Contra litteras Petiliani* 1,6,7). Im Westen war die Ketzertaufe auch in der Mehrheitskirche nun prinzipiell gültig, in den östlichen Kirchen wurde lediglich die Schismatikertaufe anerkannt.

2.5. Zur Frage der Kindertaufe

In der biblischen Literatur sind keine eindeutigen Belege für eine Kindertaufe zu finden. Es ist allenfalls denkbar, dass kleine Kinder bzw. Säuglinge zusammen mit ihrer Familie getauft worden sind (vgl. Apg 16,33; s. S. 65f.). Die bisher beschriebene Taufpraxis setzte ohnehin die Taufe von Erwachsenen voraus. Ab dem 3. Jahrhundert ist allerdings die Taufpraxis von Kindern eindeutig belegt. Ein Zeugnis für die Kindertaufe findet sich in der TA. Diese ging davon aus, dass einerseits die Kinder am Tauftag zuerst zu taufen seien, andererseits einige Täuflinge nicht einmal sprechen können, sprich: noch im Säuglingsalter sind. Für diese Taufkandidaten sollten die Eltern oder andere Familienmitglieder das Wort ergreifen. Es wurden also durchaus Taufen durchgeführt, bei denen insbesondere Familienmitglieder den Glauben stellvertretend bekannten (vgl. TA 21).

Nach Tertullian waren für die Taufe gründliche Kenntnisse in der Bibel und der christlichen Lehre vorausgesetzt. Deswegen hat er die auch ihm bekannte Kindertaufe abgelehnt (vgl. Tertuliian, *De baptismo* 18). Gegen die Kindertaufe sprach für ihn auch, dass sich die Getauften später gegen ihre Taufe oder auch gegen ihre Paten auflehnen könnten. Die Taufe bedeute hingegen eine Verpflichtung. Es ist allerdings davon auszugehen, dass im 2. und 3. Jahrhundert Tertullians – allgemein recht rigoristische und auch antignostisch geprägte – Position nicht die Regel gewesen ist. Schon Tertullians Landsmann Cyprian von Karthago sah keine stichhaltigen Argumente gegen die Kindertaufe. Er hat vielmehr die Taufe sogar in Analogie zur Beschneidung der Juden gesehen, was einen frühen Zeitpunkt der Taufhandlung zur Folge haben musste (vgl. Cyprian, *epistulae* 64,3–5).

Für Origenes (ca. 185–253/54) entsprachen die Taufen von Kleinkindern der von den Aposteln begründeten Tradition (vgl. Origenes, *Commentarii in epistulam ad Romanos* 5,19). Bei ihm deuten sich schon Vorstellungen von Ursünde an, die im 5. Jahrhundert von Augustin breit ausgebaut worden sind. So stellt Origenes in den Homilien zum Buch Leviticus in Anlehnung an Ps 51 (50),7 fest, dass der Mensch in Schuld empfangen ist. Origenes folgert daraus, »dass jede Seele, die im Fleisch geboren wird, mit dem Schmutz *der Schuld und der Sünde* befleckt wird. Und deswegen ist das Wort […] gesagt worden: *Niemand ist rein vom Schmutz, und habe sein Leben nur einen Tag gedauert.* Dem kann noch hinzugefügt werden, dass zu untersuchen ist, aus welchem Grund die Taufe nach dem Brauch der Kirche sogar den kleinen Kindern erteilt wird, da die Taufe der Kirche doch zur Vergebung der Sünden erteilt wird; denn, gewiß, wenn es bei den kleinen Kindern nichts gäbe, was Vergebung und Nachsicht angehen müsse, erschiene die Gnade der Taufe überflüssig […]« (Origenes, *Homiliae in Leviticum* 8,3; vgl. *Comm*entarii *in Matthaeum* 13,27; *Homiliae in Lucam* 14,5).

Zur Zeit des Origenes scheint also zumindest über die Begründung der Kindertaufe diskutiert worden zu sein. Erst im 5. Jahrhundert hat sich die Kindertaufe als vorherrschende Praxis in der ganzen Kirche durchgesetzt. Augustin schrieb bereits, dass in Nordafrika zu seiner Zeit die Kindertaufe allgemein üblich sei (vgl. *De baptismo libri septem* 4,23,30). Die Theologie des Kirchenvaters, insbesondere die Argumentation mit der Erbsünde, hat allerdings im Westen auch für die Begründung der Säuglingstaufe eine wichtige Rolle gespielt. Er argumentierte ebenfalls mit der jüdischen Beschneidungspflicht am achten Tag nach Gen 17,10–12. Wie die Beschneidung müsse die Taufe früh durchgeführt werden (vgl. *De baptismo libri septem* 4,24,31) – diese Argumentation hatten wir bereits bei Cyprian beobachten können. Augustin setzte voraus, dass der stellvertretende Glaube der Eltern nicht nur ausreichen würde, sondern sogar Heil wirken könne – schließlich hat nach Lk 7,14 ja auch zu Jesu Zeiten der Glaube einer Mutter sogar zur Auferweckung ihres Kindes geführt (vgl. *De libero arbitrio* 3,67,227). Überhaupt habe das Sakrament an sich auch genug Kraft und bedürfe somit gar nicht eines bereits vorhandenen Glaubens beim Kind (vgl. Augustinus, *epistulae* 98,10 s. S. 154f.).

2.6. Taufaufschub

Im 4. Jahrhundert änderte sich die Situation für die Mehrheitskirche gewaltig. Nach dem Ende der Diokletianischen Verfolgung und der zunehmenden Begünstigung des Christentums durch Konstantin ab 311 n. Chr. wurde das Christentum zu einem integralen, ja sogar prägenden Bestandteil des Römischen Reiches. Damit war u.a. eine enge, ja sogar persönliche Bindung an den Bischof, wie sie die TA voraussetzt, in der Regel nicht mehr gegeben.

In dieser neuen Situation kam es verstärkt zum Phänomen des sog. Taufaufschubes (Koschorke 1983). Menschen, die durchaus christlich gesonnen waren, ließen sich nun erst auf dem Sterbebett taufen. Ein prominentes Beispiel dafür stellte Kaiser Konstantin dar, der sich erst 337 n. Chr. kurz vor seinem Ableben von dem Bischof in der Kaiserresidenz Nikomedien taufen ließ. Ein solcher Taufaufschub lag in den hohen ethischen Ansprüchen begründet, die mit dem Christentum verbunden waren. Die Taufe als Reinigungsbad von den Sünden sollte erst im letzten Augenblick durchgeführt werden, um einen sündenfreien Übergang zum Jüngsten Gericht zu ermöglichen.

Förderlich für den Taufaufschub war die Tatsache, dass man in der Spätantike bereits dann als Christ galt, wenn man sich zum Katechumenat eingeschrieben hatte (vgl. das Gesetz des Kaiser Theodosius aus dem Jahr 383, *Codex Theodosianus* 16,7,2). Man unterschied faktisch drei Arten christlicher Existenz: Neben den getauften Christen gab es die z.T. lebenslangen Katechumenen sowie die Taufbewerber im engeren Sinne, die sog. *competentes* oder φωτιζόμενοι. Diese nahmen definitiv am Taufunterricht vierzig Tage vor Ostern teil. Der Kirchenbuße, also auch dem Ausschluss von Sakramenten, hatten sich nur die getauften Christen zu unterziehen. Die übrigen waren zur Eucharistie ohnehin nicht zugelassen – bei ihnen führten daher Vergehen nicht zu einem öffentlichen Ausschluss aus der Kirchengemeinschaft. Die Zugehörigkeit zu derselben war zunehmend nicht an die Taufe gebunden. Davon legt u.a. auch der Bericht Augustins über die Bekehrung des bekannten Neuplatonikers Marius Victorinus ab: »Victorinus las, wie Simplicianus sagt, die Heilige Schrift und spürte emsig alle christlichen Bücher auf und durchforschte sie. Dem Simplician offenbarte er sich, freilich nicht vor andern Ohren, nur vertraulich und geheim: ›Du magst es wissen: Ich bin schon Christ.‹ Worauf ihm der zur Antwort gab: ›Ich möchte das nicht glauben und Dich als Christen unter Christen zählen, ehvor ich Dich in der Kirche Christi gesehen habe.‹ Er lächelte nur und sagte: ›So sind's die Kirchenwände, die den Christen machen?‹ Und oft wiederholte er, er sei bereits Christ, und immer wieder antwortete Simplicianus das gleiche, und immer wieder brachte der andere das Scherzwort von den Mauern vor. Denn er scheute sich, bei seinen Freunden anzustoßen, hochtragenden Verehrern der Dämonen [...]« (Augustinus, *Confessiones* 8,2).

Die Kirchenväter polemisierten insbesondere in der zweiten Hälfte des 4. Jahrhunderts gegen solche dissoziativen Modelle von Taufe und Kirchenmitgliedschaft.

Basileios von Kaisareia wandte sich explizit gegen das »Namens-«Christentum seiner Zeit. Die Grenzen der Kirche erschienen ihm verschwommen. Für Basileios stellte die Taufe einen notwendigen Akt der Bekehrung dar. Die Taufgelübde interpretierte er als Absage an die Welt. Dementsprechend sah er in der Taufe eine Scheidemarke zwischen der Welt und der Heilsgemeinschaft.

Gregor von Nazianz hat sich dem Thema des Taufaufschubes in seiner *Oratio* 40 ausführlich gewidmet. In dieser Rede führt er zahlreiche verbreitete Argumente für den Taufaufschub an. Gregor setzte solchen Argumenten für einen Taufaufschub u.a. entgegen, dass man mit dem Reinigungsbad von den Sünden nicht warten solle, bis man noch schlimmer geworden wäre (ebd. 40,11). Er reflektierte ferner die Möglichkeit eines überraschenden Todes (ebd. 40,14), bei dem die Taufe zumindest ein sicheres Siegel vor aller Gefahr darstellen würde (ebd. 40,15). Das Beste sei es, die Gnadengabe, die möglichst früh zu erhalten sei, zu pflegen (ebd. 40,22).

In dieser Richtung äußerte sich noch zugespitzter Gregor von Nyssa. Er verstand die Taufe sakramentalistisch als ein heilsbringendes Tauchbad, das den Ausgangspunkt eines individuellen Vollkommenheitsstrebens darstelle. Mit der Taufe wird also die Möglichkeit eröffnet, an der eigenen Vollkommenheit zu arbeiten.

Auch Augustin lässt sich mit seinen bereits erwähnten Positionen gegen die Donatisten und insbesondere die Pelagianer als Gegner des Taufaufschubs interpretieren. Immerhin plädierte er auf der Basis seiner Erbsündenlehre strikt für die in Nordafrika ohnehin übliche Säuglingstaufe. Die Auseinandersetzung mit dem Taufaufschub stärkte im 4. Jahrhundert also die Tendenz zur Kindertaufe, wenn auch bei den Kappadokiern wie Gregor von Nazianz eine bewusste Teilhabe am Taufgeschehen vorausgesetzt wurde.

2.7. Taufbekenntnisse

Als Marius Victorinus sich im ausgehenden 4. Jahrhundert in Rom taufen lassen wollte, sollte eine Praxis angewandt werden, die in diesem Zusammenhang dort üblich war: Der Täufling hatte in aller Öffentlichkeit ein Bekenntnis abzulegen. Augustin berichtet auch von diesem Vorgang in Rom in seinen *Confessiones* (8,2). Das Ablegen des Glaubensbekenntnisses fand in der Regel nicht nur vor dem Bischof und den anderen Täuflingen, sondern – zumindest in Rom – vor der versammelten Gemeinde statt.

Das Glaubensbekenntnis und das kirchliche Lehrbekenntnis sind – so zuletzt deutlich von Reinhart Staats formuliert – eng miteinander verbunden. Schon seit der Mitte des 2. Jahrhunderts sind zumindest im Westen des Römischen Reiches längere Bekenntnistexte überliefert, die in einem Fall explizit mit der Taufe verbunden waren. Diese darf man sich allerdings wohl nicht als fest formulierte und schriftlich weitergegebene Bekenntnistexte vorstellen. Sie finden sich bei Irenäus von Lyon als Kanon der Wahrheit bzw. bei Tertullian als *Regula fidei*. Irenäus verknüpft seinen Kanon der Wahrheit explizit mit der Taufe (vgl. Irenäus, *Epideixis* 7). Bei den Bekenntnissen ging es nicht um das persönliche, individuelle Bekennen, sondern das (zunehmend »Rechtgläubigkeit« definierende) Bekenntnis der Kirche. Privatbekenntnisse hat es in der Alten Kirche – abgesehen von offiziellen Stellungnahmen zu ihrem Glauben von kirchlichen Vertretern – nicht gegeben. Vielmehr wurde das *Credo* bei einer entsprechenden Datierung der TA spätestens ab dem 3. Jahrhundert vermittels Fragen (»interrogatorisch«) abgeprüft. Man kann es – im Sinne des erwähnten Herrschaftswechsels – als Zusage an Christus interpretieren, die der Absage an das Böse folgte.

Ein gerader Weg von den frühen Glaubensformeln zu den ausformulierten deklaratorischen Bekenntnistexten ist nicht nachzuzeichnen. Allenfalls ab der TA hat in Rom möglicherweise eine wörtliche Ausformulierung des Glaubens begonnen. Mit dem Ur-Nizäum von 325 hatte ein schriftlich fixiertes Glaubensbekenntnis im Osten des Reiches einen reichsrechtlichen Stellenwert erhalten, wurde freilich zunächst keineswegs als Taufbekenntnis benutzt. In seiner überarbeiteten Fassung von 381 (Nizänokonstantinopolitanum = NC) ist es auch durch das römische Taufbekenntnis (Romanum = R) geprägt. Dadurch sollte ein gesamtkirchliches Bewusstsein gestärkt werden. Auf dem Konzil von Konstantinopel wurde der aus Tarsus stammende Jurist und Stadtprätor Nektarios († 397) explizit auf dieses Bekenntnis getauft, um zum Bischof von Konstantinopel geweiht werden zu können. Bekenntnisse haben hier einen öffentlichen Charakter erhalten. Erst im Jahr 553 wurde das NC allerdings reichsrechtlich als die korrekte theologische Lehre für das gesamte Imperium festgehalten. Es stellte nun nicht mehr nur ein Taufbekenntnis, sondern auch das reguläre Glaubensbekenntnis für den Gottesdienst dar. Um 800 n. Chr., also in der Zeit Karls des Großen (748–814), wurde das *Apostolikum*, eine leicht veränderte Form des *Romanums*, zum Taufbekenntnis im Westen.

Seit etwa 400 n. Chr. wurde das Glaubensbekenntnis als σύμβολον, als Erkennungszeichen der Christen bezeichnet (vgl. Rufinus, *Expositio symboli* 2; Staats 1999: 213 u.a.). Zeitgleich wurde der Charakter des Arkanums zunehmend hervorgehoben. Man kann also festhalten, dass in einer Zeit, in der das nach außen abgrenzende Bekenntnis sogar schriftlich weitergegeben wurde, dieses zunehmend vor Missbrauch geschützt werden musste. Möglicherweise taucht deshalb das NC zwischen 381 und 451 in Texten nicht auf.

2.8. Taufpaten

Die Ursprünge des Instituts des Taufpaten liegen im Dunkeln (vgl. immer noch Dick 1939). Möglicherweise ist bereits bei Tertullian davon die Rede (*De baptismo* 18). Allerdings ist der von ihm gebrauchte Begriff der *sponsores,* der wohl in erster Linie im Umfeld der Kindertaufe beheimatet ist, inhaltlich nicht klar zu fassen. Verortet man die Rolle der Paten zunächst in der Kindertaufe, würde dies eine Aufgabe vor allem für das künftige Leben der Kinder bedeuten. Garantien für eine korrekte Lebensführung waren allerdings auch bei Erwachsenen zu übernehmen. Bei besonders schwierigen Fällen waren daher bis zu drei Paten vorgesehen – dies ist allerdings nur in den sog. *Canones* des Hippolyt belegt (vgl. Hippolyt, *Canones* 15; Riedel 1900: 207).

Es ist bisher keineswegs geklärt, ob die Anfänge des Pateninstituts wirklich im Umfeld der Kindertaufe lagen. Wahrscheinlich ist in der TA noch eine ältere Funktion des Patenamtes zu beobachten, nämlich – wie bei der jüdischen Proselytentaufe – die Täuflinge zur Taufe zu führen, für sie Bürgschaft abzulegen und sie während des Katechumenats zu fördern. Prüfungen der Täuflinge sind auch bei Origenes belegt (*Contra Celsum* 3,51) – wahrscheinlich ist in der alexandrinischen Tradition ebenfalls von Bürgen auszugehen. Besonders bei stark ethisch orientierten antiochenischen Theologen wie Theodor von Mopsuestia (ca. 350–428) und Johannes Chrysostomos (349–407; *Catecheses baptismales* 3,2,15f.) spielten die Taufpaten als entscheidende Bürgen eine wichtige Rolle (Theodor v. Mopsuestia, *Katechetische Homilien* 12,14). Darüber hinaus hatte der Pate eine Art Einführung in das konkrete christliche Leben zu geben. Dies vermochte er besser und vor allem persönlicher als der Lehrer, der zu Theodors Zeiten wahrscheinlich eine große Zahl von Katechumenen zu betreuen hatte. Zuletzt assistierte der Bürge bei der eigentlichen Taufhandlung (vgl. Theodor v. Mopsuestia, *Katechetische Homilien* 13,19). Während in der TA eine nähere Bezeichnung der Paten noch fehlt, werden sie bei Egeria als Väter bzw. Mütter bezeichnet. Auch Frauen konnten also diese Aufgabe selbstverständlich übernehmen. Es schwingt dabei wohl die Vorstellung mit, dass es sich bei der Taufe um eine »Wiedergeburt« handelt (vgl. auch nochmals Johannes Chrysostomus, *Catecheses baptismales* 3,2,15). Die Väter und Mütter waren an dieser gleichsam auf geistige Weise beteiligt, indem sie den Täuflingen während des Katechumenats zur Seite standen. Zumindest im Osten scheint man davon ausgehen zu können, dass die Paten – wie wir ja auch bei Egeria sahen – die Täuflinge während des *Phōtizomenats* bis hin zur Taufe begleiteten. – Im Westen des Römischen Reiches ist eine solche Praxis in der Spätantike nicht belegt. Nach dem *Ordo Romanus* VII, der die Praxis im ausgehenden 6. bzw. frühen 7. Jahrhundert reflektiert, entwickelte sich hier allerdings die Praxis der sieben *Skrutinien*, d.h. Prüfungen im Glauben, bei denen auch die *susceptores* zugegen sein sollten. Die *susceptores* waren allerdings nicht mehr einfach nur Bürgen bzw. Zeugen, sondern auch Taufgehilfen.

Im Rahmen der Kindertaufe entwickelte sich – angedeutet schon in der TA – noch eine andere Aufgabe im Taufkontext. Es gab die bereits erwähnten Sprecher (*sponsor, fidei jussor*), die hier im Namen des unmündigen Kindes die Abschwörung gegenüber dem Teufel leisteten, die Hinwendung zu Christus vollzogen und beim Taufakt die Antworten auf die Tauffragen gaben. Die Sprecher hatten – so auch bei Augustin belegt – damit die Verpflichtung auf sich genommen, das Kind im christlichen Glauben zu erziehen. Während dieses Amt zunächst von Eltern oder Verwandten übernommen wurde, scheint es zunehmend auf fremde Personen übergegangen zu sein. Davon legen bereits Augustin und die *Canones Hippolyti* aus dem 5. Jahrhundert Zeugnis ab (vgl. Augustinus, *epistulae* 98,6; ferner Hippolytus, *Canones* 19; Riedel 1900: 210). Bei (Pseudo-)Dionysios Areopagites war es bereits die Regel, dass die Eltern nicht als Paten fungierten (*De ecclesiastica hierarchia* 7,11; zur weiteren Entwicklung in den Ostkirchen vgl. Ariantzi 2008).

2.9. »Archäologie« der Taufe in der Alten Kirche

Die frühen Christen haben im fließenden Wasser getauft (vgl. noch Hippolytus, *Canones* 19; Riedel 1900: 211). Dies gilt auch für die Gemeinde im syrischen Dura Europos. Hier hatte man lange Zeit in dem kleinen christlichen Gemeindezentrum aus der Zeit vor 256 n. Chr. ein Taufbecken ausmachen wollen. Da die Anlage, die von einem Ziborium, einer Art Baldachin, überwölbt war, allenfalls von sehr gelenkigen Personen als Taufanlage hätte genutzt werden können, ist sie wohl eher als Memoria/Gedächtnisort für einen Heiligen zu interpretieren. Aus der Zeit bis zum Ende des 3. Jahrhundert dürften somit keine Taufanlagen erhalten geblieben sein. Ab dem 4. Jahrhundert tauchen sie in der Regel neben jeder Kathedralkirche auf. In manchen Städten gab es allerdings auch Taufbecken an anderen Kirchen. Selbst in Klöstern waren sie zu finden, besonders in Wallfahrtszentren wie dem syrischen Qualaat Seman oder dem isaurischen Alahan.

Der Begriff βαπτιστήριον bezeichnet ursprünglich das Badebecken in den Thermen. Er wurde auf die zur Taufe verwendete *piscina*, d.h. das Taufbecken, schließlich bereits im 4. Jahrhundert sogar auf den ganzen Raum der Taufe übertragen. Das älteste Baptisterium stellt wohl jenes an der von Kaiser Konstantin eingerichteten Kirche des Erlösers am Lateran in Rom dar (vgl. zuletzt mit Lit. Claussen 2008). Dieses wurde S. Giovanni in Fonte benannt. Es handelt sich ursprünglich um das Frigidarium der privaten Thermen des Lateranpalastes, das möglicherweise schon gegen Ende des 3. oder zu Anfang des 4. Jahrhunderts in ein Baptisterium mit kreisrundem Grundriss umgewandelt wurde. Die Beckentiefe betrug nur 70 cm. Daher fand hier die Taufe wohl nicht in Form eines vollständigen Untertauchens statt.

Die »konstantinische Wende« und die stark anwachsende Zahl von Taufkandidaten führte zur Errichtung neuer Baptisterien. Viele von ihnen bestehen nur aus einem einzigen Raum und gelegentlich noch einer Vorhalle. An manchen ist eine Apsis angeschlossen, in der sich ein bischöflicher Thron befinden konnte. Von diesem aus führte der Bischof die *confirmatio*, also die Chrisma/Öl-Salbung durch.

Die Baptisterien in der Spätantike waren ebenso unterschiedlich gestaltet wie die Taufriten und die Tauftheologie. Die Vorbilder für die meisten von ihnen sind im Bereich der antiken Thermen-Architektur oder derjenigen von Mausoleen zu finden. Damit wurde einerseits der Symbolismus der Reinigung, andererseits derjenige von Sterben und Wiedergeburt bei der Taufe architektonisch aufgenommen. Eindeutig als Taufhaus lassen sie sich in der Regel nur durch die Existenz eines festen oder beweglichen Taufbeckens bzw. einer entsprechenden Inschrift identifizieren.

In vielen Fällen lässt sich eine achteckige Anlage beobachten (vgl. u.a. Ristow 1998). Sie findet sich z.B. in Nord-Italien, aber auch im Orient. Die Zahl acht ist in der frühen Christenheit als Symbol der Auferstehung und ewiger Vollendung verstanden worden (vgl. Staats 1972: 29). Man verband damit die Auferstehung Jesu am achten Tag – er galt als Tag der proleptischen, d.h. vorweggenommenen Neuwerdung. Das Bauen achteckiger Gebäude ist keine christliche Erfindung. Vielmehr sind auch römische Badehäuser und Heroen in dieser Form angelegt worden. Die Achtzahl wurde nun aber theologisch neu gedeutet (vgl. die Inschrift der Thekla-Kirche in Mailand, zitiert bei Staats 1972: 31).

Gelegentlich wurden Piscinen kreuzförmig gebaut, um deutlich zu machen, dass der Täufling in der Taufe mit Christus gekreuzigt würde. Die Stufen am Taufbecken ermöglichten gleichsam einen Durchzug durch das »Rote Meer« von West nach Ost. Der Typos der Taufe wurde also auch in den Taufbecken wieder aufgenommen.

Gelegentlich lagen die Baptisterien in den Kirchen selbst. Meist befanden sie sich aber am Rande bzw. außerhalb der Kirchen. Häufig gab es neben dem eigentlichen Taufraum weitere Räume, die dem gesamten Ablauf des Katechumenats dienten.

In der ausgehenden Spätantike ging man zunehmend dazu über, im ganzen Jahr zu taufen. Ab dem 7. Jahrhundert wurden in der Regel fast nur noch Kinder getauft. Dadurch haben sich auch die Orte der Taufe verändert. Häufig trat nun neben das Taufbecken für die Erwachsenentaufe auch ein kleines für die Kindertaufe. Manche Taufbecken wurden flacher gestaltet. Dabei handelt es sich aber um einen relativ überschaubaren Bestand. Das mag damit zusammenhängen, dass in dieser Zeit die Aspersionstaufe, also eine Besprengungstaufe, bei Erwachsenen die Immersions-Taufe zunehmend ablöste. Auch Nebenpiscinen wurden für die Kindertaufe angefertigt. Insgesamt ist festzuhalten, dass die Kindertaufe dazu geführt hat, dass ab dem späten 7. Jahrhundert immer weniger Bodenpiscinen gebaut worden sind.

3. Die Taufe im Mittelalter

Nicht nur im allgemeingeschichtlichen, sondern auch im Bereich der Taufpraxis lassen sich im 6. und 7. Jahrhundert deutliche Veränderungen wahrnehmen. Dies hängt vor allem damit zusammen, dass es in dieser Zeit verstärkt zur Missionierung und auch zu Taufen unter Menschen kam, die nicht zum römisch-hellenistischen Kulturkreis gehört haben. Zu denken ist insbesondere an die Installation des Christentums unter den germanischen Völkern, die sich im Zuge der sog. »Völkerwanderung« in den ehemaligen Gebieten des römischen Reiches ausbreiteten.

3.1. Taufe im politischen Kontext

Taufe war bis ins frühe Mittelalter in erster Linie ein individueller Akt für einzelne Christen. Die Taufe der Herrscher oder Patrone führte daher in der Regel nicht zur Taufe eines ganzen Volkes. Auch bei den ersten Christianisierungen von Germanenstämmen sind vom Herrscher veranlasste oder mitgetragene Massentaufen nicht belegt. Dies änderte sich im Mittelalter deutlich. Nun kam es zur Taufe ganzer Völker in unmittelbarem Zusammenhang mit der Taufe ihres Herrschers. Eine erste solche Taufe fand im europäischen Westen, genauer im Reich der Merowinger, noch vor dem Beginn des Mittelalters statt.

Eine wichtige Voraussetzung für diese Taufe war die Landnahme der Salfranken im römischen Gallien in der 2. Hälfte des 5. Jahrhunderts. Chlodewig, der von 481–511 zunächst als einer unter vielen fränkischen Kleinkönigen regierte, entschloss sich nach einer längeren Regierungszeit zur Taufe durch den Bischof Remigius von Reims (459–533). Möglicherweise hat seine zur Mehrheitskirche, d.h. in diesem Fall zur mit Rom in Kirchengemeinschaft befindlichen Kirche, gehörende Frau Chrodechilde ihn dazu bewegt. Nach dem Bericht des Gregor von Tours (*Historiae* 2,30f.) soll sich Chlodewig in einer Schlacht gegen die Alemannen für den mehrheitskirchlichen Glauben entschieden haben und zu Weihnachten 498 zur Taufe geschritten sein. Er erhoffte sich durch die Konversion – Konstantin vergleichbar – Schützenhilfe von Christus. Bemerkenswert ist, dass es in diesem Fall nicht bei der privaten Entscheidung eines Fürsten blieb, wie wir dies zuvor bei den Langobarden beobachten können. Vielmehr folgte dem Vorbild Chlodewigs schon bald der größte Teil des Adels wie des Volkes. Nach Gregor von Tours sollen mit Chlodewig zugleich 3000 Soldaten getauft worden sein. Glaube war also zu einer stark öffentlichen Angelegenheit geworden. Auch die Taufe war damit keine Privatsache mehr. Christentum entwickelte sich zunehmend zu einem Element territorialer Politik.

Die Entscheidung Chlodewigs hatte politische Folgen. Die Kluft zwischen der fränkischen Regierung und den noch ansässigen römischen, mehrheitskirchlich orientierten Bevölkerungselementen wurde wesentlich verringert. Im Frankenreich entstand nun eine einheitliche konfessionskulturelle Identität. Gleichzeitig entfernten sich Chlodewig und der fränkische Adel durch ihre Entscheidung von den übrigen Germanenstämmen mit ihrem »arianischen«, genauer »homöischen« Glauben.

Da das mehrheitskirchliche Christentum immer deutlicher die kulturelle Einheit im Frankenreich ausdrückte, verweigerten Volksstämme am Rand der fränkischen Herrschaftsgebiete die Taufe, weil sie als Ausdruck der kulturellen Unterordnung unter die Franken verstanden wurde. Dies gilt z.B. für die Alemannen, die seit 506 zu weiten Teilen von den Franken beherrscht wurden. Sie pflegten noch ihre alten paganen Traditionen. In der Zeit der Karolinger wurden dementsprechend zunehmend Zwangstaufen im Rahmen außenpolitischer Aktionen vollzogen. Karl der Große (748–814) förderte die Mission und die damit verbundene Taufpraxis stark, um u.a. die Gebiete der Sachsen kulturell ans Frankenreich anzuschließen. Bald kam es allerdings zu Warnungen aus dem Klerus, dass die Taufe nur bei einem wirklichen Bekenntnis vollzogen werden könnte – so mahnten die Erzbischöfe Arn von Salzburg (nach 740–821) und Paulinus II. von Aquileia (vor 750–802) im Umfeld der Awarenmission. Bei diesen hatte Karl bereits 795 Zwangstaufen durchführen lassen.

Erst im 10. Jahrhundert kam es zur Missionierung der slawisch geprägten Kiewer Rus. Erste Missionsarbeit hatte die Fürstin Olga von Kiew (ca. 890–969), die sich 957 taufen ließ, veranlasst. Sie hatte Missionare aus dem inzwischen ottonischen Heiligen Römischen Reich in Zentraleuropa angefordert. Diese hatten allerdings unter den Russen keinen durchschlagenden Erfolg. Die Rahmenbedingungen für die Christianisierung der Kiewer Rus waren der Situation unter den Merowingern in Ansätzen vergleichbar. Vorangetrieben wurde die Annahme des Christentums als einer Volksreligion nämlich in einer Zeit, in der dort aus einem lockeren Gemeinschaftsverband ein einheitliches Staatsgebilde wurde. Kiew als Machtzentrum war für dieses namensgebend. Innenpolitisch war also auch hier eine einheitsstiftende kulturelle Identität vonnöten, die im Christentum gefunden wurde. So entschied sich der russische Fürst Wladimir (972/79–1015) für dieses. 988 ließ er sich allerdings nach ostkirchlichem Ritus taufen – letztlich auch, um die Schwester des byzantinischen Kaisers Basileios II. (regierte 976–1025) heiraten zu können. Die Berichte über die Taufe liegen nur noch in legendarischer Form vor allem in der »Nestorchronik« vor. Demnach fiel die Entscheidung für die ostkirchliche Tradition aufgrund der beeindruckenden Gottesdienste, die Boten Wladimirs in Konstantinopel erlebt hatten. Wahrscheinlich fand die Taufe des Zaren in der griechischen Kolonie Chersonnes auf der Krim statt. Der byzantinische Kaiser selbst fungierte als Taufpate. Es folgte eine Massentaufe der Bevölkerung im Dnjepr. Wladimirs Staat wurde durch die Christianisierung zu einem respektablen Bündnispartner für Byzanz. Die Taufe der Kiewer Rus stellte einen öffentlichen Akt dar, der der *salus publica* bzw. der innen- wie außenpolitischen Stärkung des neuen russischen Staatsgebildes dienen sollte. Taufe war also auch hier von einem persönlichen Bekenntnisakt zu einem staatspolitischen Instrument geworden. Sie diente jetzt als Merkmal der Zugehörigkeit zu einem Territorium und seiner Kultur.

3.2. Abtrennung der Firmung von der Taufe im Westen

Der Akt der Taufe setzte in der Spätantike ein sehr umfangreiches Personal voraus. Es wurde vor allem immer ein Bischof benötigt. Da die Taufe zunehmend nicht mehr nur am Osterfest abgehalten wurde, ergaben sich personelle Probleme: Konnte der Bischof bei jeder Taufhandlung wirklich zugegen sein? Um diesem Problem zu begegnen, hat es im Osten und im Westen der Christenheit zwei unterschiedliche Lösungsansätze gegeben:

Im Osten entwickelte sich zunehmend die Praxis, dass Presbyter/Priester die gesamte Taufhandlung inklusive Firmung übernahmen (Wallraff 2005: 63). Im Westen hingegen blieb die sog. *consignatio* (wörtlich: Versiegelung) den Bischöfen vorbehalten. Denn lediglich der Bischof verfügte über die den Aposteln gegebene Fülle des Heiligen Geistes, an der der Täufling in der Firmung symbolisch Anteil erhielt. Damit die Bischöfe aber auch wirklich bei jedem Täufling die Salbung durchführen konnten, wurde sie nun von der eigentlichen Taufhandlung separiert und als *confirmatio*, d.h. Kräftigung oder Bestätigung im Glauben bezeichnet.

Die eigenständige Entwicklung im Westen lässt sich nicht nur auf die veränderte Taufpraxis, sondern auch auf die sehr großen Diözesen in den germanischen Reichen zurückführen. Ab ca. 900 wurden dort Taufen allein von Presbytern durchgeführt und beschränkten sich auf den nach dem Vorbild der römischen Praxis gestalteten Akt der Wassertaufe. Getauft wurde in dieser Zeit an den Samstagen vor den Hochfesten Ostern und Pfingsten. Die Firmung hingegen vollzog der Bischof – häufig Jahre nach der Taufe – bei seinen Reisen durch seine Diözese zu unregelmäßigen Zeitpunkten. Sie galt als Zeichen der kräftigenden Geistverleihung (vgl. Petrus Lombardus, *Sententiae* 4,d. 7,3). Der Separierung der Taufe von der Firmung entsprechend wurde schon 1215 auf dem Vierten Laterankonzil letztere eigens behandelt. Bei der Dogmatisierung der westlichen Sakramentslehre auf den Konzilien von Ferrara/Florenz 1439 und in Trient 1547 ist die Firmung daher als eigenständiges Sakrament thematisiert worden.

3.3. Tauftheologie im Mittelalter

Die Taufe galt auch im Mittelalter als Akt der Aufnahme eines Menschen in die Kirche. Unter den Karolingern war es sogar gesetzlich vorgeschrieben worden, dass jedes Kind zu taufen sei.

Die Tauflehre orientierte sich in der sog. Frühscholastik sehr stark an Augustin. So ging z.B. Hugo von St. Viktor (ca. 1097–1141) davon aus, dass u.a. bei der Taufe das Wort der Heiligung zum Element hinzukommt und so das Sakrament entstehen lässt. Durch die Wassertaufe kommt es daher *realiter* zur Abwaschung der Sünden (*De sacramentis* 2,6,2).

Petrus Abaelard (1079–1142) betonte gegen diese Normlehre, dass die im Menschen erwachsende Liebe entscheidend für die Aneignung des in der Taufe vermittelten Heils sei (*Commentaria in Epistolam Pauli ad Romanos* 2; Buytaert 120).

Eine voll ausgebildete systematische Tauflehre findet sich erst bei Alexander von Hales (ca. 1185–1245) um 1240. Auch bei ihm stellt die Taufe zunächst eine Abwaschung mit Wasser dar, die allerdings durch das Wort begleitet wird und so Anteil an der erlösenden Gnade Christi vermittelt. Sie macht den Täufling Gott wohlgefällig, indem sie dessen Sünde und deren Folgen tilgt. Beim Spendenden wird nicht unbedingt der rechte Glauben verlangt, sondern insbesondere die Absicht, zu tun, was die Kirche tut. Beim Täufling ist hingegen Glauben für den fruchtbaren Empfang der Taufe nötig (Alexander v. Harles, *Summa theologica* 4,q. 8 m. 8 a. 3). In ähnlicher Weise wurde bei Thomas von Aquin (ca. 1225–1274) Taufe als dauerhafte Abwaschung der Sünde und Erlass von Strafe verstanden (*Summa theologica* 3,q. 66–71, bes. 69 a 1f.; Cunningham 122–128). Tauf- und Gnadenlehre waren somit eng miteinander verbunden, in der Taufe wurde Erlösung nämlich realiter übereignet.

Im Spätmittelalter haben die Franziskaner um Johannes Duns Scotus (ca. 1266–1308) die Gnade nicht mehr mit dem sinnlich wahrnehmbaren Zeichen verbinden können. Das Wasser konnte bei der Taufe demnach nicht Ursache der Gnadenwirkung bei der Taufe sein. Gott wirkt bei der Taufe vielmehr unmittelbar, indem er dem Taufwasser assistiert. Er selbst hat den Empfang des Heils ja zumindest an dieses äußere Zeichen gebunden (*Ordinatio* 4,d. 1 q 2; q 4.5).

Als im Rahmen des Konzils von Ferrara und Florenz Eugen IV. (Papst von 1431–1447) 1439 die – bereits bei Petrus Lombardus (ca. 1100–1160) zu beobachtende – Lehre von den sieben Sakramenten definierte (Petrus Lombardus, *Sententiae* 4,1–42), rekurrierte der Papst wieder stärker auf die Lehre von Alexander von Hales und Thomas von Aquin über die Taufe. Die Taufe stellte für ihn das erste unter allen Sakramenten dar. Sie ist Tor zum geistlichen Leben. In der Bulle *Exsultate Deo* wurde nun genau festgelegt, dass die Materie der Taufe das Wasser, ihre Form hingegen die Taufformel unter Anrufung der Trinität sei. Auch die Taufe wird in der Regel durch den Priester durchgeführt, nur im Notfall von einem Laien, gegebenenfalls sogar von einer Frau (sic!) oder einem Heiden bzw. Häretiker. Notwendig ist, dass die Taufe in der Form der Kirche durchgeführt wird, ja dass die Absicht besteht zu tun, was die Kirche tut.

3.4. »Archäologie« der Taufe: Taufsteine im Mittelalter

Während der Mission unter den Germanenstämmen wurden die erwachsenen »Heiden« – so z.b. durch Bonifatius (ca. 672–754/55) – in Flüssen getauft. Gelegentlich wurden auch künstlich Tauforte geschaffen. So taufte Bischof Otto von Bamberg (ca. 1060–1139) z.B. Anfang des 12. Jahrhunderts in drei in den Boden eingelassenen Fässern. Diese waren von einem Zelt umgeben, da die Erwachsenen nackt getauft wurden. Bald wurden auch Taufkirchen eingerichtet. An ihnen führte der zuständige Bischof bis ins ausgehende 9. Jahrhundert zentrale Taufen durch.

Erst mit der Übernahme des Täuferamtes durch die Priester erhielten alle Pfarrkirchen einen eigenen Taufort, der sich im Westen der Kirche, also an deren Eingang befand. Dadurch wurde die Taufe als erstes Sakrament des Eintritts in die kirchliche Gemeinschaft inszeniert. Die Taufbecken wurden in Deutschland seit dem 9. Jahrhundert nicht mehr Piscina genannt, sondern Fünte. Das Wort leitet sich vom lateinischen *fons baptismalis* (Taufquelle) her. Die ersten Fünten waren aus Holz und haben sich daher nicht erhalten. Seit dem 11. Jahrhundert gab es steinerne Fünten, die noch heute von der mittelalterlichen Taufpraxis zeugen. Da bis ins 13. Jahrhundert bei Kindern ausschließlich die Immersionstaufe praktiziert wurde, diese also ganz untergetaucht wurden, sind die Taufbecken in der Regel recht groß. Meist sind sie rund oder achteckig und stehen auf einem massiven Sockel. Im unteren Bereich befinden sich häufig Dämonen oder andere heidnische Symbole, die die Überwindung der bösen Mächte symbolisieren: Diese müssen nun die Taufbecken tragen. Seit dem 12. Jahrhundert sind die paganen Symbole häufig durch die vier Paradiesströme ersetzt. Diese sollten symbolisch auf die Nähe der Täuflinge zu Gott hinweisen, wie sie im Paradies ja existiert hat. Die an den Taufbecken nun zu findenden Apostelfiguren sind als Verweis auf die Nachfolge Christi zu interpretieren, die mit der Taufe eröffnet wird.

Ab dem 12. Jahrhundert lassen sich auch Erzfünten, d.h. Bronze-Taufbecken beobachten, die üblicherweise in Glockengießer-Werkstätten hergestellt wurden. Die sich nach unten verjüngende Form entspricht daher meist einer kopfstehenden Glocke. Allerdings sind die Fünten so auch als Kelch interpretierbar – ein mögliches Symbol für die enge Verbindung der Sakramente. Die Erzfünten haben häufig einen reicheren Bilderschmuck. Auf ihnen sind oft biblische Szenen zu entdecken.

Damit die Kinder, die in der Regel bereits am zweiten Lebenstag getauft wurden, die Immersionstaufe überlebten, wurden gotische Taufbecken oft mit Heizeinrichtungen versehen. In einigen besonders kalten Regionen waren solche Taufbecken sogar Standard. Dies gilt z.B. für das im Winter äußerst kalte Siebenbürgen.

Gotische Taufbecken hatten einen Deckel. Dieser diente dazu, das Taufwasser vor Entweihung oder auch vor Verunreinigung zu schützen. Taufwasser wurde nämlich nur einmal jährlich, in der Regel am Vorabend von Ostern oder Pfingsten, geweiht (vgl. noch nachtridentinisch *Catechismus Romanus* 2,2,61). Die Deckel wurden zum Schutz des Wassers in der Regel sogar mit Riegeln befestigt – davon zeugen auch heute häufig noch die Scharniere am oberen Rand der Taufbecken.

4. Die Taufe in der Reformationszeit

In der Reformationszeit wurde mit der grundsätzlichen Diskussion über die Heilsbedeutung der Kirche auch die Sakramentsfrage thematisiert. Gerade über die Taufe hat es dabei so grundsätzliche Auseinandersetzungen gegeben, dass neben den reformatorisch gesinnten Kreisen eigene Gruppen sich über ein besonderes Taufverständnis definierten.

4.1. Tauflehre der Reformatoren

Auch die Tauflehre der Reformatoren ist keineswegs einheitlich (vgl. zum Folgenden Pinggéra 2008; Kühn 1990). Sie ist eng an die theologischen Schwerpunkte derselben gebunden. Dies lässt sich an den drei konfessionsprägenden Reformatoren Luther, Zwingli und Calvin gut demonstrieren.

Martin Luther (1483–1546) akzentuierte seine Tauftheologie je nach Situation neu. Bereits kurz nach der Einführung der Reformation hat er sich 1519 in seinem *Sermon von dem heiligen hochwürdigen Sakrament der Taufe* ausführlich zur Tauffrage geäußert. Hier wie auch in anderen frühen Schriften betonte Luther, dass die Taufe nicht von der Erbsünde befreit. Mit der Taufe beginne vielmehr ein neues Leben unter der Vergebung der Sünden, das dennoch durch den Kampf gegen die Sünde geprägt sei. Dieser komme erst mit dem Tod zu seinem Ende. Rechtfertigung aktualisiert sich nach diesem Verständnis also täglich neu. Die Kindertaufe, die für Luther zentral war (s. S. 155–157), bedeutete den Beginn einer lebenslangen Bewegung der *simul iusti et peccatores*, als Gerechte und Sünder zugleich (vgl. WA 2,730,8–10 u.a.).

In seiner frühen Zeit hat Luther aber nicht nur deutliche Akzente gegen das traditionelle Taufverständnis gesetzt. So war er z.B. noch ein konservativer Befürworter der Immersionstaufe. Mit dem wirklichen Untertauchen wäre die Zeichenhandlung der Taufe jedenfalls am treffendsten umgesetzt (vgl. WA 2,727,16–19). Allerdings ist der Ratschlag Luthers auch in seinem eigenen Umfeld nicht in die Tat umgesetzt worden – so tauft selbst auf der programmatischen Altartafel Lukas Cranachs d. Ä. in der Wittenberger Stadtkirche Philipp Melanchthon (1497–1560) nicht in Form der Immersion, sondern durch Infusion, also Übergießen.

Luther orientierte sich auch konservativ an bestehenden Taufordnungen. 1523 übersetzte er das in Wittenberg übliche Taufformular ins Deutsche. Drei Jahre später hat er die Ordnung in leicht überarbeiteter und gekürzter Form als »Taufbüchlein« herausgegeben. Ab 1529 erschien es als Anhang des Kleinen Katechismus. Hier konzentrierte sich Luther auf die wesentlichen Worte und Zeichenhandlungen, die er in deutliche Relation zueinander setzte.

1529 reflektiert der *Große Katechismus* bereits die Auseinandersetzung mit der frühneuzeitlichen Täuferbewegung. Bei den Täufern war für die Taufe der Glaube eine wichtige Voraussetzung. Luther betonte dagegen die enge Bindung des göttlichen Heils an das Wasser als Element beim Taufsakrament. Nicht der Glaube, sondern eben das Sakrament als solches wirkt das Heil. Der Glaube ist lediglich zur Aneignung der Heilshandlung notwendig (s. S. 141f.).

Zwingli hat sich von der stark an die objektive Heilswirksamkeit des Sakraments gebundenen Vorstellung Luthers abgesetzt. Er stand mit seiner Tauflehre den Vorstellungen der noch genauer zu betrachtenden Täufer nahe: Für ihn stellte die Taufe in erster Linie den Akt des zeichenhaften Bekenntnisses des Täuflings dar. Dennoch hat er sich deutlich von den Täufern abzugrenzen versucht, die seit 1524 in Zürich aufgetreten waren. Davon zeugt seine 1525 publizierte Schrift *Von der Taufe, von der Wiedertaufe und von der Kindertaufe*. Darin machte Zwingli einerseits deutlich, dass die Taufe keine sündentilgende Kraft innehabe, auch nicht wie bei Luther als Sakrament den Beginn eines neuen Lebens setze, sondern vielmehr ein rein äußerliches Zeichen sei. Dieses zeigt an, dass der Täufling zu Gott gehört. Heilsnotwendig bzw. heilswirksam ist es nicht. Entscheidend für die Seligkeit ist vielmehr das »inwendige« Geschehen, das im Menschen wirkende Wort. Zwingli spricht in diesem Zusammenhang auch metaphorisch von »Geisttaufe«. Damit ist deutlich, dass der Taufakt nicht einfach nur einen Bekenntnisakt der Täuflinge darstellt. Vielmehr handelt es sich um ein von Gott gewirktes Geschehen, bei dem der Glaube aus dem Hören auf das Evangelium entsteht. Die Wassertaufe bildet gleichsam den sichtbaren Abschluss des Prozesses, in dem der Täufling zum Glauben kommt.

Zwingli entschied sich trotz der Verbindung von Taufe und Glaubensakt gegen die Ablehnung der Kindertaufe durch die Täufer. Dazu führten ihn vor allem ekklesiologische und gesellschaftspolitische Motive. Er lehnte die sektiererischen Züge der Täufer ab. Gerade für ihn bildeten Christen- und Bürgergemeinde eine Einheit, welche durch die Praxis der Kindertaufe gewährleistet erschien. Theologisch begründete er die Kindertaufe u.a. mit der Analogie zur Beschneidung. Dies wird besonders in seinem Traktat

In catabaptistarum strophas elenchus von 1527 deutlich. In dieser Schrift ging Zwingli davon aus, dass die Aufnahme in den Gottesbund der individuellen Glaubensentscheidung vorausgeht. Daher könnten auch unmündige Kinder getauft werden.

Seinem Taufverständnis entsprechend verzichtete Zwingli in seiner 1525 publizierten Taufordnung auf fast alle Zeichenhandlungen bei der Taufe. Exorzismus, Abrenuntiation und Bezeichnung mit dem Kreuz waren nicht notwendig, da der Taufakt ja den Abschluss eines Prozesses auf dem Weg zum Glauben darstellte.

Johannes Calvin (1509–1564) äußerte sich nicht in einer eigenen Schrift, sondern vielmehr in seiner umfangreichen Dogmatik, der *Institutio Christianae Religionis*, in Buch 4,15f. ausführlich zur Taufe (s. S. 140.142). Dabei bemühte er sich um eine Verständigung mit den Wittenberger Reformatoren. Auch Calvin verstand die Taufe als ein Zeichen. Dieses ist allerdings nicht nur als sichtbarer Abschluss eines Bekenntnisaktes zu verstehen, sondern gottgewirkt (vgl. Calvin, *Institutio* 4,15,13). Ähnlich wie bei Luther geht es Calvin darum, dass das Sakrament zur Vermittlung von Heilsgewissheit dient. Es bezeugt einerseits symbolisch, dass der Getaufte Anteil an der Erlösung und Reinigung durch Christus hat. Anteil an Heil und Erlösung erfährt der Täufling allerdings auch ohne die äußere Handlung mit Wasser. Gottes Gnadenhandeln ist nicht an die Sakramente gebunden. Der symbolische Akt fördert aber die Gewissheit der Sündenvergebung. Dementsprechend verpflichtet er den Täufling auch zu einem neuen Lebenswandel (vgl. ebd. 4,15,3f.). Andererseits macht die Taufe deutlich, dass der Täufling in den Leib Christi, das heißt auch in die sichtbare Kirche aufgenommen wird.

Calvin argumentierte ähnlich wie Zwingli mit dem Vorbild der Beschneidung für die Kindertaufe. Schon vor ihrer Geburt seien die Kinder in den Bund Gottes hineingenommen, also faktisch erwählt. Daher können sie mit dem allerdings nicht heilsnotwendigen Zeichen früh versehen werden. Eine Nottaufe ist nach Calvin nicht nötig, da die Kinder eben auch unabhängig vom Taufzeichen in den göttlichen Bund hineingenommen worden sind. Dementsprechend tauften auch ausschließlich die Prediger im Calvinismus, während im Luthertum jeder Christ die Taufhandlung als Nottaufe vollziehen konnte.

Auch Calvin verzichtete in seiner Taufordnung, der Schrift *La Forme des Prières Et Chantz Ecclésiastiques* von 1542, auf zahlreiche traditionelle Zeichenhandlungen. Seine Bundesvorstellung machte die Riten zur Abschwörung vom Bösen nicht mehr nötig. Nach Calvin war allerdings die Taufe in den Gemeindegottesdienst zu integrieren. Dies hing mit dem zweiten Aspekt seines Verständnisses der Taufe als Symbol zusammen: Sie sollte eben nicht nur die Reinigung von allen Sünden symbolisieren, sondern auch die Aufnahme in den Leib Christi. Dieser Gedanke kam im Gemeindegottesdienst sinnfällig zum Ausdruck.

4.2. Das Täufertum im Reformationszeitalter

Das sog. Täufertum stellte im Reformationszeitalter keineswegs eine einheitliche Größe dar. Vielmehr handelt es sich um unterschiedliche Gruppen, die allerdings alle in ihrer Ablehnung der Kindertaufe übereinstimmten. Im Reformationszeitalter wurden sie von ihren Gegnern als Wiedertäufer bezeichnet, weil sie die Taufe von Unmündigen für nutzlos hielten und dementsprechend Menschen, die bereits als Säuglinge getauft worden waren, erneut einem Taufritus unterzogen. Dabei handelte es sich nach dem Selbstverständnis der Täufer allerdings nicht um eine Wiedertaufe – für sie lag mit der Säuglingstaufe ja noch keine gültige Taufe vor. Wenn die einzelnen Täufergruppen sich auch regional eigenständig entwickelt haben, so haben doch die meisten von ihnen Impulse von den frühesten Täufern, nämlich jenen in Zürich, erhalten.

Ähnlich wie den Zürcher Reformatoren ging es den dortigen Täuferkreisen um eine konsequent-christliche Lebensweise. Der bewusste Weg dazu setzte nicht den Akt der Wassertaufe als das entscheidende Moment bei der Heilsaneignung voraus, sondern vielmehr den Glauben selbst. Bereits 1523 war es in Zürich zu einem Bruch mit Zwingli gekommen. Dabei ging es allerdings weniger um die Taufpraxis, als vielmehr um den Wunsch der Täufer nach einer radikalen Form von Christentum, die mit der Welt keine Kompromisse eingehen dürfe. Die damit verbundene radikale Trennung von Staat und Kirche widersprach Zwinglis Vorstellung einer Kongruenz von Christengemeinde und Bürgergemeinde. Der

Konflikt zwischen Zwingli und den Täufern brach schließlich offen aus, als sich Felix Manz (ca. 1498–1527) und Konrad Grebel (ca. 1498–1526) 1524 trotz des vom Stadtrat ergangenen Taufbefehls beharrlich weigerten, ihre Kinder taufen zu lassen. 1525 führten sie sogar die ersten »Glaubenstaufen« durch.

Die Verfolgung der Täufer begann nach langen und fruchtlosen Gesprächen am 7. März 1526 mit einem Mandat des Zürcher Rats. Dieses wurde radikal umgesetzt: Kein Jahr später wurde Felix Manz am 5. Januar 1527 in der Limmat ertränkt. Die Todesstrafe für Täufer blieb keineswegs nur regionale Praxis. Am 23. April 1529 wurde sie auf dem Reichstag zu Speyer reichsrechtlich geregelt. Auch Luther stimmte der gewaltsamen Verfolgung der Täufer zu, da er durch sie die öffentliche Ordnung gefährdet sah.

Die neue Taufpraxis wurde dennoch ausführlich theologisch begründet, insbesondere durch Balthasar Hubmaier (1480–1528). Hubmaier war 1525 in Zürich getauft worden. Er veranlasste daraufhin in Waldshut noch im selben Jahr eine Reformation im Sinne der Täuferbewegung, die dort sogar von der Obrigkeit mitgetragen wurde. In diesem Rahmen entstand Hubmaiers Schrift *Von der christlichen Taufe der Gläubigen*. Den Weg in ein christliches Leben eröffnet demnach das Hören des Wortes Gottes. Es bewirkt eine Art »Geisttaufe« bzw. Wiedergeburt. Dieser Terminus wird also nicht mehr auf die Taufhandlung selbst, sondern auf das Erlangen des Glaubens bezogen, der durch die Konfrontation mit Gottes Wort entsteht. Dem Glauben folgt schließlich die Taufe als Bekenntnis des Glaubens bzw. als Verpflichtung zum Leben »nach der Regel Christi«. Daher steht am Ende des Prozesses ein tatsächlich praktiziertes Christentum. Ein solches ist nach Hubmaier durch eine strenge Kirchenzucht zu erlangen, die überhaupt für die Täufergruppen charakteristisch war. Da die Konfrontation mit dem Wort Gottes vor der Taufe ein wichtiges Element auf dem Weg ins Christentum darstellt, forderte Hubmaier insbesondere in späteren Schriften, dass Kinder – wie in der Alten Kirche bis ins 5. Jahrhundert üblich – zunächst im Glauben unterrichtet werden sollen, bevor sie getauft werden. Ähnlich äußerten sich die ebenfalls in Zürcher Tradition stehenden *Schleitheimer Artikel* von 1527, die eine Art Programmschrift der oberdeutschen Täufer darstellten. Das individuelle Taufbegehren der Täuflinge nach deren Belehrung spielte in diesen Artikeln eine zentrale Rolle.

Das Täufertum war keineswegs grundsätzlich gegen die Durchführung der Reformation durch eine staatliche Obrigkeit, wie bereits der Fall von Balthasar Hubmaier deutlich gemacht hat. Nach der Niederlage der Bauern in der Schlacht von Mühlhausen im Jahr 1525 erwarteten Täufer wie Hans Hut (1490–1527) den zukünftigen Anbruch des Reiches Gottes auf Erden. Er datierte ihn auf Pfingsten 1528. Hut selbst starb allerdings bereits 1527 und konnte so das von ihm prophezeite endzeitliche Gericht über gottlose Kleriker und Herrscher nicht mehr miterleben. Dennoch hatte er bereits wahrhaft Fromme um sich gesammelt, die er mit der Taufe nach Apk 7,2 versiegelte. Auch nach Huts Tod lebten apokalyptische Ideen im Umfeld des Täufertums fort. Dafür steht insbesondere Melchior Hoffmann (ca. 1500–1543) aus Straßburg. Er plante mit Gewalt ein sog. Täuferreich einzurichten, welches in den Jahren 1534/35 in Münster Realität wurde. Die Täufer überzeugten hier die Bürger der bereits zur Reformation übergetretenen Bischofsstadt von ihren Ideen und verjagten alle diejenigen, die sich ihrer Bewegung nicht anschließen wollten. Die Taufe war in diesem Fall vor allem ein Zeichen der Zugehörigkeit zu der endzeitlichen Gemeinde.

Die Obrigkeiten der umliegenden Gebiete sowie der Münsteraner Fürstbischof versuchten der Lage in der Stadt schnell militärisch Herr zu werden. Trotz der Belagerung Münsters konnte sich das Täuferregime relativ lange halten. Letztlich fiel es durch Verrat – drei seiner Anführer wurden hingerichtet. In der Folge der Münsteraner Ereignisse vermochten sich nur noch friedliche, nüchterne Varianten des Täufertums zu halten – zu nennen wäre die Bewegung um den Holländer Menno Simons (1496–1561), den Begründer der noch heute existierenden, nach ihm benannten Mennoniten.

5. Die Taufe im Zeitalter von Konfessionalisierung, Pietismus und Aufklärung

Im Zeitalter der Konfessionalisierung, dessen Beginn man grob für die Zeit nach dem Augsburger Religionsfrieden des Jahres 1555 ansetzen kann, differenzierten sich nicht nur die unterschiedlichen theologischen Ansätze des Reformationszeitalters zunehmend im Sinne der nun entstehenden Konfessionen aus. Vielmehr gilt dies auch für das Verständnis und das Ritual der Sakramente.

5.1. Das Tauf-Sakrament nach dem Verständnis des Konzils von Trient

Das Konzil von Trient, das sich von 1545 bis 1563 in drei großen Sessionen hinzog, kann zugleich als gegen die Reformation gerichtete Selbstbesinnung der altgläubigen Kirche und als katholische Reformmaßnahme gelten. In diesem Sinne wurde die Siebenzahl der Sakramente auf dem Konzil noch einmal deutlich – gerade auch in Abgrenzung von den Reformatoren – festgelegt (vgl. DH 1601). Das Konzil sah die auf dem Konzil von Ferrara und Florenz dogmatisierten Sakramente bereits als von Christus eingesetzt. Die Konzilsväter legten ferner erstmals eine einheitliche Gestaltung der bisher noch regional unterschiedlichen liturgischen Formen für die gesamte katholische Kirche nahe. Mit solch einer Liturgiereform wurde der Papst auf der letzten Konzilssitzung 1563 beauftragt. Das *Rituale Romanum*, in dem auch die Riten zur Taufe neu festgeschrieben worden sind, ist allerdings erst fünfzig Jahre nach Konzilsende, nämlich 1614 erschienen. Die bis ins 20. Jahrhundert der Erstkommunion vorhergehende Firmung wurde hingegen im bereits 1596 publizierten *Pontificale Romanum* behandelt, da sie ja vom Bischof durchzuführen und daher im Buch der bischöflichen Riten darzustellen war. Das Rituale sollte keinen Welteinheitsritus, sondern vielmehr einen Modellritus bieten (vgl. Baumann 2008: 68). Kennzeichnend ist in den tridentinischen Riten generell, dass die Gemeinde sogar beim sakramentalen Handlungskern kaum einbezogen ist. Von zentraler Bedeutung für das Heilsgeschehen ist das Sprechen einer bestimmten Formel durch den Kleriker, im Fall der Taufe das »Ich taufe Dich ...«. Schriftverkündigung ist im tridentinischen Ritus hingegen nicht vorgesehen.

Im *Rituale Romanum* ist ebenfalls ein Ritus für die Erwachsenentaufe enthalten (tit. 2, cap. 4), der allerdings nur äußerst selten durchgeführt worden ist. Im Falle der Anwesenheit eines Bischofs ist bei der Erwachsenentaufe eine unmittelbar an die Taufe anschließende Firmung und Erstkommunion vorgesehen.

Das Konzil spricht den evangelischen Kirchen eine gültige Taufe nicht ab, zumal eine wahre und richtig gespendete Taufe ja nicht wiederholt werden muss (vgl. DH 1624). Anders als im evangelischen Bereich war die Kindertaufe aber eng mit der Vorstellung verknüpft, die Säuglinge durch das Sakrament von der Erbsünde zu befreien. Die Taufe ist nach dem Kanon 5 über die Taufe sogar heilsnotwendig (vgl. DH 1618). Daher sind auch Nottaufen durch Laien erlaubt, nach denen allerdings die für die Taufe notwendigen symbolischen Riten anschließend durch einen Priester nachgeholt werden sollten. Auch werden wiedertäuferische Praktiken definitiv abgelehnt (vgl. DH 1626). Die frühe Taufe war in der Regel mit der Namensgebung des Heiligen des Tauftages verbunden. Die Erinnerung an den Tauftag war somit durch den Namenstag leicht möglich.

Bemerkenswert ist in der Taufordnung, dass wohl mindestens ein Pate, keineswegs aber die Eltern bei der Taufe zugegen sein müssen (vgl. *Rituale Romanum*, tit. 2, cap. 2; ferner tit. 2, cap. I, 33f.). Die Taufhandlung enthält nicht nur Exorzismen, sondern auch zahlreiche weitere Zeichenhandlungen wie die Verkostung von etwas Salz durch den Täufling, die Auflegung der Stola des Priesters auf den Täufling und den Effata-Ritus, bei dem der Priester mit seinem eigenen Speichel die Ohren und die Nase des Kindes berührt. Nach Taufhandlung und Salbung erhält der Täufling ein weißes Tuch auf den Kopf. Ferner wird eine Kerze gereicht. Die Riten, die im evangelischen Umfeld bei der Taufe aufgegeben wurden, wurden im *Rituale Romanum* also bewusst beibehalten.

5.2. Entstehen der Baptisten

Täufergruppen des 16. Jahrhunderts haben – von wenigen Ausnahmen wie den Mennoniten abgesehen – keine bis heute bestehenden Gemeinschaften hervorgebracht. Dennoch sehen sich die gegenwärtig im Volksmund sog. »Baptisten« auf einer inhaltlichen Linie mit den Täufern des 16. Jahrhunderts. Entstanden sind die meisten Baptisten-Gemeinden hingegen im Umfeld der Frömmigkeitsbewegung des Puritanismus, der Anfang des 17. Jahrhunderts auf der britischen Insel große Erfolge zu verzeichnen hatte. Puritanistisch orientierte Gemeinden separierten sich in dieser Zeit von der Staatskirche und begannen – unter Einfluss der Mennoniten – mit der Praxis der Gläubigentaufe. Angeführt wurden sie vor allem von John Smith (ca. 1570–1612). Dieser hielt die Säuglingstaufe für »die unvernünftigste Häresie des ganzen Antichristentums« (zitiert bei Geldbach 1996: 64). 1609 führte er in Amsterdam erste Gläubigentaufen durch. Diese Taufen werden von 1640 bis heute in Form eines vollständigen Untertauchens durchgeführt. 1644 wurde diese Form der Taufe mit der *London Confession* unter den Baptisten verbindlich.

Die Baptisten breiteten sich nicht nur in England und in Nordamerika (vor allem auf Rhode Island) rasch aus. Auch in Deutschland entstanden – allerdings erst im 19. Jahrhundert – baptistische Gemeinden. 1834 kam es in Hamburg zu einer ersten Gemeindegründung durch Johann Gerhard Oncken (1800–1884). Die Baptistengemeinden, die das Prinzip der Gemeindeautonomie stark pflegen, gehören in Deutschland heute dem Bund Evangelisch-Freikirchlicher Gemeinden an.

5.3. Taufe im Pietismus und Rationalismus

Durch den Pietismus und auch den Rationalismus der Aufklärung hat sich die Taufpraxis noch einmal entscheidend verändert. Beide Bewegungen haben eine Individualisierung des Glaubens vorangetrieben. Dementsprechend wurden Selbsterfahrung und biographische Vergewisserung eines subjektiven Glaubens immer wichtigere Elemente des neuzeitlichen Christentums. Eine objektive

Vermittlung von Heil durch die Taufe, wie sie zumindest in weiten Teilen der lutherischen Orthodoxie noch behauptet worden war, hat es in diesem Umfeld kaum noch gegeben. Vielmehr musste die Taufe ihre Bedeutung in einer auf die individuelle Erfahrung ausgerichteten christlichen Welt nun verändern. Nicht mehr äußerer korrekter Vollzug von Riten, sondern ein innerer Prozess im Gläubigen wurde jetzt gefordert.

Philipp Jakob Spener (1635–1705) und die ersten bedeutenden Gestalten des Pietismus haben im Bereich der Taufe die Konfrontation mit der lutherischen Orthodoxie nicht gesucht. Spener hat z.B. eingeräumt, dass der Heilige Geist dem Menschen in der Taufe gegeben werde. Er betonte allerdings, dass diese Form der Wiedergeburt keineswegs von einer neuen, individuellen Lebensgestaltung befreie. Bereits in seinen *Pia Desideria* von 1675 ging es ihm darum, dass das Herz beim Empfang der Sakramente etwas empfindet und entsprechende Früchte des Glaubens folgen (Spener, *Pia Desideria* 35). Er forderte, dass die Taufe sich durch das ganze Leben hindurch auch bewähren müsse (ebd.). Spener förderte gegen eine veräußerlichte Form des Christentums die Konfirmation. Diese diente bis dahin in evangelischen Kreisen als Handeln der Gemeinde am Täufling – so hatte sie zumindest Martin Chemnitz im 16. Jahrhundert verstanden. Konfirmation bestätigte im Protestantismus ferner, dass die Jugendlichen auch wirklich in den zentralen Stücken des Glaubens unterwiesen worden seien. Spener betonte hingegen das persönliche Bekenntnis der Konfirmanden bzw. deren Selbstverpflichtung zu einem wahren christlichen Leben. Die Konfirmation wurde zur Erneuerung des Taufbundes auf Seiten der Konfirmanden und so zunehmend wichtiger als die Taufe.

Während Spener zumindest die Heiligung im Leben der Gerechtfertigten forderte, stand bei Pietisten wie August Hermann Francke (1663–1727) das Bekehrungserlebnis auf ihrem Weg zum wahren Glauben im Vordergrund. Die Taufe spielte hingegen eine marginale Rolle. Ähnlich verhielt es sich bei John Wesley (1703–1791), dem Vater des Methodismus, und insbesondere bei Vertretern des radikalen oder separatistischen Pietismus wie Gottfried Arnold (1666–1714). Er richtete sich in seinem ersten großen kirchengeschichtlichen Werk *Die Erste Liebe der Gemeinden Jesu Christi* von 1696 auch gegen die Kindertaufe. Die magisch-naturalistischen Vorstellungen verhaftete Praxis der Kindertaufe halte von wahrer Bekehrung, Erleuchtung und Erneuerung geradezu ab. Einige radikal-pietistische Kreise tauften dementsprechend »wieder« – so seit 1708 die »Schwarzenauer Neutäufer« in der Grafschaft Sayn-Wittgenstein. Diese flohen vor Verfolgung nach Nordamerika und existieren dort bis heute als *Church of the Brethren*.

In der Aufklärungstheologie wurden traditionelle Dogmen z.T. radikal in Frage gestellt. Sie tendierte dahin, eher von der vorbildlichen Religion Jesu als vom Glauben an Jesus Christus zu sprechen. Wichtiger als überlieferte dogmatische Aussagen war den Aufklärungstheologen ein tugendhafter Wandel (vgl. etwa Rätze, *Betrachtungen*; Pinggéra 2008: 106). Dementsprechend wurde die Taufliturgie von traditionellen Elementen gereinigt. Außerdem wurden Elemente, die in Verbindung mit dem Aberglauben gebracht werden konnten, durch die Aufklärung aus den evangelischen Taufagenden gestrichen. Dies gilt z.B. für die Austreibung des bösen Geistes durch Anhauchen, die sog. *exsufflatio*, aber auch die Bezeichnung mit dem Kreuz auf der Stirn und der Brust (*obsignatio crucis*), die Exorzismen und die *abrenuntiatio diaboli*. Darüber hinaus ging es bei der Erneuerung von Taufagenden um eine persönliche Aneignung des Taufgeschehens. Die Agenden stellten jeweils Modelle für eine auf den konkreten *casus* abzustimmende Taufzeremonie dar. Den Aufklärungstheologen ging es also weniger um die individuelle Neugestaltung des Lebens, als vielmehr um die individuelle Neugestaltung des Ritus. Dieser sollte der konkreten Situation und Person, d.h. der Lebenssituation der Eltern und dem Zeitgeist gerecht werden. Wegen des individuellen Charakters der Zeremonie wurde die Taufe nicht mehr nur in der Kirche vollzogen, sondern insbesondere in den höheren evangelischen Schichten zu Hause. Sie konnte so als Feier der Ankunft des Kindes in der Familie verstanden werden. Sie galt außerdem als eine Art »Vorweihe« zum Christentum.

Ähnlich wie manche Pietisten betonten auch die Aufklärungstheologen die Rolle der Konfirmation. Jetzt erst wurde sie in allen evangelischen Gemeinden durchgeführt. Sie wurde dabei insbesondere als eine Art Mündigkeitsritus verstanden. Erst mit der

Konfirmation erhielten die Christen das Recht auf die Kommunion beim Abendmahl und zur Ausübung des Patenamtes. Friedrich Schleiermacher (1768–1834) sah dementsprechend in der Konfirmation bzw. dem von den jungen Christen gesprochenen Glaubensbekenntnis die notwendige Vervollständigung der Taufe (Schleiermacher, *Der christliche Glaube* § 138; s. auch S. 157f.).

6. Taufe im 19. Jahrhundert

Im 19. Jahrhundert entwickelten sich die Großstädte rasant. Die übergroßen Gemeinden – die Dresdener Gemeinde bestand z.B. zeitweilig aus bis zu 60.000 Gemeindegliedern – führten häufig Massentaufen mit mehr als 100 Kindern gleichzeitig durch. Die Massenabfertigung und die mangelnde Betreuung der Gemeindeglieder hatten zur Folge, dass die kirchliche Bindung bei vielen nachließ. Gleichzeitig wurde der Taufzwang durch die Obrigkeiten massiv reduziert. Dementsprechend gingen die Taufzahlen nun deutlich zurück. Die Säuglingstaufe blieb allerdings auch in dieser Zeit die Regel. Dabei waren die Eltern häufig gar nicht zugegen. Lediglich die Paten waren selbstverständlich bei der Taufe anwesend.

Den häufig sehr hohen Taufzahlen kam eine wieder verstärkt traditionell-agendarische Taufpraxis entgegen. Eine solche lässt sich insbesondere in Preußen beobachten. Hier kam es unter Friedrich Wilhelm III. (1770–1840), der sich auch um die Union zwischen den reformierten und den lutherischen Untertanen zumindest bemühte, zu einer ganzen Reihe von Überlegungen zur Gottesdienstreform. In der Zeit der Restauration und der Romantik besann man sich dabei auf traditionelle Liturgien und Rituale zurück. Die Ansätze aus Preußen wirkten auch in die übrigen deutschen Landeskirchen hinein. 1822 wurde eine Kirchenagende für die Berliner Hof- und Domkirche veröffentlicht, die ein Formular für die Taufe enthielt. Dieses orientierte sich stark an Luthers Taufbüchlein von 1526. Dementsprechend wurden nun auch zahlreiche Rituale wieder aufgenommen, die in der Aufklärungszeit mit Aberglauben in Verbindung gebracht worden waren: etwa das Anhauchen zur Austreibung des Bösen, die Bezeichnung mit dem

Kreuz und die Abrenuntiation. Auffallend ist, dass nun nicht mehr ein Theologe oder kirchliche Amtsträger die Taufagende prägten, sondern ein König, der tatsächlich an der Agende stark mitgewirkt hat. Damit hatte das Landesherrliche Kirchenregiment einen Höhepunkt erreicht. Die Agende wurde auch noch lange nach dem Tod Friedrich Wilhelms III. mehrmals revidiert. Erst 1895 wurde der Ritus der Erwachsenentaufe in ihr berücksichtigt.

Die Agenden des 19. Jahrhunderts stellen nicht einfach eine Rückkehr in die Zeit vor der Aufklärung dar. Vielmehr sind auch sie so angelegt, dass sie die Teilnehmenden persönlich ansprechen, wenn auch mit traditionelleren Formen. Vor allem ging es aber um die letzten Versuche einer Vereinheitlichung liturgischer Formen unter dem Absolutismus. Friedrich Wilhelm III. bemühte sich im absolutistischen Sinn um liturgische Einheitlichkeit in seinem Territorium. Daneben gab es in dieser Zeit aber auch vollkommen andere Formen des Umgangs mit Taufe, bei denen freikirchliche Taufrituale rezipiert wurden, besonders in den neu entstehenden »Sekten« wie vor allem den »Mormonen«.

7. »Archäologie« der Taufe in der Neuzeit

Bereits in der Reformationszeit gab es auch im Blick auf die künstlerische Gestaltung der Tauforte neue Ansätze. Meist beschränkte sich die Neugestaltung von Kirchen nach der Reformation zunächst auf deren Ausstattung – nur in wenigen Fällen kam es zu gänzlich neuen Kirchenbauten. Ein Paradigma für einen solchen Neubau und zugleich auch eine neue Art der Ausstattung bietet die 1588/90 errichtete Schlosskapelle auf der Wilhelmsburg in Schmalkalden. Die Einheit von Wort und Sakrament kam hier deutlich zum Ausdruck, insofern Altar, Kanzel und Orgel in einer Achse hinter- und übereinander angeordnet sind – ein prägendes Beispiel für die im lutherischen Umfeld populär werdenden Kanzelaltäre. Der Tischaltar und der in der Mitte der Altarplatte eingelassene Taufstein sind hier als Einheit gestaltet. Damit wurden die beiden zentralen Sakramente des Luthertums bewusst hervorgehoben. Auch kam diese Kombination der Lutherschen Tauforderung entgegen, nach der ja ein wesentlicher Teil des Taufrituals vor dem Altar stattfinden sollte. In Kirchen wie derjenigen in Schmalkalden war ein Zug vom Altar zum Taufstein nicht mehr nötig. Auch in der Barockzeit stand die Kanzel häufig zumindest in einer Achse mit dem Kanzelaltar.

Überhaupt wurde entsprechend der deutlich zurückgehenden Bedeutung der Taufe in der Neuzeit – zugunsten der Konfirmation – ein fester Taufort in den Kirchen immer seltener. Bewegliche Taufschalen ersetzten bereits ab dem Beginn des 17. Jahrhunderts zunehmend die festen Taufsteine. Seither wird neben Stein und Metall auch wieder Holz für die Taufstätten benutzt. Deren Verwendung nimmt in der Barockzeit sogar noch zu. Gelegentlich übernehmen vom 17. bis ins 19. Jahrhundert kunstvoll geschnitzte Taufengel die Funktion eines Taufortes. Sie trugen als dienstbare Geister (nach Hebr 1,14), als Überbringer des Evangeliums, aber auch als Beschützer der frommen Christenmenschen die Taufschalen. Die Taufengel konnten, wenn sie nicht gebraucht wurden, ins Kirchengewölbe hinaufgezogen werden. Sie erinnerten die Gemeindeglieder so in allen Gottesdiensten an ihre Taufe. Taufengel beherrschten das ganze 18. Jahrhundert hindurch nördlich der Mainlinie den deutschen lutherischen Kirchenraum. Mehr als 2000 solcher Engel soll es einst – vor allem in Landkirchen – gegeben haben (Poscharsky 2006: 184). Erst im ausgehenden 18. Jahrhundert wurden sie unmodern und im 19. Jahrhundert schließlich ganz abgelehnt – auch darin spiegelte sich eine restaurative Geisteshaltung. Engel konnten auch bei fest im Raum installierten Taufen als Träger des Beckens dienen – ein beeindruckendes Beispiel dafür bietet die Taufe, die Adam de Vries (1545?–1626) für die Stadtpfarrkirche in Bückeburg 1615 in Bronze gestaltet hat.

Häufig sind die Taufsteine im lutherischen Raum mit Lesepulten kombiniert worden – die Deckel ermöglichten dann durch eine entsprechende Platte das Ablegen liturgischer Bücher. Möglicherweise sollte dadurch auch die Verbindung von Taufe und Lehre zum Ausdruck gebracht werden.

Über den Ort der Taufe hinaus veränderte sich auch die Gestaltung der Taufsteine. So wurden jetzt z.B. vermehrt Bibelsprüche neben den Stifterwappen und den umfänglichen Bildprogrammen an der Taufe angebracht. Taufsteine wurden zu Orten der Taufverkündigung und des Taufbekenntnisses. Die Darstellung von Taufszenen aus dem Neuen Testament sollte darüber hinaus deutlich machen, dass die Taufe tatsächlich ein von Christus eingerichtetes und von seinen Aposteln praktiziertes Sakrament darstellt. Der Bibelbezug wird gelegentlich durch typologisch auf die Taufe bezogene Bibelstellen des Alten Testaments ergänzt: Entsprechend den altkirchlichen Typologien ist die Sintflut ebenso dargestellt wie der Durchzug durch das Rote Meer oder die Beschneidung. Kinder bzw. Putten, die die Taufsteine vom späten 16. bis ins 17. Jahrhundert häufig prägen, sollen die Notwendigkeit der Kindertaufe illustrieren. In der Barockzeit wird auch häufig die Dreizahl in die formale Gestaltung der Taufen eingebracht, um die Dreifaltigkeit zu symbolisieren. Im Klassizismus kommen neue Formen von Taufbecken auf, die von der künstlerischen Freiheit der Zeit zeugen. So kann man nun auch Taufbecken in Form von Urnen oder Säulenstümpfen antreffen. Im anschließenden Historismus knüpfte man – ähnlich wie wir es auch im agendarischen Bereich haben beobachten können – hingegen wieder an traditionelle Vorbilder aus Romanik und Gotik an.

Quellen- und Literaturverzeichnis

1. Quellen

Alexander von Hales – Summa theologica: Klumper, Bernhard (Hg.): Alexander de Hales, Summa theologica, Quaracchi 1924–1948.

Aphrahat – Demonstrationes: Bruns, Peter (Übers.): Unterweisungen (FChr 5.1–2), Freiburg i.Br. u.a. 1991.

Arnold, Gottfried – Die Erste Liebe der Gemeinden Jesu Christi: Schneider, Hans (Hg.): Die Erste Liebe der Gemeinden Jesu Christi (Kleine Texte des Pietismus 5), Leipzig 2002.

Augustinus – Confessiones: Verheijen, Lucas (Hg.): Confessionum Libri XIII (CChr.SL 27), Paris 1981.

Augustinus – Contra litteras Petiliani: Petschenig, Michael (Hg.): Contra litteras Petiliani libri 3. Epistula ad catholicos de secta Donatistarum. Contra cresconium libri 4 (CChr.SL 52), Turnhout 1909.

Augustinus – De baptismo libri septem: Petschenig, Michael (Hg.): Sancti Aurelii Augustini opera. Psalmus contra partem Donati. Contra epistulam Parmeniani libri tres. De baptismo libri septem (CSEL 51), Wien 1908.

Augustinus – De libero arbitrio: Green, William M. (Hg.): Sancti Aurelii Augustini Contra academicos. De beata vita. De ordine. De magistro. De libero arbitrio (CChr.SL 29), Turnhout 1970.

Augustinus – Enchiridion: van den Hout, Michel P. J. (Hg.): Sancti Aurelii Augustini De fide rerum invisibilium. Enchiridion ad Laurentium de fide et spe et caritate. De catechizandis rudibus, Sermo ad catechumenos de symbolo. Sermo de disciplina Christiana. Sermo de utilitate ieunii. Sermo de excidio urbis Romae. De haeresibus (CChr.SL 46), Turnhout 1969.

Augustinus – Epistulae: Daur, Klaus D. (Hg.): Epistulae, 3 Bde. (CChr.SL 31, CChr.SL 31A, CChr.SL 31B), Turnhout 2004–2009.

Augustinus – Liber de unico baptismo: Petschenig, Michael (Hg.): Sancti Aurelii Augustini scriptorum contra Donatistas. Liber de unico baptismo (CSEL 53), Wien 1910.

Augustinus: Sermones ad populum: S Aurelii Augustini Hipponensis Episcopi sermones ad populum (PL 38.39), Paris 1845.

Barnabasbrief: Wengst, Klaus (Hg.): Didache (Apostellehre). Barnabasbrief. Zweiter Klemensbrief. Schrift an Diognet, SUC 2, Darmstadt 1984, 101–202.

Calvin, Johannes – Institutio Christianae Religionis: Zillenbiller, Anette (Hg.): Catechismus seu christianæ religionis institutio ecclesiæ Genevensis (Ioannis Calvini opera omnia 3), Genève 2002.

Calvin, Johannes: La Forme des Prières Et Chantz Ecclésiastiques, auec la manière d'administrer les Sacremens, & consacrer le Mariage. selon la coustume de l'Eglise ancienne, Genève 1542.

Catechismus Romanus: Rodriguez, Pedro (Hg.): Catechismus Romanus seu catechismus ex decreto Concilii Tridentini ad parochos Pii Quinti Pont. Max. iussu editus, Città del Vaticano 1989.

Chronicon Paschale: Dindorf, Ludwig August (Hg.): Corpus scriptorum historiae Byzantinae, Bonn 1818–1868.

Clemens von Alexandria – Paidagogos: Treu, Ursula (Hg.): Protrepticus und Paedagogus (GCS 12), Berlin ³1972.

2. Clemensbrief: Wengst, Klaus (Hg.): Didache (Apostellehre). Barnabasbrief. Zweiter Klemensbrief. Schrift an Diognet, SUC 2, Darmstadt 1984, 203–280.

Codex Theodosianus: Mommsen, Theodor (Hg.): Les lois religieuses des empereurs romains de Constantin à Théodose II. (SC 531), Paris u.a. 2009.

Cyprian von Carthago – Epistulae: Diercks, Gerhard F. (Hg.): Sancti Cypriani Episcopi Epistularium (CChr.SL 3), Turnhout 1994–1999.

DH: Denzinger, Heinrich/Hünermann, Peter (Hgg.): Enchiridion symbolorum definitionum et declarationum de rebus fidei et morum, Freiburg i.Br. ⁴³2010.

Didache: Wengst, Klaus (Hg.): Didache (Apostellehre). Barnabasbrief. Zweiter Klemensbrief. Schrift an Diognet, SUC 2, Darmstadt 1984, 1–100.

Didascalia: Vööbus, Arthur (Übers.): The Didascalia apostolorum in Syriac (CSCO 401.407), Louvain 1979.

Dionysios Areopagites – De ecclesiastica hierarchia: Roques, René/Heil, Günter/Gandillac, Maurice de (Hgg. u. Übers.), La hiérarchie céleste (SC 58.59), Paris ²1970.

Egeria – Itinerarium: Röwekamp, Georg (Übers.): Itinerarium (FChr 20), Freiburg i.Br. 1995.

Ephraem der Syrer – Hymni de Virginitate: Beck, Edmund (Übers.): Des Heiligen Ephräm des Syrers Hymnen de Virginitate (CSCO 223), Louvain 1962.

Euseb von Caesarea – Historia ecclesiastica: Schwartz, Eduard (Hg.): Eusebius Werke. Die Kirchengeschichte (GCS 9,1), Berlin 1973.

Gregor von Nazianz – Orationes: Couli, Bernard (Übers.): Corpus Nazianzenzi opera: Orationes XXXIX et XL (CChr.SG 58), Turnhout 2007.

Gregor von Tours – Historiae: Hilchenbach, Kai Peter (Übers.): Das vierte Buch der Historien von Gregor von Tours. Edition mit sprachwissenschaftlich-textkritischem und historischem Kommentar, Bern 2009.

Hippolyt von Rom – Canones Hippolyti: Achelis, Hans (Hg.): Die Canones Hippolyti (TU 6,4), Leipzig 1891.

Hippolyt von Rom – In Danielem: Richard, Marcel (Hg.): Commentarium in Danielem (GCS.NF 7), Berlin ²2000.

Hirt des Hermas: Whittaker, Molly (Hg.): Der Hirt des Hermas (GCS 48), Berlin 1956.

Hugo von St. Viktor – De sacramentis: Knauer, Peter (Übers.): Über die Heiltümer des christlichen Glaubens (Corpus Victorinum 1), Münster 2010.

Irenäus von Lyon – Epideixis: Brox, Norbert (Übers.): Irenäus von Lyon (FChr 8), Freiburg i.Br. 1997.

Johannes Chrysostomos – Catecheses baptismales: Kaczynski, Reiner (Übers.): Catecheses baptismales (FChr 6), Freiburg i.Br. 1992.

Johannes Duns Scotus – Ordinatio: Carballo, Rodriguez: Ordinatio liber quartus. A prologo usque ad distinctionem septimam (Ioannis Duns Scoti Opera omnia 11), Vatikan 2008.

Justin – Apologie: Munier, Charles (Hg.): Apologie pour les chrétiens / Apologia pro Christianis (SC 507), Paris u.a. 2006.

Kyrill von Jerusalem – Mystagogicae catecheses: Röwekamp, Georg (Übers.): Mystagogicae catecheses (FC 7), Freiburg i.Br. u.a. 1992.

Luther, Martin: Sermon von dem heiligen hochwürdigen Sakrament der Taufe (1517): D. Martin Luthers Werke. Kritische Gesamtausgabe, Bd. 2, Weimar 1884, 727–737.

Narses – Homilien: Connolly, Richard H. (Übers.): The liturgical homilies of Narsai (Texts and studies 8,1), Cambridge 1909.

Origenes – Commentarii in epistulam ad Romanos: Brésard, Luc (Übers.): Commentaire sur l'épître aux Romains (SC 532.539.543), Paris 2009–2011.

Origenes – Commentarii in Matthaeum: Klostermann, Erich (Übers.): Matthäuserklärung (GCS 38.40.41,1.41,2), Leipzig/Berlin 1933–1968.

Origenes – Contra Celsum: Borret, Marcel (Hg.): Contra Celsum (SC 132.136.147.150), Paris 1967–1969.

Origenes – Homiliae in Leviticum: Borret, Marcel (Übers.): Homélies sur les Lévitique (SC 286.287), Paris 1981.

Origenes – Homiliae in Lucam: Rauer, Max (Übers.): Homilien zu Lukas in der Übersetzung des Hieronymus und die griechischen Reste der Homilien und des Lukas-Kommentars (GCS 49), Berlin ²1959.

Origenes – In Numeros Homiliae: Doutreleau, Louis (Übers.): Homélies sur les nombres (SC 415.442.461), Paris 1996–2001.

Paulusakten: Bonnet, Alfred Max (Hg.): Acta Petri. Acta Pauli, Acta Petri et Pauli. Acta Pauli et Theclae. Acta Thaddei (Acta apostolorum apocrypha Ps.1), Hildesheim 1990.

Petrus Abaelard – Commentaria in Epistolam Pauli ad Romanos: Buytaert, Eligius M.: Commentaria in epistolam Pauli ad Romanos (CChr 11), Turnhout 1969.

Petrus Lombardus – Sententiae: Magistri Petri Lombardi Parisiensis Episcopi Sententiae in IV libris distinctae, Rom 1971–1981.

Polykarp von Smyrna – Epistulae: Camelot, Thomas (Hg.): Epistulae (SC 10), Paris 1969.

Rätze, Johann Gottlieb: Betrachtungen über die Kantische Religion innerhalb der Grenzen der blossen Vernunft, Chemnitz 1794.

Rufinus von Aquileia – Expositio symboli: Simonetti, Manlio (Hg.): Expositio symboli apostolorum (CChr.SL 20), Turnhout 1961.

Schleiermacher, Friedrich D. E. – Der christliche Glaube: Schäfer, Rolf (Hg.): Der christliche Glaube nach den Grundsätzen der evangelischen Kirche im Zusammenhange dargestellt, 2.Aufl. (1830/31), Berlin 2008.

Schleitheimer Artikel: Leu, Urs B. (Hg.): Das Schleitheimer Bekenntnis 1527. Einleitung, Faksimile, Übersetzung und Kommentar, Zug 2004.

Spener, Philipp Jakob – Pia desideria: Aland, Kurt (Hg.): Pia desideria (KlT 170), Berlin ³1964.

Tertullian – De baptismo: Schleyer, Dietrich (Hg.): De baptismo (FChr 76), Turnhout 2006.

Tertullian – De corona: Kroymann, Emil (Hg.): De corona (CChr.SL 2), Turnhout 1954.

Testamentum Domini: Rahmani, Ignatius E. (Übers.): Testamentum Domini nostri Jesu Christi, Kirchheim u.a. 1899.
Theodor von Mopsuestia – Katechetische Homilien: Bruns, Peter (Übers.): Katechetische Homilien (FChr 17), Freiburg i.Br. 1994–1995.
Thomas von Aquin – Summa theologica: Cunningham, James J. (Übers.): Summa theologiae, Vol. 57. Baptism and confirmation, Cambridge 2006.
Thomasakten: Bonnet, Alfred Max (Hg.): Acta Philippi et acta Thomae. Accedunt acta Barnabae (Acta apostolorum apocrypha Ps. 2, Vol. 2), Darmstadt 1959.
Traditio Apostolica: Geerlings, Wilhelm (Übers.): Traditio Apostolica / Apostolische Überlieferung (FChr 1), Freiburg i.Br. u.a. 1991.

2. Sekundärliteratur

Ariantzi 2008: Ariantzi, Despoina: Der Taufpate und seine Funktion vom 6. bis zum 11. Jahrhundert auf Grund der hagiographischen Quellen, in: Popović, Mihailo/Preiser-Kapeller, Johannes (Hgg.): Junge Römer – neue Griechen. Eine byzantinische Melange aus Wien. FS Wolfram Hörandner u.a., Wien 2008, 15–25.
Baumann 2008: Baumann, Nadine: Die Riten der Initiationssakramente in der Katholischen Kirche vom Tridentinum bis zum II. Vaticanum, in: Lange, Christian u.a. (Hgg.): Die Taufe. Einführung in Geschichte und Praxis, Darmstadt 2008, 67–84.
Claussen 2008: Claussen, Peter C.: S. Giovanni in Laterano. Mit einem Beitrag von Darko Senekovic über S. Giovanni in Fonte (Forschungen zur Kunstgeschichte und christlichen Archäologie 21), Stuttgart 2008.
Cramer 1993: Cramer, Peter: Baptism and Change in the Early Middle Ages c. 200–c. 1150 (CSMLT, Serie 4, 20), Cambridge 1993.
Dick 1939: Dick, Ernst: Das Pateninstitut im altchristlichen Katechumenat, in: ZKTh 63 (1939), 1–49.
Ferguson 2009: Ferguson, Everett: Baptism in the Early Church. History, Theology, and Liturgy in the First Five Centuries, Cambridge 2009.
Fürst 2008: Fürst, Alfons: Die Liturgie der Alten Kirche. Geschichte und Theologie, Münster 2008.
Geerlings 1991: Geerlings, Wilhelm (Übers.): Traditio Apostolica / Apostolische Überlieferung (FChr 1), Freiburg i.Br. u.a. 1991.
Geldbach 1996: Geldbach, Erich: Taufe (BenshH 79), Göttingen 1996.
Hellholm 2011: Hellholm, David u.a. (Hgg.): Ablution, Initiation, and Baptism – Waschungen, Initiation und Taufe. Late Antiquity, Early Judaism, and Early Christianity – Spätantike, Frühes Judentum und Frühes Christentum (BZNW 176/1), Berlin/New York 2011.
Koschorke 1983: Koschorke, Klaus: Taufe und Taufzugehörigkeit in der Geschichte der Kirche – zwei Problemskizzen, in: Lienemann-Perrin, Christine (Hg.): Taufe und Kirchenzugehörigkeit. Studien zur Bedeutung der

Taufe für Verkündigung, Gestalt und Ordnung der Kirche (FBESG 39), Stuttgart 1983, 129–146.

Kretschmar 1989: Kretschmar, Georg: Art. Katechumenat I. Alte Kirche, in: TRE 18, Berlin/New York 1989, 1–5.

Kühn 1990: Kühn, Ulrich: Sakramente (HST 11), Gütersloh ²1990.

Markschies 1999: Markschies, Christoph: Wer schrieb die sogenannte *Traditio Apostolica*? Neue Beobachtungen und Hypothesen zu einer kaum lösbaren Frage aus der altkirchlichen Literaturgeschichte, in: Kinzig, Wolfram u.a. (Hgg.): Tauffragen und Bekenntnis. Studien zur sogenannten »Traditio Apostolica«, zu den »Interrogationes de fide« und zum »Römischen Glaubensbekenntnis« (AKG 74), Berlin/New York 1999, 1–79.

Pinggéra 2008: Pinggéra, Karl: Martin Luther und das evangelische Taufverständnis vom 16. bis 18. Jahrhundert, in: Lange, Christian u.a. (Hgg.): Die Taufe. Einführung in Geschichte und Praxis, Darmstadt 2008, 85–112.

Poscharsky 2006: Poscharsky, Peter: Taufengel, in: Seyderhelm, Bettina (Hgg.): Tausend Jahre Taufen in Mitteldeutschland. Eine Ausstellung der Evangelischen Kirchenprovinz Sachsen und des Kirchenkreises Magdeburg, Regensburg 2006, 180–189.

Riedel 1900: Riedel, Wilhelm: Die Kirchenrechtsquellen des Patriarchats Alexandrien, Leipzig 1900.

Ristow 1998: Ristow, Sebastian: Frühchristliche Baptisterien (JbAC.E 27), Münster 1998.

Slenczka 2000: Slenczka, Wenrich: Heilsgeschichte und Liturgie. Studien zum Verhältnis von Heilsgeschichte und Heilsteilhabe anhand liturgischer und katechetischer Quellen des dritten und vierten Jahrhunderts (AKG 78), Berlin/New York 2000.

Staats 1972: Staats, Reinhart: Ogdoas als ein Symbol für die Auferstehung, in: VigChr 26 (1972), 29–52.

Staats 1999: Staats, Reinhart: Das Glaubensbekenntnis von Nizäa-Konstantinopel. Historische und theologische Grundlagen, Darmstadt ²1999.

Stommel 1959: Stommel, Eduard: Christliche Taufriten und antike Badesitten, in: JbAC 2 (1959), 5–14.

Wallraff 2005: Wallraff, Martin: Art. Taufe 1. Alte Kirche und Mittelalter, in: RGG⁴ 8, Tübingen 2005, 59–63.

3. Literaturhinweise zum vertiefenden Studium

Ferguson, Everett: Baptism in the Early Church. History, Theology, and Liturgy in the First Five Centuries, Cambridge 2009.

Fürst, Alfons: Die Liturgie der Alten Kirche. Geschichte und Theologie, Münster 2008.

Geldbach, Erich: Taufe (BenshH 79), Göttingen 1996.

Hellholm 2011: Hellholm, David u.a. (Hgg.): Ablution, Initiation, and Baptism – Waschungen, Initiation und Taufe. Late Antiquity, Early Judaism, and Early Christianity – Spätantike, Frühes Judentum und Frühes Christentum (BZNW 176/1), Berlin/New York 2011.

Kühn, Ulrich: Sakramente (HST 11), Gütersloh ²1990.

Pinggéra, Karl: Martin Luther und das evangelische Taufverständnis vom 16. bis 18. Jahrhundert, in: Lange, Christian u.a. (Hgg.): Die Taufe. Einführung in Geschichte und Praxis, Darmstadt 2008, 85–112.

Systematische Theologie

Eva Harasta

Nicht allein schlicht Wasser
Die Taufe aus systematisch-theologischer Perspektive

Die Taufe ist das öffentliche Zeichen dafür, dass ein Mensch in der Beziehung zum dreieinigen Gott und damit auch in der Gemeinschaft aller Christen und Christinnen steht. Mit der Taufe beginnt das Leben in der christlichen Gemeinschaft. So hat die Taufe eine hohe Bedeutung; man kann sogar sagen, dass sie das Ganze des christlichen Glaubens in sich zusammenfasst. Doch dieser großen Bedeutung der Taufe steht das Fehlen jeder Erfahrung von der Taufe gegenüber, wenn man als Kleinkind getauft wurde. Die Taufe bezeichnet als Hineingenommenwerden in die Versöhnung mit Gott die Summe des christlichen Lebens, aber auf dem Hintergrund der Taufpraxis der großen Kirchen wird der Mehrheit der Täuflinge dies auf der Erfahrungsebene kaum greifbar. Was bedeutet es vor diesem Hintergrund, dass die Taufe den vollgültigen Beginn der Gottesbeziehung markiert?

Diese Grundfrage lässt sich in folgende Aspekte unterteilen: Wie handelt Gott in der Taufe? Was beginnt in der Taufe zwischen Gott und dem Menschen? Wer darf getauft werden? Nach der Behandlung dieser drei Fragen wird die pfingstlerische Auffassung der Geisttaufe im Mittelpunkt stehen, die das sakramentale Taufverständnis in gewisser Weise unterwandert. Anschließend geht es um die ökumenische Sicht auf die Taufe und um die ethischen Konsequenzen der Taufe.

1. Wie handelt Gott in der Taufe? Die Taufe als Sakrament

Dass die Taufe ein besonderes und spezifisches Handeln Gottes an den Menschen bedeutet, wird dadurch ausgedrückt, dass man sie als »Sakrament« bezeichnet. Die Taufe ein »Sakrament« zu nennen, ist nicht so selbstverständlich, wie es auf den ersten Blick scheint. Das erste Bedenken dagegen liegt in der Anfrage, ob die Taufe überhaupt ein »Sakrament« im eigentlichen Sinn ist. Philipp Melanchthon bringt in seiner Apologie des Augsburger Bekenntnisses die beiden Grundmerkmale des Sakraments klar auf den Punkt – sie sind direkt eingesetzt durch Jesus Christus und haben ein materielles Zeichen (*Apologie der Confessio Augustana* 13, BSLK: 292,27–293,8). Wenn man diese beiden Kriterien übernimmt, dann entsteht in Bezug auf die Taufe ein Problem, da bezweifelt werden kann, dass sie durch den historischen Jesus eingesetzt wurde (Ebeling 1993: 316; s. dazu S. 45–47). Zweitens lässt sich fragen, ob der Sakramentsbegriff als solcher eine sinnvolle Kategorie ist: Warum soll man die Taufe und das Abendmahl unter diesem nicht-biblischen Oberbegriff zusammenfassen?

Schon Martin Luther problematisiert den Begriff des »Sakraments«, hält aber daran fest. Er spricht davon, dass es im eigentlichen Sinn nur ein »sacramentum« gibt: die Sündenvergebung, die Jesus Christus verwirklicht hat und die sich jeweils neu an den Glaubenden verwirklicht (Luther, *Von der babylonischen Gefangenschaft der Kirche*, WA 6: 544). Die »sakramentalen Zeichen« (signa sacramentalia), die in der Gemeinde gefeiert werden, sind Konkretionen dieses einen Grundsakraments, der Sündenvergebung (ebd., WA 6: 501.504). Luther möchte damit betonen, dass Jesu Christi Handeln die Gültigkeit der Sakramente begründet: Das Heil, die Versöhnung mit Gott, ist ein Handeln Gottes durch die Kirche hindurch. Die Kirche kann nicht aus eigener Autorität das Heil vermitteln, sondern hängt selbst davon ab, es zu empfangen.

Die »Sakramente« im konkreten Sinn des Wortes bezeugen bei Luther das Handeln Jesu Christi. Sie geschehen im Vertrauen auf Christi Zusage, durch die Sakramente gegenwärtig und erfahrbar zu werden. So sind die Taufe und das Abendmahl eine Art der Verkündigung: Bei ihnen ist die Botschaft der Sündenvergebung mit einem materiellen Medium verbunden.

Dieses Grundverständnis des Sakraments übernimmt Luther von Augustinus, der das »Sakrament« folgendermaßen definiert: »Das Wort tritt zum Element dazu, und es wird zum Sakrament, sozusagen wie ein sichtbares Wort« (*Accedit verbum ad elementum, et fit sacramentum, etiam ipsum tamquam visibile verbum.*, Augustinus, *Iohannis evangelium tractatus* 80,3; zu Joh 15,3). Augustinus entwickelt diese Definition in Bezug auf die Taufe (s. auch S. 92f.). Seine Ausgangsfrage ist, wie das Wasser zum Abwaschen der Sünden dienen kann. Augustinus betont, dass das Wort – die Taufformel – das Wasser nicht verwandelt. Vielmehr ist der Glaube entscheidend: »Woher kommt diese so große Kraft des Wassers, dass es den Leib berührt und dabei das Herz reinigt, wenn nicht aus der Wirkung des Wortes – nicht etwa weil es gesprochen wird, sondern weil daran geglaubt wird« (ebd. 80,3)?

Luther interpretiert diese Betonung des Glaubens für den Sakramentsempfang aufgrund seines Glaubensverständnisses. Für ihn sind die Sakramente Momente, in denen die Beziehung zwischen Jesus Christus und den Glaubenden genau so wirklich wird, wie sie gedacht ist – als gegenseitige Vertrauensbeziehung. Jesus Christus hat darin das erste Wort. Ohne seine gnädige Gegenwart kann niemand Gott so antworten, wie es gut ist.

Luthers Akzent auf dem einen grundlegenden »sacramentum« bezeugt eine gewisse Offenheit in Bezug auf die Zahl der »sakramentalen Zeichen«. Aber er intendiert mit dieser Rückführung der Sakramente auf das eine »sacramentum« keine Abwertung der greifbaren Handlungen. Gott hat seine Verheißung an sichtbare, spürbare Zeichen gebunden. Die sichtbaren Zeichen veranschaulichen Gottes Gnade und führen die einzelnen Glaubenden jeweils zusammen zur Gemeinde. Die Sakramente sind Gelegenheiten, bei denen sowohl die Gemeinschaft mit Gott als auch die Gemeinschaft untereinander gefeiert werden. Das wird auch durch die grundlegende Definition von Kirche im siebenten Artikel des Augsburger Bekenntnisses deutlich, wo die Kirche als Versammlung der Glaubenden beschrieben ist, die sich durch das gemeinsame Hören auf die Wortverkündigung und durch die Feier der Sakramente auszeichnet.

Der Sakramentsbegriff hat aus evangelischer Sicht dementsprechend zwei Funktionen. Er hält (1) die »tatsächliche« Anschaulichkeit der Gnade fest und klärt (2), welche Zeichenhandlungen den Rang von gemeinschaftsstiftenden »Heilsmitteln« für sich in Anspruch nehmen können. In diesen beiden Funktionen liegt die bleibende systematisch-theologische Brauchbarkeit des Begriffs »Sakrament«. Der erste genannte Aspekt (die Anschaulichkeit der Gnade) schließt nicht aus, dass der Glaube auch spontane Zeichen der Gnade Gottes kennt. Gemeinschaften brauchen aber verlässlich etablierte Handlungen, die von den Einzelnen innerhalb der Gemeinschaft geteilt werden. Zu prüfen, welche der etablierten Handlungen tatsächlich rechtmäßig und verlässlich sind, ist eine Aufgabe der dogmatischen Reflexion. Auch die Frage, ob die etablierten Formen heute überhaupt noch die Menschen erreichen und ihnen die Sündenvergebung erfahrbar machen, muss dabei gestellt werden (Tillich 1987: 148). Umgekehrt muss sich die dogmatische Reflexion aber sagen lassen, dass die Sakramente grundsätzlich und zunächst »doch nicht dazu da [sind], zum Gegenstand theologischen Scharfsinns zu werden, sondern dazu, in der Einfalt des Glaubens empfangen zu werden« (Ebeling 1993: 325).

Der Glaube gehört zum Sakrament so notwendig dazu wie das (Einsetzungs-)Wort und das sichtbare Element. Johannes Calvins Sakramentsdefinition fasst diese drei Aspekte präzis zusammen und akzentuiert dabei das antwortende Handeln der Menschen. Für Calvin ist ein Sakrament »ein Zeugnis der göttlichen Gnade uns gegenüber, das durch ein äußerliches Zeichen bestätigt ist, [verbunden] mit einer entsprechenden Bezeugung unserer Frömmigkeit ihm gegenüber« (Calvin, *Institutio christianae religionis* IV,14,1). Beides zusammen, die gnädige Zuwendung Gottes zum Menschen und die dankbare Zuwendung des Menschen zu Gott, macht für Calvin das Sakrament aus. Denn die Sakramente sind ein Teil der Vertrauensbeziehung zwischen Gott und dem Menschen, sie sind ein Geschehen, in dem beide »Partner« involviert sind. So sehr auch der Gnade Gottes die Priorität zukommt, sie wäre nicht Gnade, wenn Gott nicht auch die Antwort des Menschen wollte und respektierte. Aber wie verhalten sich die beiden Seiten im Sakramentsvollzug genauer zueinander? Hier deutet sich in Bezug auf die Taufe ein Grundproblem an. Bestimmt man die Taufe als das sichtbare Zeichen für den Beginn der gerechtfertigten Beziehung zu Gott, dann lautet die Frage (zugespitzt formuliert): Begründet die Taufe den Glauben oder begründet der Glaube die Wirksamkeit der Taufe?

2. Was beginnt in der Taufe zwischen Gott und dem Menschen? Die Wirkungen der Taufe

2.1. Sündenvergebung

Luther zufolge ist die Taufe ein Werk Gottes (Luther, *Großer Katechismus*, BSLK: 698,5–13). Mit dem Wasser der Taufe werden die Sünden abgewaschen, sodass ein neues Leben beginnt (Luther, *Kleiner Katechismus*, BSLK: 515,35–516,2) – allein Gott kann die Sünden vergeben und so den Glauben begründen. Luther betont die »Wirksamkeit« der Taufe: Als Handeln Gottes *bewirkt* sie die Sündenvergebung; als *wirksame* Taufe wird sie im Glauben, also in der Vertrauensbeziehung mit Gott, empfangen. Zugleich betrachtet Luther die Taufe als einen Auftrag, der das ganze Leben der Glaubenden erfassen soll. Die Taufe ist der Anfang eines Prozesses, in dem es darum geht, dass »der alte Adam in uns durch tägliche Reue und Buße soll ersäuft werden und sterben mit allen Sünden und bösen Lüsten; und wiederum täglich herauskommen und auferstehen ein neuer Mensch, der in Gerechtigkeit und Reinigkeit vor Gott ewig lebe« (Luther, *Kleiner Katechismus*, Pöhlmann 2000: Nr. 517; BSLK: 516,32–38). Damit wird die Taufe als einmaliger Akt Luther zufolge gerade besonders betont, geht es ihm doch bei der »täglichen Reue und Buße« um ein Zurückkehren zur Taufe, aus der die Kraft zur täglichen Bewährung kommt. Die Taufe bezeugt in ihrer Einmaligkeit die Treue der Verheißung Gottes (»ein für alle Mal«), die sich nicht entzieht, auch wenn der glaubende Mensch weiterhin von der Anfechtung betroffen ist. Das Abendmahl bezeugt die Treue Gottes demgegenüber dadurch, dass es den Glaubenden wiederholt zur Verfügung steht. Die Taufe durchbricht die Erfahrung, dass die Menschen, selbst wenn sie nicht sündigen wollen, es doch tun (Schlink 1993: 483). Die Taufgnade, das »göttliche Ja zum Getauften«, ist schlechterdings verlässlich, anders als jedes erdenkliche »menschliche [ ] Ja des Getauften« (Ebeling 1993: 326).

So betont Luther das Wirken Gottes in der Taufe und stellt das Bekenntnis des Täuflings zur Taufgnade eher in den Hintergrund. Es ist ihm an der »Tatsächlichkeit« der Sündenvergebung durch die Taufe gelegen. Darin unterscheidet sich Luthers Auffassung von Calvins Deutung der Taufe. Calvin bezeichnet das Bekenntnis zur Taufgnade als Teil der Taufe selbst (Calvin, *Institutio christianae religionis* IV,15,1). So legt er für die Taufe die Bezeugung der Frömmigkeit aus, die er als Teil seiner allgemeinen Sakramentsdefinition nannte (wie oben zitiert). Ist die Taufe aber wesentlich auch ein Bekenntnis des Menschen und vor Menschen, dann bekommt ihr zeichenhafter Charakter mehr Gewicht. Calvin ist davon überzeugt, dass Jesus Christus nach seiner Himmelfahrt in die Wirklichkeit des Himmels übergetreten ist, zur Rechten des Vaters sitzt. Es geht bei den Sakramenten also um die Aufnahme in die Wirkung Jesu Christi, nicht um die Gegenwart der Person Jesu Christi. Calvin zeigt damit eine Tendenz zu einem signifikativen Taufverständnis, obwohl er nicht so radikal in diese Richtung argumentiert wie Ulrich Zwingli. Zwinglis signifikative Deutung der Taufe geht davon aus, dass die Taufe ein rein äußerlicher Zeichenakt ist, keine Vergegenwärtigung Jesu Christi selbst (Ratschow 1989: 89). Auf dem Hintergrund dieser reformierten Tradition (s. dazu S. 116–118) entwickelt Karl Barth seine Kritik der Unmündigentaufe.

Luther und die lutherische Tradition (s. dazu S. 115f.) hingegen sind an der Gegenwart Jesu Christi in der Taufe interessiert. Die tatsächliche Vergebung der Sünde ist für Luther nicht von der Gegenwart der Person Jesu Christi zu trennen. Die Taufe ist aus dieser Perspektive der Anfang der gerechtfertigten Beziehung zu Jesus Christus. Sie ist die »Einverleibung« in die Gemeinschaft mit Jesus Christus und verweist damit auf das Abendmahl, bei dem dann je und je gefeiert wird, dass man versöhnt mit Gott in der Gemeinschaft mit Jesus Christus lebt (Pannenberg 1993: 385).

Die Taufe zieht die Täuflinge in das Sterben Jesu Christi am Kreuz und in seine Auferstehung hinein. Denn die Taufe vergegenwärtigt – real (»effektives« Taufverständnis) oder repräsentierend (»signifikatives« Taufverständnis) – für die Täuflinge die Sündenvergebung, die Jesus Christus am Kreuz für uns erwirkt hat. Edmund Schlink bringt das folgendermaßen auf den Punkt: »Trotz des zeitlichen Abstandes zwischen Christi Tod und der Taufe sind beide Ereignisse im Entscheidenden *ein* Ereignis« (Schlink 1993: 484). Hier wird die unmittelbare Christusbeziehung betont (während Calvin auf die Vermittlung durch den Heiligen Geist verweist).

Schlinks Hinweis auf den zeitlichen Abstand lässt die Frage aufkommen, wie Jesus Christus denn in der Taufe gegenwärtig wird. In der Tat handelt es sich auch hier um eine zeichenhafte Gegenwart Jesu Christi, also eine Gegenwart, die vermittelt ist durch das materielle Zeichen des Wassers (als Untertauchen oder Übergießen) und durch das Wort der Verheißung. Auch wenn man annimmt, dass Gott selbst im Taufgeschehen handelt, muss man darauf reagieren, dass Jesus Christus in der Taufe durchaus in einer verborgenen Art gegenwärtig wird – und nicht buchstäblich direkt (Pannenberg 1993: 387). Traditionell hat man auf die Frage, wie Jesus Christus und sein Versöhnungswerk im Akt der Taufe gegenwärtig wird, geantwortet, dass die Taufe die Begabung mit dem Heiligen Geist darstellt.

2.2. Geistbegabung und Gotteskindschaft: Aufnahme in die Kirche

Die Taufe ist der Akt, in dem die Beziehung zwischen Jesus Christus und dem Täufling sozusagen »offiziell« beginnt. Sie hat aber neben dieser individuellen auch eine gemeinschaftliche Bedeutung: Getauft zu werden bedeutet, in die Kirche aufgenommen zu werden – und zwar in Gestalt einer konkreten Konfessionskirche und einer bestimmten (Orts-)Gemeinde.

Auch in diesem Zusammenhang ist Luthers Auffassung für die spätere evangelische Entwicklung wichtig. In der Adelsschrift

(1520) deutet er die im engeren Sinn »kirchliche« Wirkung der Taufe und grenzt sich gegen die römisch-katholische Position eines gestuften Weiheverständnisses ab: »was aus der Taufe gekrochen ist, das kann sich rühmen, dass es schon zum Priester, Bischof und Papst geweihet sei, obwohl es nicht einem jeglichen ziemt, solch Amt auszuüben« (Luther, *An den christlichen Adel*, Luther Deutsch: 161; WA 6: 408). Luther betont die allen Glaubenden gleichermaßen zukommende Würde vor Gott (allgemeines Priestertum) und hält zugleich daran fest, dass es spezifische Ämter in der Kirche gibt, auch Leitungsämter. Beides zu vertreten und nicht etwa das Priestertum aller Glaubenden gegen das (ordinierte) spezifische Amt in Stellung zu bringen, ist innerhalb der theologischen Position Luthers konsequent.

Die priesterliche Würde, die allen Glaubenden zukommt, meint den Auftrag Christi an sie, sich selbst und ihre zwischenmenschlichen Beziehungen unmittelbar vor Gott zu verstehen und ausdrücklich vor Gott zu stellen (Luther, *Von der Freiheit eines Christenmenschen*, WA 7: 27). In der Nachfolge Christi sind die priesterlichen Funktionen die Fürbitte und die Lehre, und beide kommen grundsätzlich allen Getauften zu. Auch die Ausübung des »Schlüsselamtes« zählt zu dieser mit der Taufe allen Glaubenden gegebenen Würde. Das »Schlüsselamt« meint (in Rückbezug auf Mt 16,19) die Verantwortung und Vollmacht der Kirche, im Einzelfall über die Zusage oder die (zeitweise) Verweigerung der Sündenvergebung zu entscheiden.

Die kirchlichen Ämter bekommen von der allgemeinen Taufwürde aller Glaubenden her den Charakter des Dienstes. So entspricht es zumindest dem herrschaftskritischen Moment von Luthers Auffassung des allgemeinen Priestertums. Er bringt das allgemeine Priestertum schließlich vor, um die Taufe als einziges »Weihesakrament« von der Weihehierarchie (Laie – Priester – Bischof) der römisch-katholischen Kirche abzugrenzen. Luther selbst verwendet die Taufe allerdings nicht zur Forderung nach einer kirchlichen »Basisdemokratie« oder zur Polemik gegen jede Notwendigkeit kirchlicher Leitungsämter. Er wendet sich gegen eine Überordnung von Geweihten über »nur Getaufte«, die vor Gott gelte.

Die Taufe ist der Anfang eines neuen Lebens, nachdem die Zusage empfangen wurde, dass die Sünden vergeben sind und dem Gerechtfertigten die Gerechtigkeit Jesu Christi zugeeignet ist. So werden die Getauften in die Auferstehung Jesu Christi hineingezogen (Pannenberg 1993: 270) und erben von ihm die Gotteskindschaft: Sie sind zu Söhnen und Töchtern Gottes adoptiert. Die Taufe ist das wirksame Zeichen der Wiedergeburt. – Freilich ist diese Aussage nicht so zu verstehen, als gäbe es einen Automatismus zwischen dem Ritus der Taufe und der Begabung mit dem Heiligen Geist (Tillich 1987: 145f.). Die Wiedergeburt der Getauften und das Herabkommen des Heiligen Geistes auf sie gründen allein in der freien Treue Gottes. Besonders die reformierte Tradition hat diesen Ruf zur Vorsicht vor einem allzu »buchstäblichen« Sakramentsverständnis vorgebracht; im Kontext der Pfingstbewegung begegnet eine weitere Kritik daran, die »Geisttaufe« allzu ausschließlich an die »Wassertaufe« zu binden.

Auch wenn kein Automatismus zwischen Gnadenempfang und Taufhandlung anzunehmen ist, bedeutet die Taufe doch die Aufnahme in die gerechtfertigte Gemeinschaft. Friedrich Schleiermacher kann deswegen davon sprechen, dass die Taufe eine Handlung der Kirche sei, die kraft der Verheißung Jesu Christi die Täuflinge in die Gemeinschaft mit Christus und untereinander hineinführt (Schleiermacher, *Der christliche Glaube* § 136, Leitsatz: 318). Schleiermacher fügt freilich einschränkend hinzu, dass die konkrete einzelne Gemeinde stets nur ein Ausschnitt der wahren, einen Kirche sei, die in der Taufe handelt, wenn sie in »Vollkommenheit« vollzogen wird (ebd. § 136,3: 321–322).

Schleiermacher steht somit in der reformierten Tradition, die besonders die Antwort des Menschen in der Taufe betont: Angesichts der Unvollkommenheit der Kirche vor dem Eschaton wird es immer Getaufte geben, die noch nicht wiedergeboren sind, also die Taufe »zu früh« empfangen, und auch Wiedergeborene, die noch nicht getauft wurden, also die Taufe »zu spät« empfangen (ebd. § 136,3: 323). Diese Situation ändert aber nichts daran, dass die Taufe je konkret im Vertrauen auf die tatsächliche Gnade Gottes gespendet und empfangen wird: Die Taufe verleiht die Seligkeit (ebd. § 137, Leitsatz: 326); wenn sie zu früh gespendet wird, stellt sie den Täufling auf den

Weg zur Seligkeit. Schleiermacher verortet die Taufe im Kontext des kirchlichen Verkündigungshandelns insgesamt, in das der Täufling ab der Taufe eingebunden wird (ebd. § 137,2: 331).

Als Begabung mit dem neuen Leben »im Heiligen Geist« bezeugt die Taufe die glaubende Gemeinschaft und führt in sie hinein. So entspricht es dem Wirken des Heiligen Geistes zur Gemeinschaft – er zieht Menschen in diese Gemeinschaft »auch unabhängig von ihrer Erkenntnis des Geistes (vgl. Apg 19,2), unabhängig von ihren Werken (s. Tit 3,5), aber auch in und mit ihrer Bereitschaft, sich vom Geist erfüllen zu lassen« (Welker 1992: 222, in Auslegung der Geistausgießung zu Pfingsten als Geisttaufe). Vertraut man der Zusage, dass mit der Taufe Gottes Gnade nahe kommt, dann ist auch damit zu rechnen, dass Gott bei Taufen je und je die erfahrbare Kirche mit der geglaubten Kirche in Übereinstimmung bringt, also die erfahrbare Kirche bewahrheitet.

2.3. Ist die Taufe zum Heil notwendig?

Die Taufe markiert den Beginn der Zugehörigkeit zu Christus und zu seiner Gemeinschaft. Bedeutet das nun auch umgekehrt, dass ohne Taufe keine Zugehörigkeit zu Christus, keine Versöhnung mit Gott möglich ist? Schon Tertullian wendet sich um 200 n. Chr. in seinem Traktat über die Taufe (die erste systematisch-theologische Darlegung zum Thema) dieser Frage zu (zu Tertullian s. S. 84f. und S. 93–98). Er argumentiert einerseits, dass zwar vor der Einsetzung der Taufe eine Versöhnung mit Gott ohne sie denkbar und wirklich war (sein Beispiel ist Abraham), aber dass nach dem Taufbefehl von Mt 28,19f. und angesichts von Joh 3,5 (»Es sei denn, dass jemand geboren werde aus Wasser und Geist, so kann er nicht in das Reich Gottes kommen.«) kein Weg an der Taufe vorbeiführe (Tertullian, *De baptismo* 13). Darin drückt sich eine hohe Wertschätzung der Taufe aus. Aber Tertullian rät andererseits dazu, die Taufe möglichst aufzuschieben, um die Taufgnade nicht durch neue Sünden zu verlieren (De baptismo 18). Darin zeigt sich eine Tendenz zur Abwertung der Taufe, denn damit sagt Tertullian zugleich, dass die Taufgnade seiner Auffassung nach durch spätere Sünden verloren gehen kann.

Die Frage nach der Heilsnotwendigkeit der Taufe ist aber in gewisser Weise »schief« gestellt. Denn aus der Erfahrung, dass die Glaubenden ihre Taufe jeweils als den Beginn ihres Glaubens betrachten, wird hier geschlossen, dass es gar keine Versöhnung, also keinen Glauben ohne Taufe gäbe. Im Hintergrund steht demnach die Frage, was denn zuerst ist, der Glaube oder die Taufe. Und man formuliert diese Frage als Alternative: Beginnt das christliche Leben mit dem Glauben, der die Taufe ergreift *oder* beginnt es mit der Taufe, die den Glauben (»von außen«) bewirkt? Mit Luther wird man *beide* Seiten der Frage bejahen müssen. »Nicht nur die Taufe bedarf der Aneignung durch den Glauben, sondern auch der Glaube bedarf der Taufe, durch die den Glaubenden die bleibende Zusage ihrer persönlichen Zugehörigkeit zu Jesus Christus gegeben ist« (Pannenberg 1993: 303). Die Kontroversen um die Unmündigentaufe stellen freilich nachdrücklich vor Augen, dass durchaus einiges dafür sprechen kann, die Alternative als Alternative zu belassen – und sich für eine der beiden Positionen zu entscheiden.

3. Wer darf getauft werden?
»Kindertaufe« und »Erwachsenentaufe«

3.1. Taufe als Bekenntnis: Argumente für die Erwachsenentaufe

1967, ein Jahr vor seinem Tod, publiziert Karl Barth die Tauflehre als letzten von ihm autorisierten Text seiner *Kirchlichen Dogmatik* (KD IV/4). Er argumentiert gegen die etablierte Praxis der Kindertaufe, die er »eine tief unordentliche Taufpraxis« (KD IV/4: 213) und eine »Wunde« der Kirche (KD IV/4: 214) nennt. Barth ist sich bewusst, dass er sich mit seinem Plädoyer für die Erwachsenentaufe gegen den Großteil der theologischen Tradition stellt (KD IV/4: 112). Selbstsicher (und provozierend) schreibt der 81-Jährige: »Der Tag wird kommen, an dem man mir auch in dieser Sache nachträglich Recht geben wird« (KD IV/4: xii-xiii). Die Kirche muss seiner Meinung nach damit aufhören, so respektlos und verschwenderisch mit dem Taufwasser umzugehen, wie es in der Kindertaufe geschieht.

Die Basis für Barths Kritik an der Praxis der Kindertaufe ist seine dogmatische Deutung der Taufe. Sie steht deswegen im Folgenden zunächst im Mittelpunkt, bevor seine Argumente gegen die Kindertaufe (bzw. gegen die Unmündigentaufe) vorgestellt werden. Barth unterscheidet die »Geisttaufe« von der »Wassertaufe«. Die Geisttaufe bezeichnet das versöhnende Handeln Gottes, die Wassertaufe hingegen meint für Barth das Antworten des Menschen auf das Gnadenhandeln Gottes. Fünf Aspekte sind Barth an der Geisttaufe wichtig (KD IV/4: 35–42): Die Geisttaufe bedeutet (1) das Hineingezogenwerden in die Sündenvergebung und in die Auferstehung Jesu Christi, denn der Heilige Geist ist der Geist Jesu Christi. Als Handeln Gottes ist die Geisttaufe (nicht aber die Wassertaufe) außerdem (2) ein sakramentales Geschehen, denn mit ihr geht die Gnade Gottes auf einen bestimmten Menschen über. Darüber hinaus befähigt die Geisttaufe einen Menschen, sich selbst dem Willen Gottes unterzuordnen und zur Treue Gottes selber »ja« zu sagen. Die Geisttaufe begründet (3) Dankbarkeit und Gehorsam aufseiten des Menschen, und das schließt zuerst ein, dass sie zur Entscheidung des Menschen für die Wassertaufe führt. Viertens (4) bedeutet die Geisttaufe den Eintritt in die Kirche im Sinn der wahren Kirche, nicht im Sinn der »Religionsgemeinschaft«. Der Eintritt in die »Religionsgemeinschaft« – also in die sichtbare, konfessionelle Kirche – folgt mit der Wassertaufe. Schließlich (5) bezeugt die Geisttaufe die christliche Hoffnung, denn sie stellt auf den neuen Weg des christlichen Lebens und stellt dieses Leben unter die Gnade Gottes. Die Geisttaufe ist der Auftrag zum Bekenntnis für Gott. Als Wirkungen der Geisttaufe auf den Menschen sind damit identifiziert: Begnadung, Gehorsam und Hoffnung.

Die Antwort des Menschen, die aus der Geisttaufe folgt, ist der Wunsch, sich zu Gott zu bekennen – und zwar in der Wassertaufe. Barth hält fest, dass diese Entscheidung für Gott immer voraussetzt, dass Gott den Menschen bereits angenommen hat; Christ oder Christin wird man nicht durch eine eigene Entscheidung, sondern durch ein »göttlich schöpferisches Handeln am und im Menschen« (KD IV/4: 37). Barth ist daran interessiert, das Handeln des Menschen und das Handeln Gottes klar zu unterscheiden. Die Entscheidung des Menschen für die Wassertaufe folgt der Geisttaufe (einem Akt Gottes) nach. »Die Begründung des christlichen Lebens ist, sofern sie [...] Geisttaufe ist, eine Gestalt der einen [...] Gnade Gottes: die Gestalt dieser Gnade, in der sie nun eben bestimmten Menschen zugewendet ist. Das ist es, was man von der ihr entsprechenden menschlichen Entscheidung, was man auch von der [...] Wassertaufe nicht wird sagen können. Sie ist keine Gestalt der Gnade« (KD IV/4: 37, Hervorhebungen getilgt [auch in den folgenden Zitaten]).

Die Wassertaufe ist »kein Sakrament« (KD IV/4: 112), weil das eine und einzige Sakrament Jesus Christus und sein Heiliger Geist sind. – Barth betrachtet somit das eine »Grundsakrament« (die Sündenvergebung in Jesus Christus) und das sakramentale Zeichen »Wassertaufe« als eine Alternative: Wenn die Wassertaufe nicht in demselben Sinn »Sakrament« (also Heilsmittel) ist wie das Sterben und Auferstehen Jesu Christi, dann bleibt nach Barth nur übrig, ganz abzustreiten, dass in der Wassertaufe überhaupt ein Gnadenhandeln Gottes geschieht.

Der Wassertaufe widmet Barth fast 200 Seiten, nachdem er die Geisttaufe auf etwa 40 Seiten dargestellt hat. Die Wassertaufe bedeutet Barth zufolge den Anfang des christlich verantworteten Lebens eines glaubenden Menschen und gehört deswegen zur christlichen Ethik. Barth definiert die Wassertaufe so: »In allseitig freier, bewußter und gewollter menschlicher Entscheidung [...] kommt es in der Taufhandlung [d.h. hier: in der Wassertaufe als Handeln des Täuflings] zu jener Absage und Zusage, zu jenem Nein auf Grund der in Jesus Christus geschehenen Rechtfertigung des sündigen Menschen, zu jenem Ja auf Grund seiner in ihm geschehenen Heiligung« (KD IV/4: 180). Die Berechtigung der Wassertaufe liegt für Barth allein darin, dass durch sie als Bekenntnisakt dem Gebot Gottes Gehorsam geleistet wird und zugleich Gottes Verheißung hoffend »ergriffen« wird (KD IV/4: 148).

Barth interpretiert die christliche »Wassertaufe« insofern als eine Fortsetzung der Taufpraxis Johannes' des Täufers – als »Taufe zur Umkehr« (KD IV/4: 148). Letztlich ist die Wassertaufe ein Akt des Gebets, der Bitte um den Heiligen Geist: »Weil und sofern die Taufe Gebet ist, ist sie ein zugleich ganz demütiges und ganz tapferes, zugleich ein von allen Illusionen freies, zugleich ein zutiefst nüchternes und, man darf wohl sagen: himmelstürmend kühnes Tun« (KD IV/4: 231). Barth möchte vermeiden, dass seine Verwerfung der Kindertaufe etwa in einen christlichen »Heroismus« führt, als könnte man, sobald man nur erwachsen bzw. mündig ist, sozusagen aus freien Stücken den Himmel für sich beanspruchen.

Nachdem Barth solcherart sein Verständnis der Geisttaufe und der Wassertaufe dargelegt hat, seufzt er tief – »[a]n dieser Stelle greift als ›höhere Gewalt‹ der tatsächliche Verlauf der Kirchengeschichte in die theologische Überlegung ein« (KD IV/4: 180) – und wendet sich den Argumenten gegen die Kindertaufe zu.

Die Kindertaufe ist für Barth schon deswegen suspekt, weil sie (1) nicht organisch aus der theologischen Reflexion über die Taufe folgt, sondern ihre theologische Legitimierung erst auf die unordentliche, vorgegebene Praxis der Kirche nachträglich folgt (KD IV/4: 183f.). Es gibt (2) kein neutestamentliches Gebot zur Kindertaufe (zur Kindertaufe im Neuen Testament s. S. 65f.). Das Fehlen eines expliziten neutestamentlichen *Verbots* der Kindertaufe erklärt sich Barth zufolge daraus, dass man damals einfach noch gar nicht auf die Idee kam, Kleinkinder taufen zu wollen (KD IV/4: 197). Damit man aber nun nicht denkt, Barth sähe für Kinder keinen Raum in der Gemeinde, versichert er, dass Jesus Christus selbstverständlich auch für die Kinder in die Welt gekommen ist, wie etwa die Kindersegnung Jesu (Mk 10,13f.) bezeugt. Barth akzeptiert die Kindersegnung aber nicht als Argument für die Kindertaufe, da sie keinen ausdrücklichen Auftrag Jesu zum Taufen der Kinder beinhaltet (KD IV/4: 193f.). Kleinkinder sind (3) einfach noch nicht urteilsfähig und können daher nicht vom Heiligen Geist erfasst werden, um sich für die Wassertaufe zu entscheiden (KD IV/4: 199).

Billig darf die Gnade auch für die Kinder nicht werden, denn »der Eingang durch die enge Pforte und das Betreten des schmalen Weges kann [...] auch ihnen nicht erspart sein« (KD IV/4: 202). Schleicht sich hier etwa eine gewisse Gesetzlichkeit in den Beginn des christlichen Lebens ein? Barths nächster Einwand gegen die Unmündigentaufe lautet, dass es (4) keinen »stellvertretenden« Glauben geben kann. Die Paten beziehungsweise Patinnen sowie die Eltern und die Gemeinde können ein Kleinkind keineswegs im Glauben tragen (KD IV/4: 204f.). Barth zeigt hier, dass er den

Glauben pointiert als eine individuelle Angelegenheit betrachtet; ein gemeinsames Glauben kann er sich kaum vorstellen. Auch (5) die Annahme von einem kindlichen »Glaubenssamen«, sozusagen einer »Anlage« zum Glauben, verwirft Barth, da sie ihm ganz unbeweisbar ist und nicht zu einem deutlich ausgesprochenen Verlangen nach der Wassertaufe führt (KD IV/4: 206).

Ein weiteres, allerdings schwächeres Argument gegen die Kindertaufe liegt (6) in der Einführung der Konfirmation: Die Kirche empfand selbst die Mangelhaftigkeit der Kindertaufe und führte daher die Konfirmation als Ergänzung ein (KD IV/4: 206; s. S. 124–126). An das Ende dieser Reihe von Argumenten gegen die Kindertaufe stellt Barth mit rhetorischem Geschick noch die Widerlegung eines »Nebenarguments«, das die Verteidiger der Kindertaufe ins Feld führen – dass nämlich die Kindertaufe die Unwiderstehlichkeit der Gnade Gottes bezeugt. »Es ist etwas dran« (KD IV/4: 208). Doch Barth möchte auch dieses Argument nicht gelten lassen. Denn ihm zufolge führt dieses »Nebenargument« zu einer Tendenz zur Zwangstaufe.

Barths Urteil zur Kindertaufe lautet entsprechend: Die Theologie »kann die Verantwortung, die die Kirche mit der Einführung dieser Taufpraxis übernommen hat und mit ihrer Aufrechterhaltung fort und fort übernimmt, nicht mit ihr teilen« (KD IV/4: 213).

Dass im Abschnitt über Argumente für die Mündigentaufe auf eine baptistische Position erst nach dem Bezug auf Karl Barths Tauflehre eingegangen wird, könnte eigentümlich scheinen. Doch sollte zuerst die Stimme eines Kritikers der Kindertaufe zu Wort kommen, der selbst einer Kirche angehörte, in der die Kindertaufe praktiziert wurde und wird. Der Aufbau meines Artikels spiegelt in dieser Hinsicht die konfessionelle Situation in Europa wieder. Anders als in den Vereinigten Staaten, wo die Southern Baptist Church nach der katholischen Kirche die zweitgrößte Denomination darstellt, wird die kirchliche Szene in Europa von Kirchen dominiert, die nach wie vor an der Kindertaufe festhalten. Ich habe also Barth als Zeugen gegen die Kindertaufe vor einer baptistischen Perspektive behandelt, um deutlich zu machen: Die Frage nach der Berechtigung der Kindertaufe kann nicht mit dem Hinweis stillgelegt werden, dass es sich eben um eine Frage konfessioneller Differenz handelt, beziehungsweise gar um eine »Extremposition«.

Nun soll – exemplarisch – ein Vertreter der baptistischen Tradition zu Wort kommen: der Neutestamentler George Raymond Beasley-Murray, der 1962 sein Buch »Baptism in the New Testament« vorlegte (Seitenzahlen in Klammern beziehen sich im Folgenden auf dieses Buch). Nicht zufällig handelt es sich bei der hier ausgewählten baptistischen Stimme um ein exegetisch-systematisches Werk. Eine besondere Betonung des Schriftprinzips – inklusive einer deutlichen Absetzung der Bibel von der späteren theologischen Tradition – ist charakteristisch für baptistische Theologien. Für den Baptisten Beasley-Murray entscheidet die Antwort auf die Frage, wer getauft werden darf, über das Christsein und über das Kirchesein.

Beasley-Murray betont beides: Die Taufe kann nicht ohne Glauben geschehen und der Glaube kann nicht ohne Taufe leben. Der Glaube ist stets eine Gnadengabe Gottes, keine freie Entscheidung des Menschen (273). Als Neutestamentler müsste er die Frage nach der Kindertaufe gar nicht stellen, ist diese Praxis doch im Neuen Testament unbekannt. Auch wo von der Taufe ganzer Hausgemeinschaften gesprochen wird (Apg 11,14; 16,15), kann keineswegs selbstverständlich vorausgesetzt werden, dass auch die Kleinkinder getauft wurden, verbindet doch die Apostelgeschichte die gültige Taufe stets mit der Geisttaufe (315; s. dazu auch S. 60f.). Die Taufe mit der Beschneidung zu vergleichen (s. S. 67f.) und auf dieser Basis die Kindertaufe zu verteidigen, verwirft Beasley-Murray, weil der Neue Bund nicht mit dem Alten Bund zu identifizieren ist (337f.) und gerade die Taufe das Zeichen der absoluten Neuheit des Neuen Bundes darstellt (342). In Bezug auf die Frage nach dem stellvertretenden Glauben und nach den »Glaubenssamen« der Kinder läuft Beasley-Murrays Argumentation parallel zu der von Karl Barth.

Beasley-Murray argumentiert freilich anders als Barth nicht im Ton der Kritik an der eigenen Kirche, sondern argumentiert für die baptistische Tradition, der er angehört (346). Beasley-Murray reagiert auf den Vorwurf, das baptistische Insistieren auf der bewussten Entscheidung für die Taufe würde in eine neue Werkgerechtigkeit führen – weil nämlich hier sich der Mensch zuerst für

Gott entscheidet, als könnte er sich die Gnade durch diese Entscheidung erwerben. Dieser Vorwurf verkennt die baptistische Überzeugung, dass die Entscheidung für die Taufe ein Wirken der Gnade Gottes ist.

Positiv beschreibt Beasley-Murray die Taufe als Bekenntnis, als Bewusstwerden der empfangenen Sündenvergebung, als Eintritt in die Kirche und Annahme der Heilsverheißung. All das kann seiner Meinung nach von der Unmündigentaufe nicht angenommen werden (361–386). So kann er schreiben, dass die Kindertaufe für ihn so aussieht, dass ein kleines bisschen Wasser mit sehr kleiner Wirkung auf ein sehr kleines Kind gegossen wird (385). – Trotzdem ist Beasley-Murray auch daran interessiert, im ökumenischen Kontext Verhärtungen abzubauen. Zwar kommt der baptistischen Tradition ihm zufolge vor allem die Aufgabe zu, den anderen Konfessionen die Bedeutung und alleinige Legitimität der Mündigentaufe zu verkündigen. Aber Beasley-Murray ruft auch zur Selbstkritik auf. Denn er sieht die zwischenkonfessionelle und auch seelsorgerliche Problematik darin, wenn Menschen, die als Kinder getauft wurden, die baptistische Taufe empfangen müssen, um Mitglied einer baptistischen Kirche werden zu können. Hier ruft Beasley-Murray dazu auf, die Entscheidung den einzelnen zu überlassen und keine Prinzipienfrage daraus zu machen. Beasley-Murray ist damit ein Vertreter der Kompromisslösung, die auf baptistischer Seite eine teilweise Anerkennung der Kindertaufe als Praxis anderer Konfessionen begonnen hat.

3.2. Taufe als Widerfahrnis: Argumente für die Kindertaufe

Nach den genannten Argumenten gegen die Kindertaufe mag es erstaunlich scheinen, dass es überhaupt zu dieser Praxis kommen konnte, und dass noch immer die Mehrheit aller Taufen an kleinen Kindern vorgenommen wird. Die systematische Theologie folgt freilich nicht nur der Macht des Faktischen, sondern hat die kirchliche Praxis kritisch zu diskutieren. Nach Barths nachdrücklichem Protest gegen die »Selbstverständlichkeit« der Kindertaufe ist ein undifferenziertes Bejahen der gängigen Praxis vollends nicht mehr möglich – und angesichts der weltweiten Ökumene wäre es eine Respektlosigkeit gegenüber der baptistischen Traditionslinie. Welche theologischen Argumente für die Kindertaufe lassen sich vorbringen?

Augustinus wendet sich 411/412 ausdrücklich der Kindertaufe zu und widmet ihrer Verteidigung ein eigenes kurzes Werk: »Verdiente Folgen der Sünden und ihre Vergebung; die Kindertaufe. An Marcellinus« (Augustinus, *De peccatorum meritis et remissione et de baptismo parvulorum ad Marcellinum*). Auffällig ist, dass seine Verteidigung der Kindertaufe auf einen ganz anderen Einwand antwortet als die kritischen Argumente, die bisher genannt wurden. Augustinus antwortet nämlich nicht auf die Frage »Können Kleinkinder überhaupt glauben?«, sondern setzt sich mit Kritikern auseinander, die fragen: »Brauchen Kleinkinder überhaupt die Sündenvergebung?«. Karl Barth und George Beasley-Murray lassen sich (überspitzt) auf das Grundargument zusammenführen, dass Kleinkinder nicht begreifen können, was in der Taufe passiert, und deswegen noch nicht die Taufe empfangen können, wie es sich gehört, das heißt: im Bekenntnis zur Gnade Gottes, als bewusstes Ja zu Gottes Willen. Augustinus hingegen geht die Sache an, indem er fragt, wieso schon die Kleinkinder angewiesen sind auf die Vergebung der Sünden. Denn ganz offensichtlich haben sie noch keine Tatsünden begangen (ebd. I,17,22). Wozu also die Vergebung?

Augustinus antwortet auf diese Frage mit einer wirkmächtigen Argumentation: Er entfaltet die Auffassung der Erbsünde, die alle Menschen von Geburt an erfasst und verhindert, dass sich die Menschen von sich aus Gott zuwenden können. Die biblische Verankerung dieser Auffassung sieht er in der Erzählung vom Sündenfall. Adam und Eva wenden sich von Gott ab und ziehen ihre gegenseitige Gemeinschaft der Gemeinschaft mit Gott vor. Damit beginnen die Erzeltern eine Kaskade, die bis heute anhält: Alle Nachkommen von Adam und Eva fallen unter das Urteil, das Gott über die Erzeltern spricht – die Vertreibung aus dem Paradies. Als Ausdruck und Zeichen dessen, dass alle Menschen von Geburt an ganz verdorben sind, identifiziert Augustinus folgenschwer den Zeugungsakt. Wenn zwei »gefallene« Menschen miteinander schlafen, so Augustinus, dann geben sie sich einander hin und vergessen Gott und Gottes Willen. Sie begehren einander über alles andere (concupiscentia; ebd. II,22,36; II,4,4). Eva und Adam *vererben* so im ganz buchstäblichen Sinn ihren Abfall von Gott an alle Nachkommen.

Es geht Augustinus mit seiner Interpretation der Erbsünde freilich nicht primär um eine Verurteilung der Sexualität. Die Sexualität ist für ihn das nächstliegende (weil für jeden Menschen mühelos nachvollziehbare) Beispiel, um etwas anderes zu illustrieren, das allen Menschen gemeinsam ist, aber sich versteckt: die Unentrinnbarkeit und Unerklärlichkeit des Widerstands gegen Gott. Die Sünde brauchen wir nicht zu lernen, wir können sie immer schon ganz ausgezeichnet (ebd. I,9,10): Das ist für Augustinus eine Alltagserkenntnis. Ihr gegenüber möchte er betonen, dass die Gnade Gottes diese Selbstverständlichkeit der Sünde völlig überwindet.

Wegen ihrer Verfangenheit in die Erbsünde sind auch schon die Kleinkinder angewiesen darauf, dass Gott sie aus der Gefangenschaft in der Sünde befreit. Dass die Taufe der Anfang eines Weges ist, diese Auffassung teilt Augustinus. Ihm zufolge sind alle Getauften, ob nun Kinder oder Erwachsene, darauf angewiesen, immer wieder von Neuem der Versuchung zu widerstehen (ebd. I,39,70). Durch die Sündenvergebung, die Jesus Christus für die Menschen bewirkt hat, sind die Getauften von den Folgen der Erbsünde befreit und als Geschöpfe wiederhergestellt. Aber sie warten wie die ganze Schöpfung auf das letzte Gericht am Ende der Geschichte, auf die zukünftige Erlösung.

Augustinus betont also den Machtcharakter der Sünde, wenn er über die Sündenvergebung spricht: Die Taufe ist ein Herrschaftswechsel, der Übertritt aus dem Einflussbereich der Sünde in den Lebensraum der Gnade. Darüber hinaus betont er die gemeinschaftliche Qualität des menschlichen Lebens und Glaubens und spricht deswegen sehr »selbstverständlich« davon, dass die Eltern (und Paten) bei der Taufe stellvertretend für das Kind den Glauben und die Buße aussprechen können. Die Stellvertretung geht dabei für Augustinus so weit, dass er die Kleinkinder selbst »Gläubige« und »Büßende« nennen kann (ebd. I,19,25). Hier liegt die Wurzel auch für Luthers Auffassung vom Glauben der Kleinkinder.

Luthers Deutung der Taufe mit der Kernaussage, dass es sich bei der Taufe um ein »Werk Gottes« handelt, stand oben bereits im Mittelpunkt. Nun geht es spezifisch um Luthers Eintreten für die

Kindertaufe, das an die augustinische Argumentation anschließt. Zunächst hält Luther fest: Die Kindertaufe scheint schon deswegen nicht unwirksam zu sein, weil es sonst gar keine Kirche mehr gäbe; praktisch alle seine Zeitgenossen wurden ja als Kinder getauft (Luther, *Großer Katechismus*, BSLK: 700,39–50). Dieses Argument wird freilich durch Barths Einwand geschwächt, dass man aus der Geduld Gottes mit der Kirche nicht einen stetigen Missbrauch des Sakraments begründen kann (Barth, KD IV/4: 209). Von Luther aus gedacht, kann man diesem Einwand mit der Frage begegnen: Wäre der Heilige Geist nicht längst eingeschritten, wenn es sich bei der Kindertaufe um eine völlig verfehlte Taufpraxis handelte?

Luthers Hauptargument für die Kindertaufe liegt aber in seiner Betonung des Rechtfertigungsglaubens als Begnadung, also als Handeln Gottes am Menschen: »Sodann sagen wir weiter, dass wir nicht das Hauptgewicht darauf legen, ob der, der getauft wird, glaubt oder nicht glaubt; sondern es liegt alles an Gottes Wort und Gebot« (Luther, *Großer Katechismus*, Pöhlmann 2000: Nr. 822; BSLK: 701,30–35). Für Luther ist Gottes bedingungslose Verheißung an den Täufling das Zentrum der Taufe. Die Verheißung hat sich nun aber gebunden an das äußere Zeichen des Sakramentsvollzugs. Sie kann von der »Wassertaufe« nicht getrennt werden. Barths Trennung der Wassertaufe von der Geisttaufe ist aus dieser Sicht problematisch.

Luther zögert nicht, die Verbindung zu seinem Abendmahlsverständnis zu ziehen (ebd., BSLK: 702,2–7). In Bezug auf das Abendmahl vertritt er die Auffassung, dass Jesus Christus im Empfangen von Brot und Wein durch die glaubende Gemeinschaft real gegenwärtig wird. Diejenigen, die am Abendmahl teilnehmen und nicht glauben, empfangen ebenfalls die Gegenwart Jesu Christi, denn das Sakrament gründet nicht auf dem Glauben oder auf der Heiligkeit derer, die es empfangen (ebd., BSLK: 710,39–711,3). Taufe und Abendmahl, so Luther, ergänzen sich: Während die Taufe an den Anfang des Weges stellt und den Grund für die Rechtfertigungsbeziehung legt, unterstützt das Abendmahl die Glaubenden dabei, immer wieder von Neuem auf die Gegenwart und Gnade Jesu Christi zu vertrauen.

Eine Bindung der Taufe an bestimmte Bedingungen (Einsichtsfähigkeit oder Umkehr) bedeutet für Luther eine Tendenz zur

Werkgerechtigkeit. Demgegenüber hält er fest: »Das Kind tragen wir herzu in der Meinung und der Hoffnung, dass es glaube, und bitten, dass ihm Gott den Glauben gebe. Aber daraufhin taufen wir es nicht, sondern bloß daraufhin, dass Gott es befohlen hat« (ebd., Pöhlmann 2000: Nr. 823; BSLK: 702,45–49). Ist das eine selbstwidersprüchliche Aussage? Luther scheint einerseits zu sagen, dass die Kinder schon glauben, aber andererseits, dass sie den Glauben erst bekommen sollen. Der Widerspruch klärt sich auf, wenn man Luthers Verständnis des Glaubens bedenkt. Für ihn ist der Glaube eine Beziehung zwischen dem Menschen und Gott, eine Beziehung, bei der Gott dem Menschen liebevoll zuvorkommt, weil der Mensch völlig überfordert davon ist, Gott entgegen zu kommen. Dass das Kind erst glauben wird – das meint also: den antwortenden Schritt wird es hoffentlich in der Zukunft tun. Dass das Kind schon glaubt – das meint hier: Gott hat es umfangen in seinem eigenen »Glauben«, das ist: in seiner treuen Gnadenzusage an diesen Menschen. Dass Gott dem Kind gegenwärtig ist, das ist mit diesem zweiten Sinn von »Glauben« gemeint. Im Sakrament werden Gottes Verheißung und der empfangende Glaube eins.

Friedrich Schleiermachers Auslegung der Taufe teilt zwar das reformierte Interesse am antwortenden Bekenntnis durch den Täufling. Doch hält Schleiermacher an der Praxis der Kindertaufe fest. Dazu gelangt er zunächst anhand eines grundsätzlich skeptischen Taufverständnisses: Vor dem Eschaton handelt es sich beim Taufen immer (nur) um eine Annäherung an die wahre, vollkommene Aufnahme in die Christusgemeinschaft. Dieser provisorische Charakter betrifft sowohl die Seite der unvollendeten Kirche als auch die Seite der Täuflinge. Schleiermacher hält aber zugleich daran fest, dass die Verheißung zur Sündenvergebung und Christusgemeinschaft, die der Taufe gegeben ist, verlässlich ist. Der eschatologische Vorbehalt kann angesichts dieser verlässlichen Verheißung nur bewirken, dass die Taufe zu einem längeren Prozess im Leben der Täuflinge ausgezogen wird. »Die Taufe bleibt nur solange unwirksam, als sie zu früh erteilt worden ist, bis nämlich das Werk der Predigt vollbracht und durch dieselbe der Glaube erweckt ist« (Schleiermacher, *Der christliche Glaube* § 137,2: 331). Solch eine verfrühte Taufe ist gültig, aber noch nicht voll wirksam. Sie ist gültig, weil sie unter der Verheißung Jesu Christi von der christlichen Kirche gespendet wurde. Sie ist noch nicht wirksam, solange der Täufling nicht sein Bekenntnis ablegt. Die Betonung des Glaubens aufseiten des Täuflings darf nicht so weit gehen, dass sie den an die Kirche gegebenen Auftrag zum Taufen außer Kraft setzt. Entsprechend ist es laut Schleiermacher auch theologisch begründet, dass Taufen nicht spontan in »einem Moment erhöhter Stimmung« vollzogen werden, sondern zu einem vorab vereinbarten Termin (ebd. § 137,3: 335). Die Taufe ist nicht nur ein Antwortakt des Täuflings, sondern auch ein Auftrag und Willensakt der Kirche.

In Bezug auf die Kindertaufe wendet Schleiermacher dann diese Auslegung der Taufe als eines längeren Prozesses an. Schleiermacher verwehrt sich dagegen, dass mit der Kindertaufe etwa eine unordentliche Taufpraxis als Regel eingesetzt würde (ebd. § 138,2: 338). Denn bei Kindern christlicher Eltern handelt es sich um einen spezifischen Taufhintergrund. Bei solchen Kindern kann man besonders begründet damit rechnen, dass sie künftig zum Glauben und zum eigenen Bekenntnis geführt werden (ebd. § 138,1: 337). Doch Schleiermacher betont, dass erst das persönliche Bekenntnis zum Glauben die Wirksamkeit der Taufe im Leben der Frühgetauften bezeugt. Erst die Konfirmation mit dem öffentlichen Bekenntnis vollendet damit die Kindertaufe (ebd. § 138,2: 339). Die Kindertaufe, so Schleiermacher, legt der Kirche eine besondere Verantwortung auf, dass sie die Kinder begleitet und ihnen die Taufverheißung verkündigt.

Dietrich Bonhoeffer entfaltet in seiner Dissertation »Sanctorum Communio« die gemeinschaftliche Dimension der Taufe weiter. Eine Gemeinschaft wie die Kirche zeichnet sich laut Bonhoeffer dadurch aus, dass in ihr der Zusammenschluss mit anderen Menschen als ein Selbstzweck gewollt wird; man schließt sich nicht etwa wie in einer Partei zu einem bestimmten äußeren Ziel zusammen (Bonhoeffer, *Sanctorum Communio*, DBW 1, 56). Die Gemeinschaft in diesem Sinn gründet Bonhoeffer zufolge nicht auf der willentlichen Entscheidung ihrer einzelnen Glieder, sondern hat ein Eigenleben, ähnlich der Familie, die als Familie nicht durch einen Vertragsschluss der Teilnehmenden zustande kommt, sondern den einzelnen Familiengliedern vorausgeht. Auch die Eltern werden erst zu Eltern durch den Beginn der »Familie« als Lebensgemeinschaft. So können laut Bonhoeffer auch unmündige Kinder vollgültige Glieder einer Gemeinschaft sein (ebd., 58).

Die Kirche ist eine Gemeinschaft, die als »Selbstzweck« die Liebe Gottes hat (ebd., 115–117). Gott liebt die glaubende Gemeinschaft, er will, dass es diese Gemeinschaft gibt. Gerade um der Liebe Gottes zu seiner Gemeinschaft willen geht es zugleich aber auch um die Liebe der glaubenden Gemeinschaft zu Gott, zu seiner liebenden Gegenwart. Das ist kein Zweck, der außerhalb der Gemeinschaft liegt. Denn die Liebe Gottes hat entschieden, dass sie sich in die Gemeinschaft mit den Menschen und unter den Menschen hineinbegibt. Diese Liebe Gottes zur glaubenden Gemeinschaft macht Jesus Christus offenbar, er verwirklicht sie. In diesem Sinn ist die Kirche der »Leib Christi«. In der Taufe handelt die Gemeinde als Leib Christi. Sie handelt auch an den unmündigen Kindern, nimmt sie in sich auf als Glieder der Gemeinde. Bonhoeffer kann sogar schreiben: »[D]a aber dort, wo ein Glied der Gemeinde ist, die ganze Gemeinde ist, so glaubt in dem Kinde die ganze Gemeinde« (ebd., 164).

Was genauer mit dem »tragenden Glauben« bei der Kindertaufe gemeint ist, deutet Bonhoeffer im *Theologischen Gutachten zur Tauffrage* (1942) an (DBW 16, 563–587). Er betont, dass es sich nicht um einen stellvertretenden Glauben der Gemeinde für die Kinder handelt. Die Kinder werden nicht »auf die Kraft des Gemeindeglaubens« hin getauft, sondern (ganz wie bei erwachsenen Täuflingen) allein im Vertrauen auf Jesus Christus. Die »Reinheit« und »Wahrhaftigkeit« der Gemeinde kann nie ein Ergebnis menschlichen Handelns, menschlicher Entschlossenheit und Treue sein, sondern verdankt sich allein der Gnade Jesu Christi (ebd., 583). Dem widerspricht aber nicht, dass die Gemeinde beim Kindertaufen eine besondere Verantwortung dafür übernimmt, den Kindern das Evangelium zu verkündigen, das ihnen in der Taufe zugesagt wurde.

4. Die Zeichen der Geisttaufe: Pfingstkirchliche Perspektiven

Die Taufe als wirkmächtiger Beginn des christlichen Lebens spielt in der Tradition der Pfingstbewegung eine entscheidende Rolle. Freilich wird sie hier nicht als Sakrament oder rituelle Handlung betont, sondern als Begabung mit dem Heiligen Geist, besonders mit der Zungenrede. Die je neue und individuelle Erfahrung des Heiligen Geistes steht im Mittelpunkt pfingstlerischer Frömmigkeit. Der Missionserfolg der Pfingstbewegung führte überdies dazu, dass sie heute weltweit in höchst unterschiedlichen Kontexten lebt. Doch hat der Hinweis auf die deutlich erfahrbaren Gaben des Heiligen Geistes (besonders auf die Zungenrede) seit den Anfängen der Pfingstbewegung im Azusa Street Revival (1906) stets eine zentrale Rolle gespielt. Die Wassertaufe verliert hier an Bedeutung, doch die Geisttaufe wird als entscheidend erlebt.

Auch wenn die Pfingstbewegung sich einer umfassenden »Definition« entzieht, können mit Theo Sundermeier doch die folgenden pfingstlerischen Grundeigenschaften festgehalten werden (Sundermeier 2009: 301–303): Die Pfingstbewegung ist eine Bewegung »von unten«; die Geisttaufe wird als eine Befreiung aus unterdrückenden Umständen erfahren. Die Ausgießung des Geistes erscheint als ein Zeichen des nahen Weltendes und angesichts des nahenden Endes wird der Missionsauftrag als besonders dringlich empfunden. Darüber hinaus zeichnet sich die Pfingstbewegung durch eine Betonung der je *individuellen* Erfahrung des Heiligen Geistes aus. Das entscheidende Kennzeichen für die Erlösung wird darin gesehen, dass die Person äußerlich nachvollziehbar vom Heiligen Geist erfasst wird. Die Pfingstkirchen praktizieren weithin die Erwachsenentaufe, da sie die persönliche Bekehrung als Bedingung auch für die Wassertaufe betrachten. Die Wassertaufe ist allerdings erst das Angeld für die erwartete »eigentliche« Taufe, also die Herabkunft des Heiligen Geistes. Zugleich wird festgehalten, dass schon die Bekehrung ein Wirken des Heiligen Geistes und keine freie Willensentscheidung des Menschen ist. Doch die Betonung liegt auf der von außen nachvollziehbaren Begabung der Glaubenden durch den Heiligen Geist.

Das »Statement of Faith« der Pentecostal World Fellowship bringt die Bedeutung der Geisttaufe für die Frömmigkeit der Pfingstbewegung zum Ausdruck; die Ordnung der Pentecostal/Charismatic Churches of North America verknüpft die Geisttaufe mit der Heiligung und mit der körperlichen Heilung (§ 3,6). Der Geist Gottes heiligt nicht nur die Seele, sondern auch den Körper. Diese »ganzheitliche« Sicht auf den Menschen ist für die Pfingstbewegung typisch (Anderson 2004: 196). Die *Erfahrung* des Geistes drängt die theologische Systematisierung seiner Wirkungen in den Hintergrund.

Das hat für die Interpretation der Geisttaufe aus pfingstlerischer Perspektive Folgen. Die bisher diskutierten theologischen Positionen zur Taufe sind bei aller Unterschiedlichkeit doch darin vereint, dass sie eine *Lehre* zur Taufe vertreten. Die pfingstlerische Perspektive bricht diese Lehrorientierung auf. Damit soll nicht gesagt werden, pfingstlerische Positionen zur Geisttaufe wären »ungeordnet« oder »unsystematisch«. Die Diskussion um die nähere Beschreibung des Geistwirkens in Bekehrung, gottesdienstlicher Taufe und »Geisttaufe« belegt das Gegenteil (einen Überblick dazu bietet Anderson 2004: 187–198). Pfingstlerische Theologen haben sich der Frage, wie sich die »öffentliche« Begabung mit dem Heiligen Geist zur *davor* erfolgten Bekehrung verhält, nicht entzogen. Und doch sprechen pfingstlerische Reflexionen zur Geisttaufe erkennbar mit einer anderen Absicht als traditionelle Theologien.

Die Pfingstbewegung zeichnet sich nicht zuletzt dadurch aus, dass sie die traditionellen Konfessionsgrenzen überspringt (Poloma 2009: 277). So steht auch und besonders die Taufe aus pfingstlerischer Sicht nicht primär als liturgischer Vollzug (»Wassertaufe«) oder als »Sakrament der Sündenvergebung« zur Diskussion, sondern als äußerlich sichtbares und unhintergehbar individuelles Zeichen für die Begabung mit dem Heiligen Geist – und das heißt zugleich: als Missionsauftrag.

5. Die Taufe als ökumenisches Thema

Im ökumenischen Austausch zur Taufe steht die Frage nach der »Kindertaufe« (Unmündigentaufe) im Mittelpunkt. Das liegt daran, dass mit der baptistischen Tradition eine Konfession im Kontext der Kirchen steht, die ausschließlich Erwachsene tauft und diese Praxis als ein wesentliches Merkmal des christlichen Glaubens und Lebens versteht. Im Folgenden werden zunächst die Taufverständnisse der römisch-katholischen und der orthodoxen Tradition dargestellt. Danach werden zentrale Dokumente ökumenischer Verhandlungen zur Taufe behandelt: der Dialog im Auftrag des Baptistischen Weltbundes und des Reformierten Weltbundes (dokumentiert 1977), die Aussagen der »Lima-Erklärung« zur Taufe (1982), der Dialog in der Gemeinsamen Kommission des Baptistischen Weltbundes und des Lutherischen Weltbundes (dokumentiert 1990) sowie schließlich der Bericht über den Dialog zwischen der Gemeinschaft Evangelischer Kirchen in Europa (GEKE) und der Europäischen Baptistischen Föderation (publiziert 2005).

5.1. Zum römisch-katholischen Taufverständnis

In Canon 869 des Kodex kanonischen Rechts (Codex iuris canonici, Abk. CIC) spricht die römisch-katholische Kirche ihre Anerkennung von Taufen anderer Konfessionskirchen aus: Anderskonfessionell Getaufte müssen grundsätzlich nicht noch einmal getauft werden, um in die Gemeinschaft der römisch-katholischen Kirche aufgenommen zu werden. So zeigt sich, dass die römisch-katholische Kirche in Bezug auf die Taufe eine grundlegende Übereinstimmung mit den anderen christlichen Konfessionen sieht. Die Taufe ist das Sakrament der christlichen Initiation; sie bezeugt die Wiedergeburt des Täuflings, also die Sündenvergebung und die Hineinnahme in die kirchliche Gemeinschaft (Katechismus der Katholischen Kirche, Abk. KKK, Nr. 1213). Auf der Grundlage dieser ökumenischen Übereinstimmung gibt es ein spezifisch römisch-katholisches Taufprofil. Denn die Taufe steht hier im Kontext des römisch-katholischen Amtsverständnisses und der römisch-katholischen Sakramentenlehre.

Der römisch-katholische Taufritus wird mit geweihtem Wasser vollzogen und schließt neben Bekreuzigung, Gebet, Wortverkündigung und Wasserritus eine Salbung mit vom Bischof geweihtem Öl, die Bekleidung mit einem weißen Gewand sowie einen Exorzismus ein (oder mehrere Exorzismen) (KKK Nr. 1237–1243; vgl. auch S. 93–95 und S. 191–194). Die Taufe verleiht nach römisch-katholischem Verständnis ein »untilgbares Prägemal« (character indelebilis; CIC Can. 849). Damit soll ausgesagt werden, dass die Gemeinschaft des Getauften mit Christus durch die Sünde nicht zerstört werden kann, auch wenn nach der Taufe keine sichtbar römisch-katholische Lebensführung folgt (KKK Nr. 1272). Die Taufe als Initiationssakrament verweist auf das Abendmahl (der »Höhepunkt« aller sieben Sakramente: KKK Nr. 1324) – also in der römisch-katholischen Praxis auf die Erstkommunion des Kindes – und auf das Sakrament der Firmung. Während bei erwachsenen Täuflingen die Taufe unmittelbar mit dem ersten Empfang des Abendmahls und der Firmung verbunden wird, bezeichnet die Unmündigentaufe den Beginn eines längeren Prozesses römisch-katholischer Unterweisung, die über die Erstkommunion im »Vernunftalter« (KKK Nr. 1244; circa 8 Jahre) zur Firmung im religionsmündigen Alter führt. Die Unmündigentaufe wird als römisch-katholische Praxis vonseiten des Lehramts als Pflicht gefordert; die Eltern sollen ihr Kind innerhalb der ersten Lebenswoche taufen lassen (CIC Can. 867,1). Andernfalls würden die Eltern dem Täufling die Gnade vorenthalten, Kind Gottes zu werden (KKK Nr. 1250).

Berechtigt und beauftragt zur Taufe sind alle geweihten Amtsträger: Bischöfe, Priester und Diakone. Doch ist die Taufe in der römisch-katholischen Sakramentspraxis das einzige Sakrament, das im Notfall auch von Laien oder Laiinnen – und sogar von Ungetauften, wenn sie die richtige kirchliche Intention haben – vollzogen werden darf und muss (CIC Can. 861,1f.; KKK Nr. 1256). Im Sonderfall der Nottaufe bewirkt die Heilsnotwendigkeit der Taufe, dass die Konzentration aller sakramentalen Vollzüge auf das geweihte Amt ausnahmsweise außer Kraft gesetzt wird. Die richtige Intention bei der Taufe spielt aber bei der Nottaufe wie bei der »normalen« Taufe durch einen Geweihten die entscheidende Rolle: Die Täuflinge werden durch die Taufe in den Glauben der römisch-katholischen Kirche hineingenommen. Der Glaube der Kirche trägt im römisch-katholischen Verständnis stellvertretend auch die unmündigen Kinder; so hält es bereits Thomas von Aquin fest (Ratschow 1989: 72). Deswegen ist es notwendig, dass die Paten oder Patinnen römisch-katholisch sind, sollen sie das Kind doch in die römisch-katholische Glaubenstradition einführen helfen (CIC Can. 874). Anderskonfessionelle Glaubende dürfen nur als Taufzeuge bzw. Taufzeugin zugelassen werden (CIC Can. 875).

5.2. Zum Taufverständnis der ostkirchlichen Tradition

Im ostkirchlichen Verständnis der Taufe (s. auch S. 210–213) wird besonders der Charakter der Taufe als Mysterion deutlich: In der Taufe ereignet sich das Geheimnis der Gegenwart Gottes (Ratschow 1989: 63). Die Gegenwart der Dreieinigkeit ist grundsätzlich nicht mit dem Verstand zu begreifen – ob man nun ein Kind ist oder ein Erwachsener. Regelfall ist heute auch in den Ostkirchen die Kindertaufe. Der Taufritus selbst bewahrt dabei Elemente der altkirchlichen Erwachsenentaufe, besonders die mehrmalige Frage nach der Absage an den Teufel, die Fragen nach dem christlichen Bekenntnis und schließlich das Empfangen des Abendmahls unmittelbar nach der Taufe. Die Antworten auf die Fragen spricht bei der Kindertaufe der Pate oder die Patin. Gemeint ist mit den Elementen der Erwachsenentaufe in der Liturgie der Kindertaufe nicht so sehr ein »fiktive[s] Katechumenat« (Ratschow 1989: 65), sondern eher das Vertrauen in die Wirksamkeit der Taufe als Ritual – die Taufe ist nach ostkirchlicher Auffassung unabhängig vom Glauben der Beteiligten wirksam (Heiser 1987: 243). Dem entspricht auch die passiv formulierte eigentliche Taufformel: »Getauft wird der Diener Gottes N.N. auf den Namen des Vaters – und des Sohnes – und des Heiligen Geistes. Amen« (Heiser 1987: 301).

Die ostkirchliche Taufliturgie schließt neben den schon genannten Elementen eine Salbung des ganzen Körpers als Zeichen des Schutzes vor dem Bösen (»Exorzismussalbung«, Heiser 1987: 299), den Wasserritus mit dreimaligem Untertauchen des Täuflings, die Bekleidung des Täuflings, dann die Salbung mit dem geweihten Öl (Myron) als Zeichen der Geistverleihung, Lesungen und den Empfang des Abendmahls (bei Kindern mit einem Löffel gegeben) ein. Die Salbung mit Myron gilt dabei als ein eigenes Sakrament oder Mysterion; sie entspricht der römisch-katholischen Salbung bei der Firmung. Das solcherart getaufte Kind ist volles Mitglied der Kirche (Heiser 1987: 312). Zur Aufnahme Getaufter aus einer anderen Konfessionskirche wird (nach der katechetischen Information) die Myronsalbung nachgeholt und das Abendmahl gereicht, wobei die Kommission orthodoxer Kirchen in Deutschland die konkrete Gestaltung der Aufnahme den jeweils Beteiligten überlässt (Kommission der orthodoxen Kirchen in Deutschland, 3).

5.3. Der Baptistisch-Reformierte Dialog (1973–1977)

1973 wurde in der Schweiz die »Vereinbarung zur gegenseitigen Anerkennung der Taufe« zwischen der christkatholischen Kirche, der römisch-katholischen Kirche und dem Schweizer Evangelischen Kirchenbund unterzeichnet. Die Baptisten waren in dieser Übereinkunft nicht berücksichtigt worden. Doch begannen 1973 Gespräche im Auftrag des Baptistischen und des Reformierten Weltbundes, die sich vier Jahre hindurch mit der Frage nach der Taufe beschäftigten (*Bericht theologischer Gespräche im Auftrag des Reformierten Weltbundes und des Baptistischen Weltbundes*: 102–122). Es konnte dabei keine Einigkeit darüber erzielt werden, ob die Taufe unmittelbar mit der Teilnahme am Abendmahl und dem Glaubensbekenntnis verbunden ist (baptistische Position), oder ob das Empfangen des Abendmahls und das Glaubensbekenntnis auch einige Zeit nach der Taufe vollzogen werden können (reformierte Position) (113). Doch stellen die reformierten und baptistischen Dialogpartner auch fest, dass es im Leben ihrer Kirchen schon zu einer »doppelten« Taufpraxis gekommen ist: Es gibt baptistische Gemeinden, die Glaubende zum Abendmahl zulassen, die als Kinder getauft wurden. Ist das nicht eine »De-facto-Anerkennung« der Kindertaufe (114)? Zugleich betont der Abschlussbericht der reformierten und baptistischen Theologen allerdings auch, dass aufseiten der Reformierten auf die »Zucht«, die zur Taufe gehört, besonders geachtet werden muss. Es muss bei der Kindertaufe gewährleistet sein, dass die Getauften in einer christlichen Familie und Gemeinde aufwachsen. Der Bericht sieht zwar einerseits die bleibenden Unterschiede zwischen Reformierten und Baptisten, spricht aber andererseits davon, dass sich die beiden Arten der Taufpraxis ergänzen würden (116), wobei freilich unklar bleibt, wie dies zur Einigung zwischen den beiden Kirchen beitragen könnte.

5.4. Die Lima-Erklärung (1982)

Die *Konvergenzerklärung über Taufe, Eucharistie und Amt* wurde 1982 von der Kommission für Glauben und Kirchenverfassung des Ökumenischen Rates der Kirchen in Lima (Peru) beschlossen. Auch darin wird die bleibende Besonderheit der baptistischen Tradition mit der ausschließlichen Praxis der Mündigentaufe betont (Art. 12). Zur Annäherung zwischen den beiden unterschiedlichen Positionen zur Frage der Unmündigentaufe wird vorgeschlagen: »Eine Wiederentdeckung der Tatsache, daß christliche Unterweisung ihrem Wesen nach nie abgeschlossen ist, kann die gemeinsame Anerkennung der verschiedenen Initiationsformen erleichtern« (Art. 12, Kommentar). Nachdem in der Frage nach dem Wesen der Taufe keine Einigung zwischen Baptisten und den Vertretern der Kindertaufe zu erwarten ist, versucht die Lima-Erklärung mit diesem Vorschlag, das Diskussionsklima zu beruhigen. Zugleich ermahnt sie diejenigen Kirchen, die Kindertaufe praktizieren, den verpflichtenden Charakter der Taufe ernst zu nehmen: Getaufte Kinder müssen zu einer »bewussten Verpflichtung Christus gegenüber« hingeführt werden (Art. 16); ein »unterschiedsloses« Taufen von Kleinkindern ist zu vermeiden (Art. 21, Kommentar). Darüber hinaus betont die Lima-Erklärung den Zusammenhang der Taufe mit dem Abendmahl – und gibt ermahnende Hinweise sowohl an diejenigen, die ausschließlich die Mündigentaufe praktizieren, als auch an diejenigen, die Kinder taufen: »Diejenigen Kirchen, die Kinder taufen, ihnen aber die Teilhabe an der Eucharistie vor einem solchen Ritus [d.h. einem Ritus, der »zwischen« die Kindertaufe und das erste Empfangen des Abendmahls tritt, wie etwa die Konfirmation; EH] verweigern, werden vielleicht darüber nachdenken wollen, ob sie die Konsequenzen der Taufe voll anerkannt und akzeptiert haben« (Art. 14, Kommentar). So hebt die Lima-Erklärung die volle Gültigkeit und Unwiederholbarkeit der Taufe hervor, ob sie nun an Mündigen oder Unmündigen vollzogen wird. Damit ist eine Anerkennung der Kindertaufe als vollgültiger Taufe vorausgesetzt. Die kategorische Verurteilung jeglicher Praxis, die als Wiedertaufe »ausgelegt werden könnte« (Art. 13), wurde von baptistischer Seite kritisiert. Insgesamt ist die Lima-Erklärung daran interessiert, die Aufmerksamkeit von den Streitfragen wegzulenken und Gemeinsamkeiten zu betonen. Freilich führt dies tendenziell zu einem Verdrängen der Unterschiede – womit aber eine präzise Bearbeitung der theologischen Differenzen erschwert wird (Kerner 2004: 60f.).

5.5. Der Lutherisch-Baptistische Dialog (1986–1990)

Im abschließenden *Bericht der Gemeinsamen Kommission des Baptistischen Weltbundes und des Lutherischen Weltbundes* wurden die theologischen Differenzen in der Frage nach der Kindertaufe – anders als bei den beiden vorangehenden ökumenischen Beispielen – präzise benannt. Das klare Benennen der Unterschiede ist von den Beteiligten aber nicht im Sinn einer Zuspitzung intendiert, sondern im Gegenteil als ein »geschwisterliche[s] Nein« (215) und »in einer Atmosphäre gegenseitigen Vertrauens und Interesses« (201). Die lutherische Seite entschuldigt sich für die Lehrverurteilungen aus der Reformationszeit (212–214). Doch bleiben die Lutherischen auch 1990 bei Artikel 9 des Augsburger Bekenntnisses, in dem die Kindertaufe als legitime lutherische Taufpraxis festgehalten ist.

Die Erkenntnis bleibender theologischer Unterschiede bildet gerade aufgrund der Konfliktgeschichte einen Auftrag dafür, einander in der gegebenen Unterschiedlichkeit zu akzeptieren (durchaus nicht unkritisch). Als grundlegender bleibender Unterschied stellt der Bericht fest: Baptisten und Baptistinnen können die Kindertaufe und die Mündigentaufe *nicht* als zwei Formen ein und derselben Taufe betrachten, weil sie die Kindertaufe nicht als vollgültige Taufe verstehen (197). Insofern spricht die Rede von der »doppelten« Praxis der einen Taufe, wie er im reformiert-baptistischen Bericht auftaucht, aus nicht-baptistischer Perspektive.

Aus baptistischer Sicht wird wiederum der enge Zusammenhang von Bekenntnis und Taufe hervorgehoben. Die lutherischen Dialogpartner hingegen betonen, dass es für sie schwer nachvollziehbar ist, dass die Kindertaufe sogar als eine Verletzung der Menschenrechte gesehen wird (199f.). Mit den Baptisten sprechen sich die Lutheraner gegen das »unterschiedslose« Taufen von Kindern aus. Typisch für den Stil des Berichts ist der Mut zum direkten Nebeneinanderstellen der zwei Meinungen. So wird von lutherischer Seite aus gefragt, »ob Baptisten nicht die Stellung von Kindern unterschätzen oder sogar unbeachtet lassen« (201). Unmittelbar darauf wird die baptistische Position zur Rolle der Kinder in der Gemeinde angegeben: Für Baptisten ist die christliche Erziehung der Kinder wichtig als Hinführung zum Glauben, sie wird unterstützt von Fürbitte und Segnung.

Trotz des Dilemmas halten die Dialogpartner fest, dass beide den Glauben sowohl als »ein lebenserneuerndes Ereignis« als auch als einen »lebenslange[n] Prozess« betrachten (196). Im Austausch über das Glaubensverständnis wird hier also die Chance gesehen, einander die Unterschiede gegenseitig verständlich zu machen.

5.6. Dialog zwischen der Europäischen Baptistischen Föderation (EBF) und der Gemeinschaft Evangelischer Kirchen in Europa (GEKE) (2002–2004)

Auf europäischer Ebene bedeutsam ist der Dialog zwischen der Europäischen Baptistischen Föderation und der Leuenberger Kirchengemeinschaft (publiziert unter dem Titel »Der Anfang des christlichen Lebens und das Wesen der Kirche. Ergebnisse des Dialoges zwischen EBF und GEKE«). Das Abschlussdokument musste zwar zu dem Schluss kommen, dass eine volle Mitgliedschaft der Baptisten in der Leuenberger Kirchengemeinschaft nicht möglich ist, aber dass trotzdem eine große Einigkeit in Grundsatzfragen zwischen den Leuenberger Kirchen und den Baptisten besteht. Aus Sicht der GEKE stellt sich nur eine, allerdings entscheidende Frage an die Baptisten: »Sind sie in der Lage, jeglichen Anschein einer Wiedertaufe zu vermeiden, wenn Gläubige aus einer Kirche der

GEKE, die Säuglingstaufe praktiziert, zu ihnen kommen?« (50f.). Wenn in baptistischen Gemeinden Menschen getauft werden, die schon als Unmündige getauft wurden, bedeutet das aus Sicht der GEKE-Kirchen eine Bestreitung der Gültigkeit der Kindertaufe (49). Die Taufe ist aber unwiederholbar und einmalig (43). Die Kirchen der GEKE erkennen die baptistische Praxis der Bekenntnistaufe an, sie entspricht dem Evangelium. Aber sie halten fest, dass auch die Taufe von unmündigen Kindern christlicher Eltern dem Evangelium entspricht (48f.).

Hoffnung für ein weiteres Zusammenwachsen geben laut dem Bericht aber Erfahrungen aus den Gemeinden. Denn es wird in den Mitgliedskirchen der Leuenberger Kirchengemeinschaft eine Bewegung zur »doppelten« Taufpraxis beobachtet: Die Praxis, dass größere Kinder oder erst Erwachsene zur Taufe kommen, nimmt zu – bei gleichzeitigem Weiterbestehen der Unmündigentaufe. Aufseiten baptistischer Gemeinden wiederum gibt es bereits die Praxis der »offenen Mitgliedschaft«, also einen Verzicht auf die Wassertaufe bei Glaubenden, die in anderen Kirchen schon als Kinder getauft und später konfirmiert wurden (49). Hierin liegt ein positiver Ansatz in Richtung der Gemeinschaft in Verschiedenheit, wie sie die Leuenberger Konkordie vorstellt (LK Art. 2 und 29).

Mit Ausnahme der bleibend kontroversen Lage in Bezug auf die baptistische Tradition kann jedoch davon gesprochen werden, dass in Bezug auf die Taufe große ökumenische Übereinstimmung erzielt wurde. Zwar bildet erst die Magdeburger Erklärung vom 29. April 2007 für die (nicht-baptistischen) Kirchen in Deutschland ein deutschlandweites Konsenspapier zur offiziellen gegenseitigen Anerkennung der Taufe. Doch steht die Magdeburger Erklärung auf dem Hintergrund einer langen gegenseitig akzeptierenden Taufpraxis, sowohl regional als auch international.

6. Die Taufe als ethische Grundorientierung

Die Taufe bedeutet den Beginn des christlichen Lebens und hat insofern eine grundlegende ethische Bedeutung. Betont man wie Karl Barth, dass die Taufe ein Bekenntnisakt ist, dann ist schon das Empfangen der Taufe selbst die erste gut christliche Handlung eines Menschen. Doch auch als Bekenntnis ist die Taufe aufgehoben in dem, was empfangen wird: in der Sündenvergebung. Luther betont im *Kleinen Katechismus*, dass die Taufe der Auftakt zur täglichen Buße und zum täglichen Reinwerden vor Gott ist (BSLK: 516,32–38). Das »Reingewaschenwerden« beginnt eine neue Praxis. Während Luther die Taufe eher als Grundlegung für den späteren Prozess der Bewährung betrachtet, kann sie auch als der erste Schritt auf dem Weg der Befreiung gesehen werden. Dieser zweite Aspekt wird besonders aus baptistischer Sicht betont: Die Taufe bezeichnet nicht nur eine retrospektive Reinigung von der Sünde, sondern auch eine Befreiung zum neuen Tun (Beasley-Murray 1962: 287). Auch hier zeichnet sich das Zusammenkommen von Verheißung und Glaube, von Gnade und menschlichem Empfangen ab. Der Anfang christlichen Lebens ist das *Empfangen* der Sündenvergebung; die christliche Freiheit ist einerseits zunächst in ihrem Wesen rezeptiv, sie lebt aus dem Wort und der Liebe Gottes, nicht aus eigener Kraft. Andererseits ist sie aber christliche *Freiheit*, aktive Gerechtigkeit vor Gott und vor den Menschen. In der Taufe wird diese zugleich rezeptive und aktive Struktur der christlichen Freiheit ganz buchstäblich – im sakramentalen »Abtöten des alten Adam« (des Sünders) und dem »Auferstehen« des neuen Menschen. So kann Luther im *Großen Katechismus* davon sprechen, dass die Getauften darauf angewiesen sind, immer wieder in ihre Taufe »hineinzukriechen«, dass sie aber auch immer wieder aus ihr hervorkommen müssen (BSLK: 705,31f.). Denn in der Taufe zeichnet sich schon ab, was das ganze christliche Leben kennzeichnet: Jesus Christus kommt den Menschen zuvor, doch will er, dass sie ihm nachfolgen.

7. Schluss

Dieser systematisch-theologische Überblick zur Taufe ist von einer lutherisch geprägten Systematikerin verfasst. Er bezeugt die Perspektivität systematisch-theologischen Argumentierens: Eine »allgemein christliche« Position einzunehmen, ist unmöglich.

Die Frage nach der Taufe führt eine Spannung zwischen dogmatischer Reflexion und kirchlicher Praxis vor Augen: Es handelt sich in der Praxis der Unmündigentaufe um eine einfache und vom Täufling nicht im Gedächtnis behaltene liturgische Handlung, die doch aus dogmatischer Sicht das Ganze des christlichen Lebens schon in sich fassen soll. Die dogmatische Ungeduld Karl Barths mit dieser kirchlichen Praxis verwundert vor diesem Hintergrund nicht. Wie kann ein solcher Akt an kleinen Kindern, die sich später an ihre Taufe nicht erinnern werden, die Fülle der Gottesbeziehung abbilden?

Diese Ungeduld ist der Sache aber letztlich nicht angemessen. Die Herausforderung besteht aus meiner Sicht darin, die Fülle dessen, was mit der Taufe geschieht und beginnt, dogmatisch präzise darzulegen, ohne auf die Schlichtheit des liturgischen Akts und die »Unordentlichkeit« der kirchlichen Praxis herabzusehen. Die jahrhundertealte Praxis der Kindertaufe ist selbstverständlich nicht allein wegen ihres Alters legitim. Trotzdem bezeugt ihr Alter, dass sie von sehr vielen Christen und Christinnen für sich und für die eigenen Kinder als richtig und gut angenommen wurde. Zumindest intuitiv scheint die Kindertaufe nach wie vor sehr überzeugend zu sein.

In der Taufe wird Wasser auf einen Menschen gegossen und das Verheißungswort gesprochen – man tut gut daran, Augustins Staunen darüber, dass damit zugleich die Sündenvergebung mitgeteilt wird, nicht zu vergessen. Dieses Staunen ist zunächst unabhängig vom Alter des Täuflings, auch wenn es angesichts der Kindertaufe zum Unbehagen werden mag. Ein klein bisschen Wasser wird auf ein kleines Kind gegeben? Ja, aber – und *daran* hat die dogmatische Reflexion die Praxis zu erinnern – damit wird keine kleine Gnade gegeben, sondern die volle, unteilbare Gnade Jesu Christi.

Die ökumenischen Dialoge mit der baptistischen Tradition weisen zugleich nachdrücklich darauf hin, dass das Taufen eine Verantwortung der Kirchen bedeutet, die nicht beliebig und unterschiedslos ausgeübt werden darf. Daraus lässt sich für jede Taufpraxis als entscheidendes Kriterium formulieren: Die Taufe steht für eine personale Bindung zwischen dem Täufling und Jesus Christus. Das Kind ist darauf angewiesen, in seiner Zukunft erklärt zu bekommen, in welcher Beziehung es seit der Taufe mit Jesus Christus steht. Dass das Kind erst später erkennt und lernt, bedeutet aber keineswegs, dass etwa durch die Unmündigentaufe noch keine Beziehung zu Jesus Christus und zur christlichen Gemeinschaft begründet werden könne. Ebenso wie das Kind erst mit der Zeit begreifen kann, was die Beziehung zu den Eltern bedeutet, in der es doch immer schon im Vollsinn stand, kann es erst mit der Zeit lernen, was die Taufgnade bedeutet, in der es doch schon seit der Taufe lebt. Hier liegt eine Verkündigungsaufgabe der Kirchen an die Kinder, die als Unmündige getauft werden. Zugleich bezeugen die getauften Kinder umgekehrt aber der erwachsenen Gemeinde, dass Jesus Christus seine Gemeinschaft mit den Getauften auch auf Arten verwirklicht, die sich vom Wort und vom erwachsenen Verstand unterscheiden.

Die Taufe ist ein Akt eschatologischen Mutes: Getauft wird in dem Vertrauen, dass die Getauften von Gott in einer Weise angenommen und erkannt sind, die alles spätere oder frühere Schuldigwerden außer Kraft setzt. Getauft wird in dem Vertrauen, dass die Getauften von Jesus Christus neu erkennbar gemacht werden, also in der Fülle ihrer Lebenszeiten gnädiger und wahrhaftiger von Gott erkannt und anerkannt sind, als es aus menschlicher Sicht jemals möglich ist.

Quellen- und Literaturverzeichnis

1. Quellen

Der Anfang des christlichen Lebens und das Wesen der Kirche. Ergebnisse des Dialoges zwischen EBF und GEKE, in: Leuenberger Texte 9, Frankfurt a.M. 2005, 30–51.

Augustinus – De peccatorum meritis et remissione et de baptismo parvulorum ad Marcellinum: Vrba, Karl Franz/Zycha, Joseph (Hgg.): De peccatorum meritis et remissione et de baptismo parvulorum ad Marcellinum (CSEL 60), Wien 1913, 3–151.

Augustinus – Iohannis Evangelium tractatus: Willems, Radbodus (Hg.): Sancti Avrelii Augustini in Iohannis Evangelium tractatus CXXIV (CChr.SL 36), Turnhout 1954 (^{2}1990).

Barth, Karl: Die Kirchliche Dogmatik IV/4, Zürich 1967.

Bericht der Gemeinsamen Kommission des Baptistischen Weltbundes und des Lutherischen Weltbundes, in: Meyer, Harding u.a. (Hgg.): Dokumente wachsender Übereinstimmung, Bd. 2: 1982–1990, Paderborn/Frankfurt a.M. 1992, 189–216.

Bericht theologischer Gespräche im Auftrag des Reformierten Weltbundes und des Baptistischen Weltbundes, in: Meyer, Harding u.a. (Hgg.): Dokumente wachsender Übereinstimmung, Bd. 1: 1931–1982, Paderborn/Frankfurt a.M. 1983, 102–122.

Bonhoeffer, Dietrich – Sanctorum Communio: Soosten, Joachim von (Hg.): Sanctorum Communio. Eine dogmatische Untersuchung zur Soziologie der Kirche (DBW 1), Gütersloh ²2005.

Bonhoeffer, Dietrich – Theologisches Gutachten zur Tauffrage (1942): Jørgen Glenthøj (Hg.), Konspiration und Haft 1940–1945 (Dietrich Bonhoeffer Werke 16), München 1996, 563–587.

BSLK: Bekenntnisschriften der evangelisch-lutherischen Kirche, Göttingen ¹²1998.

Calvin, Johannes – Institutio christianae religionis: Baum, Wilhelm u.a. (Hgg.): Institutio christianae religionis (1559) (CR 30/CO 2), Braunschweig 1869.

CIC (Codex iuris canonici): Deutsche Bischofskonferenz (Hg.): Codex des kanonischen Rechtes. Lateinisch-deutsche Ausgabe, Kevelaer ⁶2009.

KKK: Katechismus der Katholischen Kirche, Neuübersetzung aufgrund der Editio typica Latina, korr. Nachdr. der Ausg. 2003, München 2005.

Kommission der orthodoxen Kirchen in Deutschland (KOKiD): Erklärung über die Taufanerkennung christlicher Kirchen in Deutschland, mit Bemerkungen des Theologischen Arbeitskreises der KOKiD zur praktischen Umsetzung der Erklärung zur Taufe, 2005. Abrufbar: http://www.kokid.de/download/taufanerkennung.pdf (25.10.2010).

Konvergenzerklärung über Taufe, Eucharistie und Amt (Lima-Erklärung), in: Meyer, Harding u.a. (Hgg.): Dokumente wachsender Übereinstimmung, Bd. 1: 1931–1982, Paderborn/Frankfurt a.M. 1983, 545–585.

LK: Konkordie reformatorischer Kirchen in Europa (Leuenberger Konkordie), Hannover 1973.

Luther, Martin: An den christlichen Adel deutscher Nation von des christlichen Standes Besserung (1520), in: Aland, Kurt (Hg.): Luther Deutsch, Bd. 2, Göttingen ²1981, 157–170.

Luther, Martin: An den christlichen Adel deutscher Nation von des christlichen Standes Besserung (1520), D. Martin Luthers Werke. Kritische Gesamtausgabe, Bd. 6, Weimar 1888, 404–469.

Luther, Martin: De captivitate Babylonica ecclesiae praeludium [Von der babylonischen Gefangenschaft der Kirche] (1520), D. Martin Luthers Werke. Kritische Gesamtausgabe, Bd. 6, Weimar 1888, 497–573.

Luther, Martin: Von der Freiheit eines Christenmenschen (1520), D. Martin Luthers Werke. Kritische Gesamtausgabe, Bd. 7, Weimar 1897, 20–38.

Pentecostal/Charismatic Churches of North America: Constitution and Bylaws, www.pccna.org/documents/constitution_bylaws200510.pdf (01.09.2011).
Pentecostal World Fellowship: Statement of Faith, http://pentecostalworld fellowship.org/about/aboutus.htm (01.09.2011).
Schleiermacher, Friedrich D. E. – Der christliche Glaube: Redeker, Martin (Hg.): Der christliche Glaube nach den Grundsätzen der evangelischen Kirche im Zusammenhange dargestellt (1830/31), Berlin/New York 1999.
Tertullian – De baptismo: Borleffs, J.G.P. (Hg.): De baptismo (CChr.SL 1), Turnhout 1954, 275–295.
Tillich 1987: Tillich, Paul: Systematische Theologie, Bd. III, unv. Nachdr. der 8. Aufl., Berlin/New York 1987.

2. Sekundärliteratur

Anderson 2004: Anderson, Allan: An Introduction to Pentecostalism, Cambridge 2004.
Beasley-Murray 1962: Beasley-Murray, George R.: Baptism in the New Testament, Grand Rapids 1962.
Ebeling 1993: Ebeling, Gerhard: Dogmatik, Bd. III, Tübingen ³1993.
Heiser 1987: Heiser, Lothar: Die Taufe in der orthodoxen Kirche. Geschichte, Spendung und Symbolik nach der Lehre der Väter, Trier 1987.
Kerner 2004: Kerner, Wolfram: Gläubigentaufe und Säuglingstaufe, Norderstedt 2004.
Pannenberg 1993: Pannenberg, Wolfhart: Systematische Theologie, Bd. III, Göttingen 1993.
Pöhlmann 2000: Pöhlmann, Horst G. (Hg.): Unser Glaube. Die Bekenntnisschriften der evangelisch-lutherischen Kirche. Ausgabe für die Gemeinde, Gütersloh ⁴2000.
Poloma 2009: Poloma, Margaret M.: Die Zukunft der amerikanischen Pfingstidentität: Die Assemblies of God am Scheideweg, in: EvTh 69 (2009), 270–285.
Ratschow 1989: Ratschow, Carl-Heinz: Die eine christliche Taufe, Gütersloh 1989.
Schlink 1993: Schlink, Edmund: Ökumenische Dogmatik, Göttingen ³1993.
Sundermeier 2009: Sundermeier, Theo: Der Heilige Geist und der Pluralismus der Kirchen. Ein Stück pfingstlerischer Anamnese, in: EvTh 69 (2009), 300–311.
Welker 1992: Welker, Michael: Gottes Geist. Theologie des Heiligen Geistes, Neukirchen-Vluyn 1992.

3. Literaturhinweise zum vertiefenden Studium

Kühn, Ulrich: Sakramente, Handbuch systematischer Theologie, Bd. 11, Gütersloh 1985.
Ratschow, Carl-Heinz: Die eine christliche Taufe, Gütersloh 1989.
Schlink, Edmund: Die Lehre von der Taufe, Göttingen ²2007.

Praktische Theologie

Christian Grethlein

Zur gegenwärtigen Taufpraxis in den evangelischen Kirchen

Als er sich freiwillig pensionieren ließ, schrieb 1983 ein Pfarrer im Abschiedsbrief an seine Gemeinde: »Zehn Taufen hatte ich in diesem Jahr zu halten – aber kein einziges dieser zehn Kinder stammte aus einer Familie, von der man sagen könnte, sie nehme am Leben unserer Gemeinde teil. Waren diese zehn Taufen eines ganzen Jahres eigentlich zu verantworten? War das nun wirklich noch treue Haushalterschaft über Gottes Geheimnisse? War das nicht im Grund die unverantwortliche Verschleuderung des Sakraments?« (zitiert in Hanselmann 1984: 67).

2011 rief die EKD zum »Jahr der Taufe« aus. An vielen Orten und auf den unterschiedlichen Ebenen konzentrierten sich die kirchlichen Aktivitäten auf die Taufe. Nach anfänglicher Skepsis gegenüber dem »von oben« verordneten Thema begannen Menschen in Tauffesten, Tagungen und Seminaren von Neuem das große geistliche Potenzial der Taufe zu entdecken.

In dieser Spannung – zwischen theologischen Zweifeln und praktischen Aufbrüchen – ist das Thema Taufe heute praktisch-theologisch verortet. Es geht dabei – wie die genannten Beispiele zeigen – um das Verständnis von Kirche und um deren Stellung im kulturellen und gesellschaftlichen Kontext.

Die folgende Darstellung folgt einer in der Praktischen Theologie bewährten *Methodik:*

Am Anfang steht eine *problemgeschichtliche* Erhellung der Genese der gegenwärtigen Situation. Damit gewinnt praktisch-theologische Reflexion historische Tiefenschärfe.

In einem zweiten Durchgang wird die gegenwärtige Lage *empirisch* beleuchtet. Dies verhindert praxisferne Überlegungen. Zugleich droht aber die Gefahr einer bloßen Affirmation des Bestehenden.

Demgegenüber öffnet ein *komparativer* Blick einen weiteren Horizont. Es werden Entwicklungen in anderen Konfessionen ebenso wie in anderen Ländern herangezogen. Dass dieser Schritt nur exemplarisch erfolgen kann, versteht sich von selbst.

All diese Überlegungen münden in den abschließenden *handlungsorientierenden* Teil. Hier werden Impulse zur Verbesserung heutiger Taufpraxis im Raum der EKD bedacht. Denn Praktische Theologie ist als theologische Disziplin auf die Förderung der Kommunikation des Evangeliums ausgerichtet.

1. Problemgeschichtliche Perspektive

Der Patristiker und spätere Erzbischof der Evangelisch-Lutherischen Kirche in Russland und den angrenzenden GUS-Staaten Georg Kretschmar (1925–2009) leitet sein großes Werk zur Geschichte der Taufe in der Alten Kirche mit dem Satz ein: »Wenn man einen Christen im dritten Jahrhundert nach der zentralen gottesdienstlichen Handlung der Kirche gefragt hätte, dann hätte er in seiner Antwort von der Taufe, nicht vom sonntäglichen Herrenmahl gesprochen« (Kretschmar 1970: 7). Auch der kirchengeschichtliche Beitrag in diesem Band dokumentiert im Abschnitt »Taufe in Antike und Spätantike« (s. dazu S. 84–107) eindrücklich die Vielfalt und semantische Dichte der altkirchlichen Taufpraxis und -theologie:

– Die Taufe führte in Verbindung zu Jesus Christus. In ihr legte der Täufling sein Glaubensbekenntnis ab. Deshalb war sie eng mit den katechetischen Bemühungen der Gemeinde verbunden.

– Die Taufe führte in ein neues Leben. Deshalb wurde sie als Akt der Geistverleihung (s. dazu S. 87f. und 54f.) inszeniert. Handauflegung und Salbung brachten dies sinnlich wahrnehmbar zum Ausdruck.

– Die Taufe führte in die Mitte der Gemeinde. Das kam in der den Taufritus abschließenden Feier der Eucharistie zum Ausdruck (Taufeucharistie), an der der/die Getaufte erstmals partizipierte.

Wer heute an einem orthodoxen Taufgottesdienst teilnimmt, wie ihn der religionswissenschaftliche Beitrag an seinem Anfang schildert (s. S. 210–213), kann von der reichen Ritualgestalt noch etwas ahnen. Ganz anders verhält es sich mit vielen Taufen in deutschen evangelischen Gemeinden, die als »Einschub« in den sonntäglichen Vormittagsgottesdienst in wenigen Minuten abgewickelt werden. In kurzer Zeit wird dort das erledigt, was die Dogmatik durch den Begriff des Sakraments (s. S. 138–141) aus anderen menschlichen Handlungen heraushebt.

Wie kam es zu dieser Reduktion? Dies ist die Ausgangsfrage für die folgende problemgeschichtliche Skizze. Dabei leitet mich die Vermutung, dass die heutige Taufpraxis vieler Gemeinden in christentumsgeschichtlicher Perspektive defizitär ist.

Konkret begegnen drei schwerwiegende Verluste in der Geschichte der westlichen Taufpraxis (s. zum Folgenden Grethlein 2007: 106–113):

1.1. Verlust der katechetischen Dimension

Die *Traditio Apostolica* (s. S. 84f. und S. 93–95) gibt die Dauer des Katechumenats mit drei Jahren an (TA 17,1). In dieser Zeit nahmen die Katechumenen an den sonntäglichen Zusammenkünften der Gemeinde teil, hörten die Schriftlesungen und Auslegungen. Dadurch kannten sie die heilsgeschichtlichen und ethischen Grundlagen ihres neuen Glaubens und konnten die am Glaubensbekenntnis orientierten Tauffragen bejahen. Bei besonderem Interesse und Verständnis des Aspiranten wurde die Frist verkürzt.

Wir wissen nicht, ab wann Kinder getauft wurden. In der *Traditio Apostolica* wird dies bereits als selbstverständlich vorausgesetzt. Bei den als Kindern Getauften verließ sich die Gemeinde wohl auf die häusliche Sozialisation und spätere Predigten. Eine eigene katechetische Veranstaltung war für sie nicht vorgesehen. Tatsächlich entstand so beim Selbstverständlichwerden der Kindertaufe im

4./5. Jahrhundert eine erhebliche Differenz zur früheren Taufpraxis. Die geordnete Vermittlung des Glaubenswissens fiel aus.

Systematisch gesehen bedeutete dies eine *inhaltliche Entleerung der Taufe*. Da das ganze Mittelalter hindurch eine – nicht nur auf die kleine Elite der Klosterschüler bezogene – kirchliche Erziehungsinstitution fehlte, verfiel das Glaubenswissen in der breiten Bevölkerung. Sie kam lediglich in Form der Beichte und des darauf vorbereitenden Beichtspiegels mit moralischen Inhalten christlichen Glaubens in Berührung.

1.2. Verlust der ethischen Dimension

Schon im Neuen Testament stellten Autoren die Bedeutung der Taufe als Akt der Begabung mit dem Heiligen Geist heraus (s. S. 54f.). Rituell drückte dies die Handauflegung im Anschluss an die Wasserhandlung aus. Eine wohl schon bald damit verbundene Salbung wies auf die reichen diesbezüglichen biblischen Traditionen hin.

Doch wurde in den westlichen Kirchen diese Deutung der Taufe abgetrennt – im Gegensatz zu den orthodoxen Kirchen, die bis heute die postbaptismale Salbung praktizieren.

Die Gründe für diese Separation waren äußerlich: Das Anliegen der Menschen, dass ihre Kinder möglichst bald nach der Geburt getauft wurden, gewann an Dringlichkeit. Die Angst um das Heil der Kinder, verstärkt durch die hohe Säuglingssterblichkeit, war hier ein wichtiges Movens. Gleichzeitig wuchsen die Gemeinden an. Ihre Ausdehnung in den ländlichen Raum führte dazu, dass der Bischof nicht mehr kurz nach der Geburt eines Kindes zur Stelle sein konnte. Um aber den von den Eltern gewünschten frühzeitigen Tauftermin zu ermöglichen, wurde den Presbytern/Priestern die Taufvollmacht erteilt. Allerdings behielten sich die Bischöfe das Recht der Handauflegung vor. Sie war ein wichtiges Zeichen für die durch das Bischofsamt gewährleistete Einheit und Orthodoxie – in Zeiten ausgedehnter Lehrstreitigkeiten eine wichtige Orientierung. Praktisch entwickelte sich daraus ein eigener Akt, in dessen Mittelpunkt die bischöfliche Handauflegung stand: die Firmung (s. S. 110f.).

Schnell genoss sie – in einer hierarchisch strukturierten Gesellschaft – hohes Ansehen. Sie war dem Bischof vorbehalten, während jeder Priester taufen konnte. Bei der dogmatischen Bestimmung der Bedeutung der einzelnen Sakramente durch Hugo von St. Viktor (ca. 1097–1141) wurde dann die Firmung der Taufe übergeordnet.

Zwar protestierten später die Reformatoren (s. dazu S. 115–118) gegen diese verfehlte Zuordnung; z.B. Martin Luther in dem entsprechenden Abschnitt von *De captivitate babylonica* (WA 6,549f.). Doch hatte sich die Hochschätzung der Firmung tief ins kulturelle Gedächtnis eingegraben. Auch evangelische Familien feiern bis heute die Konfirmation aufwändiger als die Taufe. Zwar ist theologisch klar, dass die Konfirmation kein Sakrament ist – und deshalb auch nicht in die Nachfolge des Sakraments der Firmung tritt. Doch religionsphänomenologisch gesehen nähert sich die Konfirmationsfeier an die Firmung an.

Systematisch führte dieses Zurücktreten der Geistverleihung zum *Ausfall der ethischen Dimension* der Taufe. Denn rituell drücken die Handauflegung und Salbung die Gabe des Heiligen Geistes aus. Und dieser befähigt den Menschen zu einem neuen Handeln.

1.3. Verlust der gemeindlichen Dimension

Bis etwa 1200 war die Taufe selbstverständlich mit der Feier der Eucharistie verbunden (s. auch zum Folgenden Kleinheyer 1989: 237–245). Joh 6,53 war ein allgemein verbreiteter biblischer Beleg hierfür. Die orthodoxen Kirchen praktizieren bis heute die Säuglingskommunion in der Taufe.

In der westlichen Tradition kam es jedoch zu einer für die Taufpraxis folgenschweren Entwicklung. Im Zusammenhang mit einem zunehmend kognitiv geprägten Glaubensverständnis in der scholastischen Theologie erschien die Kommunion kleiner Kinder problematisch. Sie galten als »unwürdig« (1Kor 10,17). So wurden die Kinder von der Kommunion ausgeschlossen. Es entstand der Ritus der Erstkommunion. Dies hatte in einer kirchlichen Formation mit selbstverständlicher Säuglingstaufe zur Folge, dass die Taufe ohne Abendmahl gefeiert wurde.

Systematisch ist dadurch der *Verlust* des *Zusammenhangs mit einem wichtigen Vollzug christlichen Leben* zu konstatieren. Die Taufe rückt an den Rand der Kirche.

1.4. Zusammenfassung: Marginalisierung der Taufe

So kann die Entwicklung der Taufe als ein steter Prozess der Marginalisierung beschrieben werden. Ohne den katechetischen Kontext, die Inszenierung der Geistverleihung und den Zusammenhang mit dem Abendmahl war sie zu einem Ritual kurz nach der Geburt reduziert worden. Zwar vollzog man sie selbstverständlich. Der Taufzwang, von dem nur die Juden befreit waren, wurde erst in der zweiten Hälfte des 19. Jahrhunderts aufgehoben. Doch war ihre inhaltliche Bedeutung gering. Nicht selten füllten magische, also am Funktionieren der göttlichen Kraft interessierte Vorstellungen diese Lücke.

Auch der Versuch Martin Luthers, dies zu korrigieren, konnte sich nicht durchsetzen. Der Reformator hatte den *prozessualen, das ganze Leben umfassenden Charakter der Taufe* theologisch klar erkannt. Seine nominalistische Prägung verhinderte aber, dass er zu einem dementsprechenden Zeichengebrauch vordrang. Das »Wort« dominierte – entgegen der volksfrommen Praxis, die an den Zeichen orientiert war. In der Aufklärung wurde diese Tendenz zum Verbalen noch verstärkt. So wurde das für die Reformatoren selbstverständliche Übergießen des Täuflings teilweise zu einem Besprengen bzw. Betupfen reduziert (s. zur Taufe in der Aufklärung S. 125f.). Die symbolische Dimension der Taufe, und damit ihr Bezug zur Erfahrung der Menschen, trat hinter kognitive Ermahnungen zurück.

2. Empirische Perspektive

Angesichts der methodischen Vielfalt empirischer Forschung geht die Praktische Theologie bei der Analyse gegenwärtiger Praxis mehrperspektivisch vor. Quantitative Daten, gewonnen durch Statistiken oder Fragebögen, stecken den äußeren Rahmen eines

Handlungsfeldes ab; qualitative Daten, erhoben durch Interviews oder Beobachtungen im Feld, ermöglichen einen tieferen Einblick in Zusammenhänge und eröffnen Raum für die Konstruktion von Zusammenhängen, Motiven usw.

2.1. Ergebnisse quantitativer Forschung

2009 wurden in den deutschen evangelischen Kirchen – nach Angaben der EKD-Statistik von 2011 – 198.936 Menschen getauft. 1960 waren es – in der Bundesrepublik – noch 425.053. Der größte Teil dieser *Abnahme* lässt sich durch den demographischen Faktor erklären. Die Zahl der Geburten hat sich in den letzten 50 Jahren mehr als halbiert. Die Erweiterung durch die Vereinigung Deutschlands wirkt sich demgegenüber nur wenig aus. Denn die Zahl der Kirchenmitglieder ist in den ostdeutschen Bundesländern gering.

Spezialuntersuchungen zeigen noch einen interessanten weiteren Grund für den Rückgang. Bereits seit längerem fällt auf, dass für Kinder aus Einelternteil-Familien erheblich weniger die Taufe begehrt wird (s. schon Grethlein 1988: 49). Der Anteil solcher Familienkonstellationen wächst aber insgesamt an.

Weiter ergibt sich aus der Taufstatistik eine *Pluralisierung des Taufalters*. 20.135 der Taufen wurden 2009 an Menschen vollzogen, die bereits das 14. Lebensjahr vollendet hatten – die Mehrzahl davon im Zuge der Konfirmandenarbeit. In den ostdeutschen Kirchen überwiegen die Taufen von Menschen in höherem Lebensalter sogar.

Insgesamt geht der Anteil der Getauften, und dann noch einmal speziell der in der evangelischen Kirche Getauften, an der Gesamtbevölkerung zurück. Knapp 27 % aller in Deutschland geborenen Kinder werden in einer evangelischen Kirche getauft. Bei den Kindern, die mindestens einen evangelischen Elternteil haben, sind es 78,2 %.

Schließlich ergibt sich eine *wachsende Diskrepanz zwischen der Zahl der Getauften und den Kirchenmitgliedern*. Seit Ende der sechziger Jahre des 20. Jahrhunderts haben etwa 5 Millionen (getaufte) Menschen die evangelische Kirche verlassen. Da der Kirchenaustritt meist von jüngeren Menschen vollzogen wird, dürfte mittlerweile die Zahl der (evangelisch) Getauften, die keine Kirchenmitglieder mehr sind, mehr als 10 % der Mitglieder betragen.

Doch belegt dies keine Geringschätzung der Taufe. Vielmehr zeigen die seit dem Beginn der siebziger Jahre im 10-Jahres-Rhythmus erhobenen EKD-Untersuchungen zur Einstellung der Kirchenmitglieder eine *hohe Attraktivität der Taufe*. Bei der letzten (repräsentativen) Befragung zog die Taufe bei dem Item »Es gehört unbedingt zum Evangelisch-Sein, dass man…« mit 93 % der westdeutschen und 88 % der ostdeutschen Evangelischen die höchste Zustimmung auf sich (Schloz 2006: 62). Ebenso äußerten 95 % der westdeutschen und 87 % der ostdeutschen Evangelischen die Absicht, ihr Kind taufen zu lassen (ebd. 68).

Kurz zusammengefasst: *Die Taufe verändert ihren Charakter vom selbstverständlichen Ritus am Beginn des Lebens eines Menschen zu einer Option menschlichen Lebens.* Bei den Evangelischen erfreut sie sich hoher Attraktivität. Der Anteil der in der evangelischen Kirche Getauften an der Gesamtbevölkerung geht zurück. Die Taufpraxis selbst wird durch die Zunahme späterer Taufzeitpunkte pluriformer.

2.2. Ergebnisse qualitativer Forschung

Seit einiger Zeit zieht die Taufe, konkret die Kindertaufe, das Interesse qualitativ empirischer Forschung auf sich (eine gute Übersicht über die vorliegenden Studien gibt Müller 2010: 17–19). Vor kurzem wurden zwei umfangreichere empirische Studien veröffentlicht, die einen vertieften Einblick in die Taufpraxis gewähren:

– Christoph Müller untersuchte innerhalb des großen Projektes »Rituale und Ritualisierungen in Familien: Religiöse Dimensionen und intergenerationelle Bezüge« die Taufpraxis in der deutschsprachigen Schweiz. Im Mittelpunkt standen dabei Leitfaden-Interviews mit Eltern, Kindern, Großeltern und Experten-Befragungen von Pfarrer/-innen, aber auch die Auswertung von Filmaufnahmen und Kirchenbüchern.

– Regina Sommer interviewte Taufeltern und befragte sie nach den Motiven für ihr Taufbegehren. Dabei kamen auch Eltern aus sozial benachteiligten Milieus in den Blick, die sonst meist in der an

Artikulationsfähigkeit interessierten praktisch-theologischen Forschung übersehen werden.

Einige wichtige Einsichten seien kurz genannt:
– Klar tritt die große *Bedeutung der tatsächlichen Tauffeier* für die Menschen zu Tage. So resümiert Sommer: »Im Rückblick auf die erlebte Taufe benennen die Eltern einhellig den Taufakt als emotional besonders bedeutsam« (Sommer 2009: 216). Vor allem »auf einer körperlich-emotionalen, nicht rationalen Erlebnisebene« (ebd. 301) berührt das Taufgeschehen die meisten Eltern. Die nichtsprachlichen Zeichen wirken nachdrücklicher als das Gesagte (ebd. 357).

– Das hängt wohl damit zusammen, dass viele Eltern – ohne dass dies von der Interviewerin vorgesehen war – in den Gesprächen über die Taufe »*Erfahrungen mit Tod und Sterben oder mit lebensbedrohlichen Situationen*« einbrachten (ebd. 315). »Die Todesbedrohung des Kindes ist ein wesentliches Motiv für die Taufe, die Todesbedrohung der Eltern ist ein wichtiger Hintergrund für die Frage der Patenwahl und die Deutung des Patenamtes« (ebd. 319f.). Die paulinische Taufdeutung in Röm 6 (s. S. 51f.) erfährt hier eine überraschende Aktualität.

– Nachdrücklich betont auch die Schweizer Studie, dass die mitunter geäußerte Kritik an der Oberflächlichkeit der Taufmotive bei den meisten Taufeltern verfehlt ist: »Es trifft nicht zu, dass die Beteiligten kaum noch eine Beziehung zum christlichen Glauben haben. Vielmehr setzen sich viele Eltern mit der Taufe auseinander. Sie sind enttäuscht, wenn Pfarrer die Taufe bloss ›mechanisch‹ oder ›in einem unverständlichen Brimborium‹ vollziehen« (Müller 2010: 267).

– Dem entspricht, dass auch anderweitig in der Schweizer Gesamtuntersuchung ein Wandel in der Art zu beobachten ist, »wie Religion in Familien präsent ist«: »Ein eher autoritäts-orientierter Typus der Tradierung religiöser Vorstellungen, über die in der Familie nicht gesprochen wird, macht einem stärker kommunikativ orientierten Typus des Umgangs mit religiösen Themen im Familienleben Platz« (ebd. 128).

– Dem korrespondiert schließlich »das Wegbrechen des kirchlichen Deutungsmonopols und des faktischen sozialen Zwangs zur Taufe« (ebd. 216). Bei den von Sommer geführten Interviews zeigt sich vor dem eben skizzierten Hintergrund eine Vielzahl an stets persönlich biographisch gefärbten Interpretationen der Taufe. Die im Neuen Testament sich anbahnende Entwicklung pluriformer Taufdeutungen (s. S. 40–64) scheint nach vielen Jahrhunderten dogmatischer Normierung eine gewisse Fortsetzung zu finden.

Insgesamt ergeben die qualitativen Studien eine *beeindruckende Ernsthaftigkeit der Taufbegehren und eine große Intensität des Tauf-Erlebens*. Die in der »Reformierten Liturgie« verpflichtende, im lutherischen und unierten »Taufbuch« zuerst genannte Form des sog. Einschubs der Taufe in den »normalen« Sonntagsgottesdienst steht den skizzierten Ergebnissen entgegen. Die hier vollzogene »Verkirchlichung« der Taufe dürfte in der Regel nicht hinreichend Raum bieten, um die vielfältigen Sorgen, Anfragen und Hoffnungen der Tauffamilien angemessen zum Ausdruck zu bringen.

2.3. Motive des Taufbegehrens

Vor dem Hintergrund der eben an zwei Beispielen vorgestellten qualitativ erhobenen Analysen der Taufpraxis und unter Rückgriff auf weitere sozialpsychologische und religionstheoretische Annahmen können wichtige Motive für das Taufbegehren rekonstruiert werden« (s. detailliert Grethlein 1988: 67–142). Sie prägen auch die Rezeption der Taufe und somit die Tauffeier und deren Wirkungen. Dabei gehen in der Praxis die folgenden Taufmotive eine enge Verbindung miteinander ein. Ihre Präsentation im Einzelnen ist allein der Klarheit der Darstellung geschuldet. Entsprechend der Häufigkeit beginne ich mit den Motiven zur Taufe von Säuglingen bzw. kleinen Kindern. Dann folgen die Motive im Bereich der sog. Konfirmandentaufen. Schließlich fällt ein Blick auf die Taufen von Menschen, die im sozialen Sinn erwachsen sind:

– Vier wichtige Motive begegnen bei den Eltern von Kindern, für die sie die Taufe begehren. Vor allem in Westdeutschland stellt die *Traditionsleitung* eine immer noch vorhandene, obgleich schwächer werdende Grundierung dar. Getauft wird hier, weil es in dieser Familie bisher üblich war, Kinder zu taufen. Nicht selten kommt wohl von den Großmüttern die Frage, wann denn endlich das Enkelkind getauft werde. Früher wurde dieses Motiv oft von Pastor/-innen als unsachgemäß disqualifiziert. Mittlerweile ist aber die Bedeutung von Traditionen in einer sonst zunehmend durch Optionen gekennzeichneten Gesellschaft bewusst. Vererbte Taufkleider o.ä. sind Zeichen für – auch – traditionsgeleitete Taufbegehren.

Schon seit längerem ist ebenfalls das Motiv des Schutzes offenkundig. Eltern erhoffen sich Schutz für ihr Kind. Dies gilt nicht nur für ganz kleine Kinder. Auch bei den Taufen von Kindergartenkindern oder Grundschüler/-innen findet sich dieses Motiv, vielleicht sogar in verstärkter Form. Denn die Weitung des Aktionsradius eines Kindes bringt neue Gefährdungen mit sich. Ausdruck dieses Motivs ist z.B. die Rede vom Schutzengel eines Kindes.

Bereits Ende der fünfziger Jahre machte Hans-Otto Wölber auf ein weiteres tief verwurzeltes Taufmotiv aufmerksam, die *Generationenvorsorge*: »Die ältere Generation will der Kindergeneration aus dem Motiv der Fürsorge und der unbedingt zu gewährenden Lebenschance die Möglichkeiten einer religiösen Bindung gewähren. Es ist das tief verwurzelte Moment irdischer Liebe, welches die Religiosität der Generationenvorsorge prägt« (Wölber 1959: 117). Auch dieses Motiv zog wegen seiner mangelnden Entschiedenheit Kritik auf sich. Doch greift sie zu kurz. Wissenssoziologisch gesehen bedarf nämlich jedes Bekenntnis der Verankerung in einem allgemein menschlichen Kontext, soll es nachhaltig sein.

In sozialpsychologischer Perspektive begegnet das Motiv der *Integration* des Kindes. Es wird durch die Taufe mit anderen Menschen, eben den Getauften verbunden. In gesellschaftlichen Verhältnissen, in denen die Kirchen- bzw. jeweilige Konfessionszugehörigkeit die Ausnahme ist, ist damit allerdings eine Abgrenzung gegenüber der Mehrheit verbunden. Hier kann eine eindrückliche ästhetische Inszenierung der Taufe besondere Bedeutung bekommen.

– Anders gelagert sind die *Taufbegehren bei Jugendlichen im Konfirmandenalter*. Meist spielt hier der Anschluss an die Altersgleichen eine große Rolle. In nicht wenigen Gegenden Westdeutschlands meldet »man« sich in einem bestimmten Alter zur

Konfirmation an. Nichtgetaufte kommen mit und begehren damit implizit die Taufe.

Auch können Abgrenzungen von den Eltern zur Taufe motivieren. Diese haben mitunter aus eigener kirchen- bzw. religionskritischer Überzeugung die Taufe in der Kindheit unterlassen. Der/die Jugendliche lernte überzeugende Christen kennen – vielleicht im Religionsunterricht – und will sich in Abgrenzung zu seinen Eltern taufen lassen.

– Noch individueller sind die *Taufmotive Erwachsener*. Sie reichen von der Partnerschaft bzw. Eheschließung mit einem/einer Getauften über Anforderungen der Erwerbstätigkeit bei einem kirchlichen bzw. diakonischen Träger bis hin zu einer entschiedenen Umkehr des bisherigen Lebens. Bei einer wachsenden Zahl von Menschen, die nichtgetauft aufwachsen, dürfte die zur Zeit noch recht kleine Zahl an älteren Taufbewerber/-innen mittel- und langfristig steigen. Besondere Anforderungen stellen hier Konversionen von Menschen, die in einer anderen Glaubensgemeinschaft aufwuchsen. So wenden sich schon heute immer wieder Muslime, etwa aus dem Iran stammende Schiiten, dem Christentum zu.

2.4. Zusammenfassung: Kontinuität und Wandel

Statistische Daten, Einstellungs- und Motivanalysen ergeben Anzeichen für Kontinuität und Wandel gegenwärtiger Taufpraxis (s. Grethlein 2005).

Nach wie vor ist die Taufe in Deutschland mit Abstand das häufigste religiöse Ritual, dem kleine Kinder unterzogen werden. Zugleich wächst die Zahl derer, die ungetauft bleiben. Manchmal begehren sie später selbst die Taufe für sich.

Auch bei den Taufmotiven bestehen traditionelle und neuere Motive nebeneinander und überlagern sich vielfach. Lange Zeit war in unserem Kulturkreis die Taufe eine »age group initiation«. Sie wurde im Anschluss an die Geburt gespendet. Mittlerweile verstärkt sich ihr ebenfalls möglicher Charakter als »esoteric initiation« (s. Grohs 1993; vgl. auch S. 236–238). Sie markiert den Übertritt in eine besondere Glaubensgemeinschaft. Die im Vorhergehenden exemplarisch genannten möglichen Taufmotive lassen sich auch als Elemente eines solchen Übergangs verstehen. Offenkundig tritt insgesamt die Bedeutung der organisierten Kirche zurück. Die vielfältigen Inhalte, die der Taufe im Laufe der Christentumsgeschichte, vor allem aber in den ersten drei Jahrhunderten zuwuchsen, bekommen neue Bedeutung.

3. Komparative Perspektive

Wie das Christentum ist die Taufe ein international in den verschiedenen Kulturen und Ländern sowie Konfessionen verbreiteter Vollzug. Im Folgenden wähle ich exemplarisch zwei Modelle der Taufpraxis aus, die außerhalb Deutschlands und dann auch außerhalb des Protestantismus erarbeitet wurden.

Zuerst richte ich einen Blick in die lutherische Ökumene. Der Lutherische Weltbund initiierte eine kontextualitätstheoretisch ausgerichtete Untersuchung der Taufpraxis in seinen verschiedenen Mitgliedskirchen. Sie ergab u.a. wichtige hermeneutische Kriterien für die weitere Arbeit an der Taufpraxis. Als zweites skizziere ich ein im Zweiten Vatikanischen Konzil angeregtes, zuerst in den USA und dann auch in deutschen römisch-katholischen Diözesen weiterentwickeltes Modell des liturgisch gestuften Erwachsenen-Katechumenates. Hier versucht die katholische Kirche, den skizzierten Wandel der Taufpraxis durch Rückgriff auf die Tradition aufzunehmen.

3.1. Taufe und Kultur

Ausgangspunkt des von einer Studiengruppe des Lutherischen Weltbundes – unter Mitwirkung katholischer Gäste – erarbeiteten Konzepts »*Baptism, Rites of Passage, and Culture*« sind Einsichten einer 1996 auf der 3. internationalen Konsultation der Studiengruppe »Gottesdienst und Kultur« des Lutherischen Weltbundes erstellten Erklärung über Gottesdienst und Kultur (»Nairobi Statement on Worship«; abgedruckt in: Stauffer 1997: 29–35). Hier wurde eine vierfache liturgiehermeneutische, also das Verständnis von Gottesdienst erhellende Perspektive entwickelt:

»Der christliche Gottesdienst steht in mindestens vierfacher Hinsicht in dynamischer Beziehung zur Kultur. Zunächst einmal ist er *kulturübergreifend*. Er hat also über die jeweilige Kultur hinaus für jeden Menschen an jedem Ort dieselbe Substanz. Zum anderen ist er *kontextuell* und ändert sich entsprechend der natürlichen und kulturellen Gegebenheiten des jeweiligen Umfeldes. Zum dritten ist er *kontrakulturell* (im englischen Original counter-cultural, CG.), indem er eine Herausforderung an alle diejenigen Elemente einer gegebenen Kultur darstellt, die dem Evangelium widersprechen. Viertens übt er eine *kulturelle Wechselwirkung* aus, denn er ermöglicht eine wechselseitige Beeinflussung verschiedener lokaler Kulturen« (ebd. 30).

Dies gilt ebenso für die Taufe. Der mit ihr verbundene katechetische Zusammenhang, die Wasserhandlung und die Eingliederung in die Gemeinschaft der Christen ist kulturübergreifend (Stauffer 1999: 16). Kontextuell sind der konkrete Modus der Taufbildung und die einzelnen Zeichen, die mit der Taufe verbunden werden können. Bei ihnen ist aber darauf zu achten, dass sie nicht die zentrale Wasserhandlung in den Hintergrund treten lassen (ebd. 18). Die Kulturkritik der Taufe kommt in der Gleichheit der Menschen zum Ausdruck. Die Unterscheidungen zwischen Arm und Reich, Frauen und Männern, Kindern und Erwachsenen sowie nach Ethnien o.ä. dürfen bei der Taufe keine Rolle spielen (ebd. 18; s. dazu auch S. 71f.). Schließlich machen die lutherischen Liturgiker auf die Chancen aufmerksam, die in einem Austausch der verschiedenen Sitten und Gebräuche zwischen den einzelnen Kirchen liegen.

Zu diesen liturgiehermeneutischen Hinweisen tritt ein das gesamte kirchliche Handeln in den Blick nehmendes Konzept. Grundlage hierfür ist die Einsicht in den besonderen Charakter der Taufe als eines Übergangsrituals. Denn sie entzieht sich durch ihren das ganze Leben umfassenden Prozesscharakter einer Einordnung in das ethnologische Schema des Schwellenrituals. Vielmehr markiert die Taufe in zeitlicher Hinsicht einen Übergang, und zwar von der »alten« zur »neuen Zeit« (s. Gordon Laptrop in: Stauffer 1999: 27–46; vgl. dazu auch S. 232–236). Die in den Kirchen praktizierten Rituale, konkret »healing rites«, »funeral rites« und »marriage rites«, werden theologisch in einen Zusammenhang mit der Taufe gesetzt. Diese ist der grundlegende Akt (»foundational event«, ebd. 14), der die Kirche als »königliche Priesterschaft« begründet und den grundlegenden Übergang im Leben eines Menschen markiert. Deshalb sind die genannten weiteren Übergänge hierauf zu beziehen.

Inzwischen wurde dieses Konzept in Deutschland in der neuen Diskussion um die Kasualien rezipiert (so Grethlein 2007). Theologisch werden dabei die *Kasualien als Stationen auf dem Taufweg* verstanden. Dadurch wird zum einen der prozessuale Charakter der Taufe, wie ihn Paulus in Röm 6 entwarf und Luther wieder aufnahm, konzeptionell gewürdigt. Zum anderen erhalten die Kasualien eine klare theologische Profilierung. Das Ineinander von christologischer Begründung und biographischem Bezug trägt sowohl der neutestamentlichen Grundlage als auch den heutigen Lebensverhältnissen Rechnung. Inhaltlich ermöglicht ein solches taufbezogenes Verständnis der Kasualien eine genauere Bestimmung der konkreten hier zu bedenkenden Handlungen. Kriterium ist die Bedeutung eines Übergangs für das Leben des Getauften. Neben Konfirmation, Trauung und Bestattung kommen dann die Begleitung in schwerer Krankheit und die Einschulung als zunehmend wichtiger empfundener Übergang in den Blick. In diesen und anderen biographisch bedeutsamen Fällen ermöglicht die Erinnerung an die Taufe eine theologisch präzisere Erfassung der mit diesen Übergängen verbundenen Ängste und Hoffnungen.

3.2. Liturgisch gestufter Erwachsenenkatechumenat

Das Zweite Vatikanische Konzil hatte wohl vor allem junge Kirchen im Blick, als es in Artikel 64 der Liturgie-Konstitution »*Sacrosanctum Concilium*« festlegte: »Ein mehrstufiger Katechumenat für Erwachsene soll wiederhergestellt und nach dem Urteil des Ortsordinarius eingeführt werden. So soll ermöglicht werden, daß die Zeit des Katechumenats, die zu angemessener Einführung bestimmt ist, durch heilige, in gewissen Zeitabschnitten aufeinanderfolgende Riten geheiligt wird« (Rahner/Vorgrimler 1966: 72).

Konkret wurde dieser Impuls umgehend, und zwar ab 1974, in den USA aufgegriffen. In Deutschland erschien 1975 die Übersetzung des 1972 in lateinischer Sprache ergangenen Formulars »*Ordo Initiationis Christianae Adultorum*« (»Die Feier der Eingliederung in die Kirche«). Doch erst der vermehrte Zustrom von Aussiedlern aus den GUS-Staaten sowie von Übersiedlern aus dem Gebiet der DDR führte zu praktischen Versuchen.

Dabei stand das altkirchliche Taufkatechumenat, wie es die *Traditio Apostolica* schildert, Pate. Konkret wurde inzwischen in etlichen Diözesen ein *dreifach liturgisch gestuftes Katechumenat für erwachsene Taufbewerber/-innen* eingeführt:

Zu Beginn wird die Aufnahme in das Katechumenat feierlich begangen. Sie findet entweder in einem Werktagsgottesdienst oder in der Katechumenatsgruppe statt. Auf jeden Fall nehmen die »Glaubensbegleiter« genannten Paten an dieser Feier teil. Sie sind meist mit den Aspiranten befreundet und haben die wichtige Aufgabe, den Taufbewerber/die Taufbewerberin während des Katechumenats persönlich zu begleiten und ihnen Einblick in ihr praktisches Christsein zu gewähren. Inhaltlich werden vier Symbolhandlungen vollzogen:

Der Priester holt die Taufbewerber/-innen an der Kirchentür ab; sie werden mit dem Kreuz bezeichnet; sie erhalten eine Bibel und ein Kreuz überreicht (Tebartz-van Elst 2002: 68f.)

Vor dem zweiten Ritus kann noch eine Salbung (der Handinnenflächen) stattfinden (ebd. 86f.). Sie soll die Katechumenen und Katechumeninnen auf ihrem Weg stärken.

Es folgt die Zulassung zur Taufe, die in zwei Teile gegliedert ist. Im Vorabendgottesdienst zum ersten Fastensonntag findet in der Ortsgemeinde der Ritus der Einschreibung statt. Hier wird der Name des Taufbewerbers/der Taufbewerberin in ein Sendschreiben eingetragen. Dieses wird am Sonntag im Dom dem Ortsbischof feierlich übergeben. Er lässt die Bewerber/-innen feierlich zur Taufe zu. Dabei legen die Paten »ihren« Katechumenen die Hand auf die Schulter, wenn diese auf die Frage des Bischofs nach der Entschiedenheit des Taufwunsches antworten.

Vor dem dritten Akt, der Taufe selbst, findet für die Katechumenen und Katechumeninnen am 3., 4. und 5. Fastengottesdienst die Feier der Skrutinien (Prüfungen) statt. Es wird für sie gebetet und der Priester legt ihnen die Hände auf. Eine Salbung ist möglich.

Auch werden ihnen Vaterunser und Glaubensbekenntnis vorgetragen und so zum Gebrauch feierlich übergeben (ebd. 149f.).

Am Karsamstag wird die unmittelbare Taufvorbereitung durch Wiedergabe des Glaubensbekenntnisses und Effata-Ritus begangen (s. auch S. 122). Hier berührt – in Anlehnung an Mk 7,31–37 – der Taufende mit seiner Hand die Ohren und den Mund des Täuflings und deutet dies als ein Öffnen des Ohrs für Gottes Wort und des Mundes zum Bekenntnis Christi. Dadurch sollen die Täuflinge geistlich eingestimmt und von ablenkenden häuslichen Vorbereitungen ferngehalten werden.

Die Taufe selbst wird in der Osternacht in Form des die Taufe, die Erstkommunion und die Firmung umfassenden Initiationsrituals gefeiert. Sie schließt also an den in den orthodoxen Kirchen beibehaltenen altkirchlichen Brauch an.

Die folgenden österlichen Gottesdienste sollen die Funktion der früheren Mystagogien erfüllen und dienen der Verwurzelung der Neugetauften in ihrer Gemeinde.

Dieses Modell verdient in mehrfacher Hinsicht Aufmerksamkeit:
– Das Katechumenat nimmt die im *Kirchenjahr* enthaltenen thematischen Impulse auf. Es findet in der Fastenzeit statt. Die Taufe wird in der Osternacht gefeiert. Dadurch stehen verschiedene Zeichen für die Kommunikation des Evangeliums zur Verfügung (etwa Fastentücher, Osterkerze usw.).
– Die *katechetische Einführung* besteht aus der Teilnahme an den Gottesdiensten, den Gesprächen in der Katechumenatsgruppe und vor allem der Begleitung durch den Paten/die Patin. Diese sollen von Anfang an den Alltagsbezug christlichen Glaubens präsent halten.
– Durch den Wechsel zwischen Ortsgemeinde und bischöflichem Dom kommt die innere *Differenzierung von Kirche* zum Ausdruck. Zugleich dokumentiert das Handeln des Ortsbischofs eine hohe Wertschätzung der Katechumenen und Katechumeninnen.

Insgesamt wird das Taufbegehren in sinnlich erfahrbare Riten transformiert und so dramatisiert. Dass die Zeit des Katechumenats den Täuflingen in der Intensität der liturgischen Handlungen nachwirkende Eindrücke vermittelt, liegt auf der Hand.

Für Evangelische ist die hierarchische Hervorhebung des Bischofsamtes problematisch. Strukturell ist aber das Überschreiten der Grenzen der Ortsgemeinde im Katechumenat wichtig, denn es bringt die Differenzierung von Kirche auf verschiedenen Ebenen zum Ausdruck und vermeidet eine Beschränkung auf den engen Bereich der Kirchengemeinde.

Auf dem Hintergrund der Ergebnisse der Untersuchungen von Müller und Sommer ist auch die *Betonung der rituellen Kommunikation* – gegenüber diskursiv sprachlichen Angeboten – bedenkenswert. Existentielle Eindrücke erhalten die meisten Menschen wohl eher durch die Sinne berührende Zeichen als durch bloße Worte.

3.3. Zusammenfassung: Potenzial der Taufe

Der Blick über die Grenzen des deutschen Protestantismus hinaus weitet in mehrfacher Hinsicht den Horizont. Er macht vor allem auf Potenziale der Taufe aufmerksam, die in der Taufpraxis vieler evangelischer Gemeinden zu wenig Beachtung finden.

Die lutherischen Liturgiker rücken den Zusammenhang der Taufpraxis mit der jeweiligen Kultur in den Blick. Vor allem die *Gesichtspunkte der Kontextualisierung und der Kulturkritik* verdienen Aufmerksamkeit.

In den im Jahr der Taufe 2011 gefeierten Tauffesten wurde dies in gute Praxis umgesetzt. Zum einen nahmen sie den Kontext einer Event-Kultur bewusst auf. Tausende von Menschen kamen an einem Fluss zusammen, um die Taufen zu feiern. Zum anderen egalisierten die Feste kulturkritisch sonst bestehende Unterschiede. Die alleinerziehende Mutter konnte mit ihrem Kind ebenso mitfeiern wie die Vater und Mutter sowie mehrere Kinder umfassende Familie. Auch die Differenz zwischen reich und arm, die sonst unsere Gesellschaft prägt, fiel in solchen Festen weg. Tauffeste haben – wie jedes Fest – einen inklusiven Charakter und überwinden sonst bestehende Differenzen.

Das liturgisch gestufte Erwachsenenkatechumenat der katholischen Kirche gibt über den speziellen Adressatenkreis hinausreichende Anregungen. Es stellt die *Bedeutung von Paten/Patinnen* heraus und nimmt *die Prägekraft symbolischer Kommunikation* ernst. Dazu gehört auch das Wiederentdecken der Bereicherung von Taufpraxis durch die Verbindung zum Kirchenjahr.

4. Handlungsorientierende Perspektive

Im Jahr der Taufe 2011 war immer wieder zu erleben, dass die Taufe eine Eigendynamik entfaltet. Pfarrer und Pfarrerinnen sowie Gemeindeglieder, die dem Projekt gegenüber skeptisch waren, erlebten begeisternde Tauffeiern und spürten auf einmal etwas von dem geistlichen Reichtum dieses Rituals.

Aus erfahrungswissenschaftlicher Perspektive verwundert dies nicht. Die Taufe umfasst elementare Vollzüge, die auch sonst im Leben begegnen, hier aber eine neue Profilierung erfahren.

Dazu tritt ihr *mimetischer Grundcharakter*. Denn in der Taufe ahmt der Mensch ein wichtiges Ereignis aus der Biographie Jesu nach: Er lässt sich taufen. Pädagogisch gesehen sind mimetische Prozesse wohl die Formen des Lernens mit der größten Nachhaltigkeit. Sie betreffen nicht nur die Kognition, sondern die ganze Person mit ihrem Habitus. Dabei bedeutet »Mimesis« – wie schon bei Platon zu studieren ist (s. Wulf 2009: 226–228) – die selbstständige Adaption von etwas bereits Vollzogenem. Allerdings setzt ein solches mimetisches Verständnis der Taufe eine Praxis voraus, in der der Bezug zu Christus deutlich inszeniert wird. Die folgenden handlungsorientierenden Anregungen sollen dabei helfen. Sie nehmen Modelle der Taufpraxis aus gemeindepädagogischer und liturgischer Perspektive auf. Beide implizieren auch seelsorgerliche Dimensionen des Trostes und der Ermahnung.

Somit können sie als Versuch gelesen werden, im Kontext gegenwärtiger Gesellschaft und Kirche die in 2. genannten Defizite zu mindern. Da die Reformüberlegungen zur Taufpraxis zuerst gemeindepädagogisch orientiert waren, beginne ich mit entsprechenden Überlegungen. Es folgen Hinweise zur liturgischen Praxis.

Entsprechend der ausgewerteten Literatur steht im Folgenden die pastoraltheologische Perspektive im Vordergrund. Doch korrespondieren ihr – der kommunikativen Grundstruktur des Evangeliums gemäß – Impulse für die weiteren Gemeindeglieder.

4.1. Gemeindepädagogische Impulse

Die Einschätzung der Taufpraxis ist direkt mit der leitenden Perspektive verbunden, in der die Taufe betrachtet wird. Wird sie an – anscheinend – feststehenden theologischen Normen gemessen, erscheint sie defizitär. Die eingangs zitierte Äußerung des ausscheidenden Pfarrers ist dafür ein gutes Beispiel. Er weiß offenkundig genau, was »Gemeinde« ist, und daran misst er die Taufpraxis. Ein anderes Beispiel einer so verunglückten dogmatischen Hermeneutik ist die Tauftheologie des späten Karl Barth. Sie versteht die Taufe als einen ethischen Akt der »Entscheidung« (Barth 1967: 1 u.ö.), obgleich im Taufakt selbst der Täufling ein nur Empfangender ist.

Anders sieht es aus, wenn die *Einstellungen der unmittelbar an der Taufe beteiligten Menschen* als Ausgangspunkt für die Beschäftigung mit der Taufe gewählt werden, also die *empirische Perspektive*. Hier setzen unterschiedliche gemeindepädagogische Modelle an. Zum einen beziehen sie sich auf die Vorbereitung der Taufe, etwa in Form von Abenden mit Taufeltern. Zum anderen dienen sie der Tauferinnerung, eventuell verbunden mit der Einladung zur Taufe. Hierzu wurden elementarpädagogische Modelle entwickelt. Dazwischen stehen Vorschläge für die Thematisierung der Taufe in der Konfirmandenarbeit. Denn hier gilt es sowohl Einzelne auf ihre Taufe vorzubereiten als auch mit den Anderen sich der Bedeutung der Taufe für das eigene Leben bewusst zu werden.

Bei allen gemeindepädagogischen Modellen hat sich die *symboldidaktische Erschließung* der Taufe als zentral erwiesen. Die Symbole der Taufe eröffnen einen breiten, zugleich aber christologisch klar ausgerichteten Interpretationsraum.

4.1.1. Modelle

Als Anfang der siebziger Jahre des 20. Jahrhunderts im Kontext der allgemeinen Traditionskritik die Taufpraxis kritischer Reflexion unterzogen wurde (grundlegend: Leuenberger 1973), kam es zuerst zu erwachsenenpädagogischen Reflexionen. Konkret wurden Vorschläge zu *Abenden mit Taufeltern* erarbeitet (als Beispiel s. Gäbler/Schmid/Siber 1979). Ausgangspunkt war der Eindruck, dass viele Eltern mit der bloßen Feier der Taufliturgie überfordert sind und deshalb auf die Taufe vorbereitet werden müssen. Schon bald ergab sich, dass die besondere Chance dieser Abende weniger bei der Vermittlung kognitiven Wissens, sondern beim gemeinsamen Gespräch lag. Die konkreten Ängste und Hoffnungen der Eltern wurden ausgetauscht und manche Isolation überwunden. Das Evangelium ereignete sich nicht als Lehre, sondern als kommunikativer Prozess. Praktisch bewährten sich zeitlich komprimierte Angebote etwa im Umfang von zwei bis drei Abenden. Entsprechend erwachsenenbildnerischem Ethos wurde eine verschiedentlich geforderte Verpflichtung abgelehnt. Wichtig war, dass eine begleitende Kinderbetreuung angeboten wurde.

Mittlerweile ist ein solches Angebot in manchen Gemeinden fest etabliert. Themen der Abende sind z.B. »Kinder fragen – und was soll ich antworten?«, »Zur guten Nacht – Rituale«, »Mit Kindern über den Tod reden« (Barz/Schlüter 2009: 116–124).

Seit einiger Zeit liegt ein neuer Schwerpunkt der Arbeit an der Taufpraxis bei der Erstellung von *Modellen im Bereich der Kindertagesstätten*. Schon die Tatsache, dass zunehmend Kinder erst im Kindergartenalter getauft werden, gibt einen entsprechenden Impuls. Dann wird nämlich dieses Ereignis auch in der Kindergruppe gefeiert. Inhaltlich bietet die Taufe mit der in ihr begangenen vorbehaltlosen Annahme eines Menschen durch Gott einen guten Anknüpfungspunkt für religiöse Früherziehung (s. ebd. 111–146).

Schließlich stellt die Tatsache, dass ungetaufte Jugendliche zum *Konfirmandenunterricht* angemeldet werden, diesen vor neue Herausforderungen. In der Praxis eröffnen sich hier gute Chancen für projektbezogenes Lernen. Voraussetzung dafür ist die Tatsache, dass »Taufe« für die Jugendlichen ein sehr interessantes Thema darstellt (Ilg/Schweitzer/Elsenbast 2009: 367 [Cl01]). Das dürfte viele Gründe haben: Die Taufe ist ein im kulturellen Gedächtnis tief verankertes Ritual und sie ist auf den einzelnen Menschen bezogen – in einer Zeit der Orientierungssuche also attraktiv. Dazu ermöglicht sie praktisches Lernen. So kann im Rahmen einer Konfirmandenfreizeit von der Gruppe gemeinsam die Taufe der noch ungetauften Jugendlichen vorbereitet und durchgeführt werden (s. die Schilderung einer Konfirmandentaufe bei einem KonfiCamp in Grethlein 2007: 198; zu weiteren Modellen s. Barz/Schlüter 2011: 161–184).

4.1.2. Taufsymbole

Kommunikationstheoretisch gesehen besteht die Taufe aus Interaktionen, bei denen Symbole im Zentrum stehen. Selbst in der »Reformierten Liturgie« sind sie zumindest fakultativ möglich (ebd. 304). In den meisten evangelischen Gottesdiensten werden fünf bzw. sechs Symbole verwendet:

– *Kreuz:* Der Täufling kann zu Beginn der Taufhandlung und auch zum Abschluss seiner Segnung nach der Wasserhandlung mit dem Kreuz bezeichnet werden. Zum einen ist das Kreuz ein kulturgeschichtlich altes Symbol der Vollendung; zum anderen erinnert es an den Foltertod Jesu Christi.

– *Namen:* In der Taufe werden der Name des Täuflings und der des dreieinigen Gottes genannt. Der Name eines Menschen ist ein intimer Bestandteil seiner Person. In der Taufe wird er mit dem Namen des dreieinigen Gottes verbunden. Dies drückt die Bezeichnung »Christ« als Bezeichnung eines Getauften sachgerecht aus. In Deutschland werden viele Namen gegeben, die biblischen Ursprung oder einen christlichen Deutungshorizont haben.

– *Wasser:* Zum menschlichen Leben gehört notwendigerweise Wasser. Wasser erfrischt, löscht den Durst und ermöglicht erst Leben. Zugleich kann Wasser – wie Küstenbewohner wissen – mörderische Kräfte entfalten. Beides, die lebensspendende und die -zerstörende Kraft werden in der Taufe erinnert. Dem/der Getauften steht der Tod noch bevor. Ihm entgegen steht aber der im Bild der Auferstehung formulierte Glaube, dass Gott über das biologische Ende hinaus dem Menschen die Treue hält.

– *Handauflegung:* Nach dem Übergießen mit Wasser legt der Pfarrer/die Pfarrerin dem Täufling segnend die Hand auf. Diese menschheitsgeschichtlich alte Geste drückt das Versprechen von Begleitung und Schutz aus. Der Segenswunsch weist auf Gott als dessen Geber hin.

– *Licht:* Wie die Handauflegung weist die Kerze, die zum Abschluss der Taufe übergeben wird, auf den – trotz aller Ambivalenzen der vorher inszenierten Symbole – positiven Grundsinn der Taufe hin. Die christologische Deutung durch den Bezug auf Joh 8,12 liegt nahe und bringt das Motiv der durch die Taufe eröffneten Nachfolge ein.

– *Kleid:* Häufig wird dem Täufling ein besonderes, meist weißes Kleid angezogen. Die Farbe weiß symbolisiert Reinheit und Unschuld. In manchen Familien wird das Taufkleid von Generation zu Generation weitergegeben. Dann ist es Zeichen der generationenübergreifenden Treue Gottes, der man das neugeborene Kind anempfiehlt.

Wie bereits kurz angedeutet, eröffnen diese Symbole breite Interpretationsspielräume und sind zugleich klar christologisch ausgerichtet. Ihre Ambivalenz bringt zum Ausdruck, dass es um die Zugehörigkeit zu Christus geht, der ermordet wurde, von dem wir aber hoffen, dass er durch den Tod hindurch von Gott aufgenommen wurde.

Nur wenig wird beachtet, dass diese Ambivalenz aber nicht nur den individuellen, sondern ebenso den gesellschaftlichen Bereich betrifft:

»Der Skandal der Wasserverschmutzung (vs. Symbol Wasser), das Verdrängen des Leidens und Sterbens in einer auf schnellen Genuß fixierten Welt (vs. Symbol Kreuz), die zunehmende Anonymisierung der Lebensverhältnisse (vs. Symbol Name), verbunden mit der Isolation (vs. Symbol Handauflegung) und (Selbst-)Zerstörung vieler Menschen auf Grund von Desorientierung (vs. Symbol Licht) sind nur erste Beispiele für gesellschaftliche Probleme, denen die Taufe mit ihren Symbolen positiv entgegentritt:

Das Wasser als gute Schöpfungsgabe Gottes,

das Kreuz als Zeichen der Anerkennung und Überwindung von Leid und Tod,

das Licht als Ausdruck tragfähiger Lebensorientierung,
die Hand(auflegung) als Symbol der Zuwendung zum Nächsten,
der Name als Beleg für die Einzigartigkeit jedes Menschen vor
Gott« (Grethlein 2007: 142).

Dass hier ein großer symboldidaktischer Fundus für Menschen unterschiedlichen Alters bereit steht, liegt auf der Hand.

4.2. Liturgische Impulse

Die Taufe ist ein Ritual, das vielfältig mit den sonstigen christlichen Gottesdiensten verbunden ist. So fand die Osterkerze in ihr Aufnahme und wurde zur Taufkerze transformiert. Das Wasser hat in Form des sog. Weihwassers in vielen Konfessionen einen festen Ort nicht nur in der kirchlichen, sondern auch in der häuslichen Liturgie. Auch Glaubensbekenntnis und Vaterunser wurden den Christen ursprünglich erst in der Taufe bekannt gemacht und sind so im Gottesdienst eine – vielfach aber nicht als solche wahrgenommene – Form der Tauferinnerung. Doch sind dies eher liturgiegeschichtliche Reminiszenzen als aktuell wirksame Anstöße.

Allerdings findet seit einigen Jahren die Taufe liturgisch neue Aufmerksamkeit. Dabei werden sowohl der Taufgottesdienst selbst als auch Formen der Tauferinnerung bearbeitet. Wichtige Impulse gibt hier die *problemgeschichtliche Perspektive*.

4.2.1. Taufgottesdienste und -feste

In den fünfziger und sechziger Jahren des 20. Jahrhunderts fand eine – aus heutiger Sicht – *problematische Uniformierung der Taufe* statt. Bis 1973 gab die EKD-Statistik noch vier verschiedene Tauforte an: Gemeinde-/Kindergottesdienst; außerhalb regelmäßiger Gottesdienste; Haustaufen; Kliniktaufen (s. die Tabelle in Grethlein 1988: 56). Doch waren schon damals die Haus- und Kliniktaufen auf die Größenordnung von etwa 1 % abgesunken. In vielen Landeskirchen wurden auch die eigenständigen Taufgottesdienste reduziert. Die Taufe als »Einschub« im sonntäglichen »Hauptgottesdienst« sollte die Regel werden. Vielerorts bestehen noch heute entsprechende Presbyteriumsbeschlüsse.

Hinter dieser Tendenz stehen zwei normative Annahmen: die Hochstilisierung des Gottesdienstes am Sonntagmorgen zum Normgottesdienst; die Identifizierung von »Gemeinde« mit der parochialen Ortsgemeinde. Das eingangs zitierte Statement des Pfarrers spiegelt dies beispielhaft wider. Theologisch und empirisch sind beide Setzungen problematisch. Liturgiegeschichtlich standen stets mehrere Gottesdienstformen gleichberechtigt nebeneinander: der Abendmahlsgottesdienst (sog. Messform), der Predigtgottesdienst (auch Missionsgottesdienst genannt), die Stundengebete, benediktionelle Gottesdienste (etwa Trauungen, Bestattungen) und Taufgottesdienste. Sieht man noch genauer hin, lässt sich diese Aufzählung noch erheblich erweitern: Abend- und Frühgottesdienste, Konfirmationsgottesdienste, Heilungsgottesdienste, Schulgottesdienste, Anstaltsgottesdienste usw. Durch diese Pluriformität gibt die christliche Liturgie der Vielfalt menschlichen Lebens Raum.

Bei der Taufe ist schon deshalb eine Eingliederung in eine andere Gottesdienstform misslich, weil es in ihr wesentlich um das Verhältnis eines/einer Einzelnen bzw. mehrerer Einzelner zu Gott geht. Deren Biographie in ihrem Bezug zu Gott steht im Zentrum der Feier. Der Gottesdienst am Sonntagmorgen eröffnet dagegen Raum dafür, dass eine bestimmte Sozialformation gemeinschaftlich das Evangelium kommuniziert. Beide Anliegen, das der Taufe und das des Sonntagsgottesdienstes, sind nicht befriedigend in Einklang zu bringen. Überlange Gottesdienste, in denen die Tauffamilien als Fremdkörper wirken und die »Gemeinde« sich gestört fühlt, sind keine Ausnahmen.

Von daher ist auf jeden Fall angezeigt, die *Eigenständigkeit der Taufgottesdienste* wieder durchzusetzen. Eine theologische Reflexion des Gemeindebegriffs zeigt nämlich darüber hinaus, dass »Ekklesia« im Neuen Testament keineswegs nur für die Ortsgemeinde steht. Auch Hausgemeinden und die ganze Ökumene werden so bezeichnet. Tatsächlich verheißt Jesus seine Anwesenheit einer deutlich kleineren Zahl von Menschen als sie sich üblicherweise in Ortsgemeinden versammeln (s. Mt 18,20). Theologisch ist also gegen Gottesdienste im Familienkreis nichts einzuwenden, wenn dieser »im Namen Jesu« zusammenkommt.

Allerdings ist auch hier der konkrete Kontext zu beachten. Die Tauffeste im Jahr der Taufe 2011 zeigen, dass viele Familien, oft Alleinerziehende, gerne mit anderen die Taufe ihrer Kinder feiern. Doch steht dann weniger die Gemeinsamkeit mit den parochial Verbundenen als mit Menschen in ähnlicher Lebenssituation im Vordergrund.

Liturgisch bietet schließlich die Diversifizierung im Taufalter eine große Chance. Denn jedes Taufalter ist mit einer bestimmten Reduktion auf die Inhalte der Taufe verbunden. So tritt bei der Taufe eines Säuglings die bedingungslose Gnade und Alleinwirksamkeit Gottes zu Tage, die ethischen Implikationen der Taufe treten dahinter zurück usw. Von daher empfehlen sich – jedenfalls gelegentlich – Taufen mit Menschen unterschiedlichen Lebensalters (s. z.B. Blank/Grethlein 1993: 43–49).

4.2.2. Tauferinnerung

Die Taufe ist – wie Paulus in Röm 6 zeigt (s. S. 51f.) und vor allem Martin Luther eindrücklich im Bild des täglichen Ersäufens des alten Adams im *Kleinen Katechismus* aufnahm (BSLK 516) – *ein prozesshaftes, das ganze Leben umfassendes Geschehen*. Von daher kommt der Tauferinnerung große Bedeutung zu.

Dabei ist grundsätzlich festzuhalten, dass gut gestaltete Taufen für die Mitfeiernden wohl die besten Formen der Tauferinnerung sind. Angesichts der geringen Kinderzahlen und der kleiner werdenden Verwandtschaften werden aber die Gelegenheiten hierzu für die meisten Menschen seltener.

Deshalb bemühen sich zunehmend Kirchengemeinden um *besondere Formen der Tauferinnerung* (s. zahlreiche Anregungen in Barz/Schlüter 2011: 236–246). Bewährt haben sich konkrete Einladungen anlässlich des Tauftages in den Sonntagsgottesdienst. Eine entsprechende Feier – Vortreten vor dem Fürbittengebet, Gratulation und Segenswunsch verbunden mit einem Tauflied – kann im Monatsrhythmus stattfinden.

Andernorts wird zu eigenen Tauferinnerungsfeiern, etwa verbunden mit einer Wassermeditation, eingeladen. Auf Kirchentagen wurden dazu interessante Erfahrungen gesammelt.

Die mögliche Profilierung der Kasualgottesdienste als Stationsgottesdienste auf dem Taufweg wurde bereits kurz genannt. Besonders bei Bestattungen entfaltet die Taufkerze des Verstorbenen neben dem Sarg eine tröstliche Wirkung, die durch Worte kaum zu erreichen ist.

Neben diesen kirchlichen Formen der Tauferinnerung kommt aber der persönlichen bzw. häuslichen Tauferinnerung mindestens ebenso große Bedeutung zu. Hier erweisen sich sozial allgemein präsente *Tauftermine* als besonders förderlich. Die vorzüglichen (niemals aber exklusiven) Tauftermine Ostern, Epiphanias (bzw. Weihnachten) und Pfingsten sind auch heute sozial abgesicherte Termine. Taufen zu dieser Zeit bringen Kirchenjahr und Biographie in eine besondere Beziehung und erleichtern die persönliche Tauferinnerung. In der Gemeindepraxis haben sich Taufgottesdienste an den – oft sonst eher problematischen – zweiten Feiertagen bewährt. Wahrscheinlich wird es ohne solche besonderen Termine kaum möglich sein, die Tauferinnerung in den Familien dauerhaft zu etablieren.

4.3. Konsequenzen über die Taufpraxis hinaus

Die Taufe markiert u.a. den Anschluss eines Menschen an die Gemeinschaft der Christen. Tatsächlich ist damit der *konkrete Eintritt in eine Kirche und deren Organisation* gegeben. Von daher verwundert es nicht, dass eine Reform der Taufpraxis auch Konsequenzen für die Kirche und ihre Arbeit nach sich zieht. Dies soll an zwei Beispielen abschließend erörtert werden. Das erste betrifft die Aufgabe des Pfarrers/der Pfarrerin, das zweite – in der Praxis oft eng damit verbunden – die Kirchenmitgliedschaftsregel, also ein kirchenrechtliches Problem. In beidem gibt die *komparative Perspektive* wichtige Impulse.

4.3.1. Pfarrer/-in als Gesprächspartner/-in

Seit geraumer Zeit vollzieht sich – auch in der katholischen Liturgiewissenschaft – eine interessante Veränderung bei der Bezeichnung der Taufe. Sprach man früher davon, dass der Pfarrer die Taufe »spendet«, wird heute von der Feier der Taufe gesprochen.

Beim »Spenden« der Taufe leitet die obrigkeitliche Vorstellung, dass ein Amtsträger Bittstellern etwas zuteil werden lässt, eben die Taufe und damit verbunden deren heilsame Wirkungen. Es handelt sich dabei gleichsam um einen geistlich-pastoralen Verwaltungsakt. Die »Feier der Taufe« hebt dagegen auf die Kommunikation der Anwesenden ab. Die Interaktion zwischen Pfarrer/Pfarrerin – Täufling – Mitfeiernden und Gott steht im Blickpunkt.

Dieses Verständnis ist von dem Grundsatz des allgemeinen Priestertums aller Getauften her vorzuziehen. Es entspricht auch zunehmend der tatsächlichen Partizipationsform. Taufeltern – oder ältere Täuflinge – informieren sich vor dem Taufgespräch via Internet, tauschen sich mit Bekannten aus und äußern nicht selten klare Vorstellungen zu Ablauf, Liedern usw. Dadurch verändert sich – wie übrigens auch bei anderen Professionen – die Aufgabe der Pfarrer/-innen. Kristian Fechtner hat sie – am Beispiel der Trauung – sehr zutreffend als »*liturgische Arbeit mit Beteiligten*« bezeichnet (Fechtner 2011: 171). Die Taufe wird für die Pfarrperson zur »liturgiedidaktische(n) Aufgabe« (ebd.). Dabei besteht die spannende Herausforderung, die Einsichten der theologischen Tradition so mit den biographischen Bezügen und genannten Vorstellungen der Mitfeiernden zu verbinden, dass es zu einer den christlichen Grundimpuls verständlich darstellenden Feier kommt.

Nicht selten treten aber hier *Spannungen* auf. Manche pastoralen Widerstände gegen Lied- bzw. Musikvorschläge dürften dadurch zu überwinden sein, dass die damit verfolgte Intention der Menschen wahrgenommen und gegebenenfalls kritisch mit ihnen besprochen wird. Schwieriger wird es bei Patenwünschen. Nicht selten schlagen die Taufeltern ihnen nahe stehende Menschen vor, die keine Kirchenmitglieder (mehr) sind. Zwar sind die Bestimmungen des evangelischen Kirchenrechts gegenüber potenziellen Paten und Patinnen großzügig, wenn sie einer anderen christlichen Kirche angehören – die katholische Kirche weist bereits dies zurück. Doch bei fehlender Kirchenmitgliedschaft bleibt rechtlich nur das Ausweichen auf den sog. Taufzeugen, eine den wenigsten Menschen verständliche Rechtsfigur. Pastoral problematisch ist, dass der Pfarrer/die Pfarrerin bei dieser Gesprächspassage regelmäßig in die Rolle des Religionsbeamten rutscht, der bestehende Vorschriften zu exekutieren hat – eine für alle Beteiligten missliche Situation. Die symmetrische Kommunikation zwischen Getauften, die in reformatorischer Sicht alle Priester sind, ist gestört.

4.3.2. Taufe und Kirchenmitgliedschaftsregel

Der eben skizzierte Konfliktfall macht auf die *rechtlichen Implikationen der Taufe* aufmerksam. Historisch führt die christliche Taufe – wie bereits der neutestamentliche Beitrag in der Gegenüberstellung zur Johannestaufe zeigt (s. S. 46f.) – in die Gemeinschaft der mit Christus Verbundenen, herkömmlich als Kirche bezeichnet (griech. kyriakos: zum Herrn gehörig). Seit dem 19. Jahrhundert ist die Kirchenmitgliedschaft in Deutschland genauer definiert, vor allem hinsichtlich der prinzipiellen Kirchensteuerpflicht (s. hierzu Hammer 2002: 34–43).

Solange fast alle Menschen selbstverständlich Kirchenmitglieder waren – in Deutschland bis in die sechziger Jahre des 20. Jahrhunderts –, handelte es sich hier um ein theoretisches Problem. Bei mittlerweile aber etwa fünf Millionen (in beiden großen Kirchen) Getauften, die keine Kirchenmitglieder mehr sind, ist es für die pastorale Praxis fast alltäglich.

Theologisch ist zu fragen, welche Folgen ein Austritt aus der Kirche für das Handeln Gottes in der Taufe hat. Dadurch dass die evangelischen Kirchen – wie erwähnt – auch Angehörige anderer Konfessionen als Paten und Patinnen zulassen, relativieren sie ihren eigenen Anspruch. Das Wissen um die Differenz zwischen sichtbarer und unsichtbarer Kirche schlägt hier durch. Bei Ausgetretenen, wobei der Austritt nicht aus einer evangelischen Kirche, sondern auch aus einer anderen Konfessionskirche erfolgt sein kann, ist die gegenwärtige kirchenrechtliche Bewertung restriktiv.

Psychologisch gesehen ist die bestehende Kirchenmitgliedschaftsregel auf jeden Fall problematisch. Sie präsentiert die Kirche als eine Organisation, die primär an ihrem finanziellen Auskommen, nicht aber an der geistlichen Dimension ihres Handelns interessiert ist.

Praktisch-theologisch ist deshalb zu fordern, eine Kirchenmitgliedschaftsregel zu entwerfen, die die grundlegende Bedeutung der

Taufe deutlicher zum Ausdruck bringt. Die enge Koppelung mit der Finanzierung der Kirche sollte überdacht werden. Ein Blick in die Christentumsgeschichte und in die Ökumene zeigt, dass sehr unterschiedliche Formen der Finanzierung von Kirche möglich sind.

Quellen- und Literaturverzeichnis

1. Quellen

Hippolyt von Rom – Traditio Apostolica: Dix, Gregory (Hg.): Apostolikē Paradosis. The Treatise on the Apostolic Tradition of St. Hippolytus of Rome Bishop and Martyr, Bd. 1, Historical Tradition, Textual Materials and Translation, London 1937 [deutsche Übersetzung in: Roosen 1990].
Luther, Martin: De captivitate Babylonica ecclesiae praeludium (1520), D. Martin Luthers Werke. Kritische Gesamtausgabe, Bd. 6, Weimar 1888, 497–573.
Luther, Martin: Der kleine Katechismus, in: Die Bekenntnisschriften der evangelisch-lutherischen Kirche, Göttingen ^{12}1998, 501–527.
Rahner/Vorgrimler 1966: Rahner, Karl/Vorgrimler, Herbert (Hgg.): Kleines Konzilskompendium. Alle Konstitutionen, Dekrete und Erklärungen des Zweiten Vaticanums in der bischöflich beauftragten Übersetzung, Freiburg/Basel/Wien ^{2}1966, 51–90.
Reformierte Liturgie: Bukowski, Peter u.a (Hgg.): Reformierte Liturgie. Gebete und Ordnungen für die unter dem Wort versammelte Gemeinde, im Auftrag des Moderamens des Reformierten Bundes erarbeitet und herausgegeben, Wuppertal/Neukirchen-Vluyn 1999.
Taufbuch: Kirchenkanzlei der Evangelischen Kirche der Union (Hg.): Taufbuch. Agende für die Evangelische Kirche der Union, Bd. 2, im Auftrag des Rates herausgegeben, Berlin/Bielefeld 2000.

2. Sekundärliteratur

Barth 1967: Barth, Karl: Die Kirchliche Dogmatik, Bd. 4/4, Die Taufe als Begründung des christlichen Lebens, Zürich 1967.
Barz/Schlüter 2011: Barz, Peter/Schlüter, Bernd (Hgg.): Werkbuch Taufe, Gütersloh ^{2}2011.
Blank/Grethlein 1993: Blank, Reiner/Grethlein, Christian (Hgg.): Einladung zur Taufe – Einladung zum Leben. Konzept für einen tauforientierten Gemeindeaufbau. Entwickelt im Gemeindekolleg der VELKD, Stuttgart 1993.

Fechtner 2011: Fechtner, Kristian: Kirche von Fall zu Fall. Kasualien wahrnehmen und gestalten, Gütersloh ²2011.

Gäbler/Schmid/Siber 1979: Gäbler, Christa/Schmid, Christoph/Siber, Peter: Kinder christlich erziehen. Gruppengespräche mit Eltern zum Thema Taufe, Gelnhausen/Berlin/Sein ²1979 (1976).

Grethlein 1988: Grethlein, Christian: Taufpraxis heute. Praktisch-theologische Überlegungen zu einer theologisch verantworteten Gestaltung der Taufpraxis im Raum der EKD, Gütersloh 1988.

Grethlein 2005: Grethlein, Christian: Taufpraxis zwischen Wandel und Kontinuität – Herausforderungen und Chancen, ZThK 102 (2005), 371–396.

Grethlein 2007: Grethlein, Christian: Grundinformation Kasualien. Kommunikation des Evangeliums an Übergängen des Lebens, Göttingen 2007.

Grohs 1993: Grohs, Elisabeth: Art. Initiation, HRWG 3 (1993), 238–249.

Hammer 2002: Hammer, Felix: Rechtsfragen der Kirchensteuer (IusEcc 66), Tübingen 2002.

Hanselmann 1984: Hanselmann, Johannes u.a. (Hgg.): Was wird aus der Kirche? Ergebnisse der zweiten EKD-Umfrage über Kirchenmitgliedschaft, Gütersloh 1984.

Hermelink 2011: Hermelink, Jan: Kirchliche Organisation und das Jenseits des Glaubens. Eine praktisch-theologische Theorie der evangelischen Kirche, Gütersloh 2011.

Ilg/Schweitzer/Elsenbast 2009: Ilg, Wolfgang/Schweitzer, Friedrich/Elsenbast, Volker (Hgg.): Konfirmandenarbeit in Deutschland. Empirische Einblicke – Herausforderungen – Perspektiven (Konfirmandenarbeit erforschen und gestalten 3), Gütersloh 2009.

Kleinheyer 1989: Kleinheyer, Bruno: Sakramentliche Feiern I. Die Feiern der Eingliederung in die Kirche (GdK 7,1), Regensburg 1989.

Kretschmar 1970: Kretschmar, Georg: Die Geschichte des Taufgottesdienstes in der Alten Kirche (Leit. 5), Kassel 1970.

Leuenberger 1973: Leuenberger, Robert: Taufe in der Krise, Stuttgart 1973.

Müller 2010: Müller, Christoph: Taufe als Lebensperspektive. Empirisch-theologische Erkundungen eines Schlüsselrituals (PThe 106), Stuttgart 2010.

Roosen 1990: Roosen, Rudolf: Taufe lebendig. Taufsymbolik neu verstehen, Hannover 1990.

Schloz 2006: Schloz, Rüdiger: Kontinuität und Krise – stabile Strukturen und gravierende Einschnitte nach 30 Jahren, in: Huber, Wolfgang u.a. (Hgg.): Kirche in der Vielfalt der Lebensbezüge. Die vierte EKD-Erhebung über Kirchenmitgliedschaft, Gütersloh 2006, 51–88.

Sommer 2009: Sommer, Regina: Kindertaufe – Elternverständnis und theologische Deutung (PThe 102), Stuttgart 2009.

Stauffer 1997: Stauffer, Anita: Christlicher Gottesdienst: Einheit in kultureller Vielfalt. Beiträge zur Gestaltung des Gottesdienstes heute, Hannover 1997 (Genf 1996).

Stauffer 1999: Stauffer, Anita: Baptism, Rites of Passage, and Culture (LWF Studies 1/1999), Genf 1999.

Tebartz-van Elst 2002: Tebartz-van Elst, Franz-Peter: Handbuch der Erwachsenentaufe. Liturgie und Verkündigung im Katechumenat, Münster 2002.

Wölber 1959: Wölber, Hans-Otto: Religion ohne Entscheidung. Volkskirche am Beispiel der jungen Generation, Göttingen 1959.

Wulf 2009: Wulf, Christoph: Anthropologie. Geschichte – Kultur – Philosophie, Köln 2009 (2004).

3. Literaturhinweise zum vertiefenden Studium

Friedrichs, Lutz: Taufsinn entdecken, in: ders.: Kasualpraxis in der Spätmoderne. Studien zu einer Praktischen Theologie der Übergänge (APrTh 37), Leipzig 2008, 128–141.

Grethlein, Christian: Seelsorge im Kontext der Taufe, in: Engemann, Wilfried (Hg.): Handbuch der Seelsorge. Grundlagen und Profile, Leipzig 2007, 411–427.

Lange, Christian/Leonhard. Clemens/Olbrich, Ralph (Hgg.): Die Taufe. Einführung in Geschichte und Praxis, Darmstadt 2008.

Lienemann-Perrin, Christine (Hg.): Taufe und Zugehörigkeit. Studien zur Bedeutung der Taufe für Verkündigung, Gestalt und Ordnung der Kirche (FBESG 39), München 1983.

Stuflesser, Martin: Liturgisches Gedächtnis der einen Taufe. Überlegungen im ökumenischen Kontext, Freiburg/Basel/Wien 2004.

Religionswissenschaft

Christoph Auffarth

Rituale der Initiation als Aufnahme und Abgrenzung

Das folgende religionswissenschaftliche Kapitel beschreibt die Taufe unter dem Gesichtspunkt eines Rituals. Wenn ich zunächst von einer Taufe erzähle mit ihrem Sitz in der Lebenswelt eines griechischen Dorfes auf Kreta, dann um ein Ritual in seiner ganzen Komplexität und den verschiedenen, nicht nur religiösen Funktionen zu zeigen. Diese Funktionen werden im anschließenden zweiten Abschnitt besprochen, die Bedeutung des Namens, die Beteiligten, die Taufe als Teil einer Sequenz, die einen das Leben lang begleitet, bestärkt und erinnert wird. Der dritte Abschnitt stellt die Dynamik des Rituals in den Mittelpunkt, das zum einen den Menschen verändert bzw. seine Veränderung bekannt gibt durch eine symbolische Handlung. Zum anderen aber verändern sich auch die Rituale in ihrer Gestaltung und vor allem in der ihnen zugeschriebenen Bedeutung. Dazu kommt, dass wichtige Funktionen des Rituals, durch das ein Kind zu einer sozialen Person wird, in der Moderne durch andere Prozesse und Handlungen übernommen werden. Gleichzeitig wird das multifunktionale Ritual (wie man es noch in der Taufe auf Kreta findet) auf seine religiöse Bedeutung reduziert. Säkularisierung bedeutet demnach einen zweifachen Prozess: Die meisten Teile und Funktionen des komplexen Rituals sind durch andere Prozesse oder Handlungen übernommen, so dass das Ritual auf seine religiöse Funktion eingegrenzt ist. Gleichzeitig tritt, wenn man von der Bedeutung der Taufe spricht, der lebensweltliche »säkulare« Kontext in den Hintergrund. Im vierten Abschnitt haben Religionswissenschaftler das Wort, die

Rituale dieser Art als ›Initiation‹ bezeichnen, die in einem typischen Dreischritt abläuft. Mit einer gewissen Reserve ist das auch auf die Taufe anzuwenden, weil Initiationen in Kleingesellschaften die Ordnung der Gesellschaft strukturieren, die in einer staatlichen Gesellschaft vielfältig durch andere Strukturen bestimmt ist. Die Unterscheidung von Initiationen in Kleingesellschaften und Initiationen in Hochkulturen führt schließlich zur Entstehungsgeschichte der Taufe in der antiken Religionsgeschichte, d.h. auf die dornige Frage nach Analogien in den »Mysterienreligionen«.

1. Eine Taufe auf Kreta

Die Gluthitze des Tages ist noch kaum gedämpft, Grillenschwärme machen die Stille hörbar mit ihrem Ohren betäubenden Konzert. Sie sitzen rings auf den Platanen, deren Blätter Schatten spenden auf dem Vorplatz. Über einer mächtig sprudelnden Karstquelle ist die Kirche gebaut, die die Tauf-Gemeinde in ihre kühleren Mauern einlädt und aufnimmt. Drinnen hört man die Stimmen des Popen und des Psaltis (Kantor), die im Wechselgesang schon länger die Liturgie singen, ihren Dienst an Gott versehen. Viele der Handlungen sind dabei im Innern des Templon den Augen der Gemeinde entzogen, weil die Ikonenwand den Altarraum abtrennt und nur durch die drei Türen mit der Gemeinde kommuniziert wird: Priester und Kantor, die Heiligen, die Engel dienen Gott, der als Pantokrator die Apsis krönt, in diesem von der Öffentlichkeit abgeschirmten Raum. Schon eine geraume Zeit vorher haben der Priester und seine Helfer die Kirche gereinigt. Nicht nur gefegt, sondern auch das Böse vertrieben: In allen vier Ecken der Kirche hat der Priester einen Exorzismus durchgeführt, den Teufel beschworen, angespuckt und des Hauses Gottes verwiesen. Die Heiligen hat er bei ihren Namen gerufen und ihre Bilder mit einem Kranz geschmückt. Als dann die Familie, die Verwandten, die Freunde und ganz besonders die Paten das Kind in die Kirche tragen, ist das bewegliche Taufbecken schon in der Mitte der Kirche aufgestellt, das Wasser gesegnet und mit heiligem Öl geweiht. Der Priester begrüßt die Familie und bezieht sie nun ein, auf einen Tisch vor dem Taufbecken hat er neben das Agendenbuch seine Werkzeuge gelegt. Die Worte der Heiligen Schrift zur Taufe werden verlesen, das Glaubensbekenntnis wird gesprochen, immer wieder das *kyrie eleison* »Herr erbarme Dich!« und Versprechen *eis aiona ton aionon,* »von Ewigkeit zu Ewigkeit«. Der Raum ist gereinigt und geheiligt durch den Dienst an Gott, die Gemeinde hat sich als christliche bekannt. Nun wird das Kind entkleidet. Die alten Kleider wird es nie wieder tragen. Abgenommen wird auch der Anstecker auf dem Rücken, der mit einem türkisfarbenen Auge den bösen Blick abwehrte, solange das Kind noch nicht durch die Taufe unter dem besonderen Schutz Gottes stand. Der Priester fragt nun den Paten (*kumbáros*, auf Kreta mit seiner langen italienischen Herrschaft der *Nonnos*): Wie soll das Kind heißen? Eigentlich ist das längst klar, denn die Familie »tauscht« nur wenige Namen, der Älteste erhält den Namen des Großvaters und wird ihn in der nächsten Generation vertreten, seinen Platz einnehmen, wenn er gestorben ist. Der Name muss ein christlicher sein, ein Name einer Heiligen, der Allerheiligsten *panhagía*, das ist Maria, oder Immanuel/Manolis, und sie oder er wird an dem Heiligentag auch seinen Namenstag feiern, nicht am individuellen Geburtstag. Vorher hat das Kind keinen Namen gehabt, Baby oder *moré* (Dummerchen) hat man es gerufen. Früher war es wohl auch an manchen Orten üblich, das vor-christliche Kind als Drache und kleiner Drache Drakon oder Drakula zu nennen. Das Lebewesen wird mit der Taufe Teil der christlichen Gemeinschaft, weniger als Individuum denn als Glied in der Familie, im Dorf oder in der Nachbarschaft: Es erhält seinen Namen. Mit der Patin und dem Paten schließt das Kind gleichzeitig eine besondere geistige Verwandtschaft, die beide Seiten wechselseitig verpflichtet in Freud und Leid, in Überfluss und Not. Das Tauffest unterstützt der Pate durch einen finanziellen Beitrag, für den Gottesdienst hat er die beiden mannsgroßen und faustdicken Kerzen mitgebracht. Das Patenamt erfordert und bringt Prestige, erzeugt eine Klientel. Nackt, wie im Augenblick der Geburt, legt die Patin das Kind in die Arme des Priesters. Der hat sich eine weiße Schürze umgebunden, denn jetzt kommt es auch auf sein Geschick an. Er hält das Kind unter den Armen und taucht es in dem tiefen Becken ganz unter und spricht dabei den Namen des Kindes: Emmanuel, ich taufe Dich im

Namen des Vaters. Schockiert von dem Überfall schreit das Kind los, sobald es wieder aufgetaucht ist. Doch schon wieder taucht der Priester es ganz unter »im Namen des Sohnes« und, kaum hat es Luft geschnappt, ein drittes Mal im Namen des Heiligen Geistes. Er muss das Kind gut festhalten, denn das Öl und die Seife im Taufwasser machen es glitschig. Das entsetzte Kind legt er auf das Frottee-Tuch, in dem die Patin das Kind umarmt, beruhigt. Nun nimmt der Priester die Schere vom Tisch und schneidet eine Locke ab, die Mutter schneidet die Fingernägel in das Taufwasser. Der Priester vollzieht darauf die »Versiegelung«: Auf der Stirn zeichnet er mit dem in Öl getauchten Daumen ein Kreuz, dann mit einem Pinselchen voll Chrisma, dicker geweihter Ölsalbe, ein Kreuz auf alle Körperöffnungen. Danach tragen sie das Kind an die Seite und ziehen ihm seine neuen weißen Kleider an, vor allem legen sie ihm nun auch – statt des Amuletts – ein goldenes Kreuzchen um den Hals: Ein neuer, ein christlicher Mensch kommt in die Tauf-Gemeinschaft und wird nun aufgenommen. Gemeinsam schreiten der Priester, die Paten, die Eltern und mittendrin das Kind dreimal um das Taufbecken, die Männer sogar durch die Ikonenwand am Altar vorbei. Zum Abschluss werden noch die Eltern gesegnet. Damit ist aber nicht Schluss, denn der Priester ist mit der Taufgemeinschaft und eventuell hinzu gekommenen Touristen eingeladen zum Haus der Familie. Dort ist schon die Tage zuvor alles vorbereitet worden für ein Mahl mit Wein und Früchten. Lange hat die Familie gespart und vorbereitet, dass sie an diesem Tag das Kind taufen kann, um das ganze Dorf und Freunde von weither einladen zu können zu einem großen Fest, da kommen leicht hundert, oft auch Hunderte von Menschen zusammen, um gemeinsam zu feiern, die gebratenen Hühner, Ziegen und Schafe zu verspeisen, Oliven, Käse, Mandeln, frische Früchte, Wein und Raki zu genießen. Und bis in die Nacht hinein hört man noch Gesänge, in denen, mit dem Großvater beginnend, Stegreifverse (*mantinades*) auf den Täufling gesungen werden, jeder kann sich einen Vers ausdenken, er singt ihn zunächst voraus, dann fallen alle ein und wiederholen seine Zeile: Es möge ihm gut gehen, ein wahrer Kerl oder ein bildhübsches Mädchen werden, ihren Traummann finden, vierzehn Kinder bekommen, ein rassiges Reitpferd.

Die Taufe auf Kreta, eine griechisch-orthodoxe Taufe, mag einen Eindruck vermitteln von dem Fest, das die Taufe bedeutet. Sie soll Gemeinschaft stiften und erneuern, das neue Mitglied, das nun einen Namen erhält, aufnehmen und begrüßen, die soziale Stellung anzeigen durch die Zahl der Gäste und durch einen bedeutenden Paten. Der Taufgottesdienst ist ein zentraler Bestandteil des Festes, aber auch die Sakralität des Taufortes, die Einhaltung der Traditionen sind es. Erst im Ensemble des Festes wird daraus die Taufe. Die Schilderung kann ein Bezugspunkt sein für eine religionswissenschaftliche Beschreibung der Taufe als Ritual.

2. Die Taufe als ein Ritual

2.1. Das Ritual, die symbolische Handlung und ihre Bedeutungen

(1) Rituale haben eine kommunikative Funktion, indem sie einer anwesenden Öffentlichkeit durch eine symbolische Handlung etwas mitteilen von Mensch zu Mensch. Rituale sind nicht grundsätzlich religiöser Natur.

(2) Die Kommunikation ist feierlich und tut das im Angesicht einer dritten Autorität (das können die Geschichte, die Nation, Ahnen früherer Generationen, eine Gottheit sein). Vor dem Angesicht heißt, dass diese Dritten durch Symbole, Zeichen ihrer Anwesenheit (›Präsenzmarker‹), in die Kommunikation einbezogen werden.

(3) Rituale geben Sicherheit: materiell, durch Solidarität, als Verfahren in einer emotional prekären Situation.

(4) Rituale haben eine Form. Eine abgesteckte Zeit, ein abgesteckter Ort je mit definiertem Anfang und Ende, innerhalb dessen nicht-alltägliche Spielregeln gelten. Die symbolische Handlung dient einer Mitteilung des Inhalts. Um es am Beispiel der Taufe auf Kreta zu sagen: In der Familie des Manolis ist ein Kind geboren und wird hiermit der Dorfgemeinschaft vorgestellt und in diese als neues Mitglied integriert. Dies geschieht in einem Doppelschritt an zwei Orten: In der Kirche wird das Kind dem

Schutz seines geistlichen Verwandten und des Heiligen, dessen Namen er trägt, sowie dem Schutz Gottes durch Vermittlung des Priesters in aller Form und feierlich anvertraut. Zu Hause wird das Kind in einem Fest ausgelassen begrüßt und in die Gemeinschaft des Dorfes oder der Nachbarschaft integriert.

(5) Wiederholung ist eine zentrale Eigenart der Rituale. Damit gehören sie zu der für jede Kultur grundlegenden, Generationen übergreifenden Struktur der *Memoria*, des kommunikativen Gedächtnisses (Mohn 2008).

(6) *Memoria* unterscheidet sich von Erinnerung dadurch, dass sie nicht mehr gebunden ist an einzelne Personen, die etwas selbst erlebt haben und mit deren Tod dann die Erinnerung ausstirbt. Eine Erinnerungsgemeinschaft dagegen besteht aus einer Gruppe, die gemeinsame Erfahrung prägt. Erinnerung wird zum sozialen Gedächtnis, indem sie durch Erzählung weitergegeben wird; Erzählung, die sich bei jeder neuen Erzählung in der jeweils gegebenen neuen Gesprächssituation und im Argumentationszusammenhang verändert. Was im Innern als Erinnerung abgelegt ist, wird wieder Präsens, repräsentiert ein Geschehen, ändert sich aber bei jeder Präsentation. Und in dieser veränderten Gestaltung des Erfahrenen wird es im Gedächtnis wieder abgespeichert.

Das Problem der Memoria ist ein großes Thema in den Wissenschaften geworden, sicher herausgefordert durch eine fundamentale Erfahrung in den achtziger und neunziger Jahren. Dieses Thema ist nicht zuletzt aufgekommen durch die Verarbeitung der Erinnerung an ein einzigartiges Verbrechen und die Beteiligung, Verstrickung, Verantwortung am nationalsozialistischen Staat und seiner Träger. Gleichzeitig mit dem Aussterben der Kriegsgeneration meldeten sich Fragen, wie weit ihre Angehörigen aktiv beteiligt oder die Beteiligung verweigernd oder Opfer oder widerständig Handelnde waren und in welchen Situationen sie welchen Gruppen zugeordnet werden konnten, denn Täter oder Opfer zu sein, ist keine invariante Eigenschaft. Nicht nur die Hirnforschung hat sich damit auseinandergesetzt, sondern auch die Geschichtswissenschaft, die Psychologie, die Rechts- sowie die Kulturwissenschaften haben dazu wichtige Gedanken beigesteuert (Welzer 2002; Fried 2004; Assmann 1992).

Für das Beispiel des Tauf-Rituals heißt das, dass »meine Taufe« zunächst Erinnerung anderer ist, die in der Familie anhand von materialen Gegenständen das kommunikative Gedächtnis in der Familie gestalten: Die Taufkerze, das Photo oder Album, der Taufschein, das Taufkleidchen, die erste abgeschnittene Locke im Holzdöschen, der Tauferinnerungs-Gottesdienst und – vor allem aber – das Kind selbst fordern und ermöglichen, dass das, was Eltern und Paten bei dem Ritual bewusst erlebt haben, nun in das Bewusstsein des Kindes als Erinnerung eingespeichert wird, obwohl es selbst den Akt nicht bewusst erlebt hat und erinnern kann.

(7) Gegenüber der physisch aussterbenden Erinnerung ist Memoria von anderer Qualität. Über das physische und individuelle Gedächtnis mit seiner Familien-Erzählung (und Mythisierung) wölbt sich das soziale Gedächtnis. Auch dieses ist ein kommunikatives Gedächtnis, d.h. es wird in Akten der Kommunikation präsentiert und aufbewahrt, es unterliegt aber der sozialen Konvention sowie möglicherweise Einspruch und Kritik wie auch einer ständigen Kontrolle durch Sinnpflege. Die symbolischen (für sich genommen nicht zu dem beabsichtigten Ergebnis führenden) Handlungen werden durch Reden, Erzählung und andere Formen der Kommunikation dauernd mit einer Bedeutung gefüllt. Diese variieren abhängig von ihrem Urheber.

(8) In der Religionswissenschaft hat man diskutiert (vgl. Staal 1975; dagegen Michaels 1999), wie man diese unterschiedlichen, oft sehr abweichenden oder gar einander widersprechenden Deutungen für ein und dieselbe Handlung zu verstehen hat: Wissen die aktuell Handelnden nicht, was sie tun, und brauchen sie die ›ursprüngliche‹ Bedeutung, die ihnen ein Professioneller erklärt? Doch selbst wenn man – ausnahmsweise – genau weiß, wie ein Ritual entstanden ist, dann kann sich die ursprüngliche Bedeutung in einem neuen Kontext völlig verändert haben. »Ein Kind ersäufen« bedeutet in einer Gesellschaft, wo das Leben aus mehreren Toden und Leben besteht, etwas ganz anderes als in einer Gesellschaft, wo der Tod mit dem einmaligen physischen

Tod gleichgesetzt wird. Eine andere Auffassung besteht darin, dass das Ritual identisch bleibt, seine Bedeutung (»der Mythos«), sich hingegen wandelt. Eine weitere Deutung geht davon aus, dass Rituale ursprünglich notwendige und sinnvolle funktionale Handlungen darstellten, die im Laufe der Zeit ihren Sinn verloren haben. Eine letzte hier zu nennende, extreme Interpretation besagt, Rituale seien überhaupt bedeutungslos.

Am Beispiel der Beschneidung wird das folgendermaßen erklärt: Statt ganz das Leben zu verlieren, ›opfert‹ der Mensch einen Teil; statt dass ein Mensch sich ganz Gott dahingeben muss, ist Gott mit einem kleinen Teil von ihm, der Vorhaut, zufrieden zu stellen. Das dahinter stehende Gottesbild widerspricht einem liberal-optimistischen Weltgefühl. Eine rationale Erklärung kann die Beschneidung hygienisch begründen und gleichermaßen erklären, warum man diese Handlung durchführt, vielleicht ersatzweise oder ergänzend zu einer religiösen Deutung. Meist aber tut man das, weil andere es erwarten, weil es nicht schaden kann, weil man es gut findet, und Erklärungen, die die nicht notwendige symbolische Handlung mit einer guten Erklärung sinnvoll machen, bestärken einen in der Entscheidung.

(9) Ritualforschung wird von unterschiedlichen Wissenschaften betrieben, entsprechend variieren die Perspektiven und Ergebnisse. Eine gewisse Breite stellen die Beiträge bei Belliger/Krieger 1998 dar; auf Religion konzentrierte Ritualforschung findet sich bei Lang 1998a.b und Gladigow 1998. Ganz aus ursprünglich natürlichen Triebbedürfnissen erklärt Burkert 1998 die Rituale (als »Creation of the Sacred«); die Dynamik von Ritualen wird bei Michaels 2007 betont.

2.2. Die Taufe als ein komplexes Ritual

Das zentrale christliche Ritual der Aufnahme eines neuen Mitglieds in die Gemeinschaft ist, das sollte die Schilderung der Taufe auf Kreta verdeutlichen, ein Fest, das weit über die religiöse Handlung und ihre Bedeutung hinausgeht. Es besteht aus einer ganzen Anzahl von einzelnen Ritualen und bildet eine Ritensequenz. Die meisten Vorbereitungen und Handlungen erwarten die Dorfbewohner; ihre Unterlassung kann dauerhafte Störung der sozialen Beziehungen nach sich ziehen. Insofern ist das Ritual Wiederholung. Handlungsspielräume sind vorhanden, Überraschungen eher unwahrscheinlich. Die Konventionen einzuhalten, bestätigt die Gemeinschaft und die Zugehörigkeit der Festakteure zu ihr; eine Veränderung würde die Regeln der sozialen Beziehungen und Kommunikation in Frage stellen. Wer das Erwartete einhält, bestätigt seinen Platz in der Gemeinschaft und weist seinem Kind den Platz an – insofern ist das Ritual einmalig. An wenigen Stellen in dem komplexen Ritual besteht aber auch der Freiraum zu einer freien Gestaltung.

2.3. Rituale als Abschluss und Vorwegnahme

Rituale schließen ab und teilen mit anderen ein Geschehen, das bereits durchgearbeitet ist. Sie können aber auch ein Geschehen vorweg nehmen, das bedrohlich vor einem steht. Manche sprechen von Krisenritualen, insofern das Leben an spezifischen Punkten gefährdet ist, misslingen kann. Auch Krankheiten, Epidemien, Naturkatastrophen können im Voraus oder im Nachhinein bearbeitet werden.

2.4. Ein Mensch wird Ich durch seinen Namen

Durch das Ritual der Namengebung (ein einzelnes Ritual im komplexen Gesamtritual der Taufe) wird das Lebewesen zum Teil der Gemeinschaft. Es erhält einen Namen, der es identifizierbar macht. Nun kann man es ansprechen und der Klang des Wortes stellt die Kommunikation her. Dieser Name wird den Menschen als Identität das Leben lang begleiten. Der Name bezeichnet die Zugehörigkeit zu einer Familie; er bedarf einer Spezifizierung durch den Vaternamen, den Familiennamen (vgl. Vernier 1984). Die Verortung im Netz der Beziehungen trägt man lebenslang mit sich. Der Name kann Stigma (Bering 1987) und voraus urteilende Hochschätzung bewirken. Der Name zeigt weiter die Zugehörigkeit zu einer (durch religiöse Symbole geprägten) Kultur an, indem ein Name von Heiligen oder von Herrschern einen als Mitglied in größeren Identitäten anzeigt (in Griechenland kommen hinzu die Namen antiker Persönlichkeiten). In modernen städtischen Gesellschaften ist die Wahlmöglichkeit eines Namens ungleich vielfältiger (vgl. insgesamt Mitterauer 1993).

2.5. Namenswechsel als »Sterben des alten Menschen«

Das Taufkind wechselt aus der Namenlosigkeit in die christliche Namenwelt. Das Lebewesen wird zum sozialen Wesen. Die vorige Existenz wird ausgelöscht durch Vernichtung: Die Kleider werden abgelegt, das Amulett wird abgenommen, die langen Haare werden abgeschnitten. Das Ersäufen des alten Menschen durch vollständiges Untertauchen ist eine andere symbolische Handlung, die Tod und neues Leben anzeigt. Diese neue Existenz kann durch andere Rituale zu späterer Zeit fortgeführt werden. Mädchen werden durch ein weiteres Ritual, die Hochzeit, einen neuen Namen erhalten. Geistliche höheren Ranges wählen einen Namen, der ihre neue Funktion auch zu einer neuen Existenz erklärt; Mönche sterben dem weltlichen Leben ab und fügen sich in ihre neue Familie, mit den Brüdern und dem Vater-Abt, durch einen neuen Namen ein, der zugleich als Programm anzeigt, welchem Vorbild sie folgen wollen.

2.6. Stellvertretendes Handeln durch geistliche Verwandte

(1) Geistliche Verwandtschaft: In Griechenland ist der Pate in der Regel kein (naher) Verwandter, möglichst aber eine bedeutende Persönlichkeit, deren Einflussnahme oder soziale Vernetzung der Familie neue Möglichkeiten eröffnet. »Der Pate« aus Sizilien ist legendär und berüchtigt: Der Pate ist der einflussreiche Chef, dem die jungen Taufkinder zu Gehorsam verpflichtet sind, wenn es »etwas« zu erledigen gibt. Umgekehrt wird der Pate helfen, wenn sein Taufkind in Schwierigkeiten kommt. Die geistliche Verwandtschaft wird in der deutschsprachigen Schweiz als der Götti und die Gotte benannt; im Englischen heißen sie »godfather« und »godmother«, anders als das un-

terkühlte »parents-in-law« für die Schwiegereltern. Wenn die Eltern sterben oder aus Armut nicht mehr in der Lage sind, das Kind zu nähren, zu schützen und zu fördern, dann ist für Stellvertretung gesorgt, und vor Zeugen haben die Paten diese Funktion versprochen. Heute ist der Versicherungsaspekt nicht mehr so wichtig, aber die besondere Fürsorge der Patin oder des Paten bleibt – im positiven Falle – bestehen.

(2) Der Säugling kann die Tragweite der Taufe noch nicht verstehen, kann nicht einmal sprechen. Andere entscheiden und veranlassen die Taufe, geben das Versprechen eines christlichen Lebens, sprechen das Glaubensbekenntnis. Obwohl das Handeln der Taufe zunächst passiv erlebt und von anderen verantwortet ist, bildet das Handeln anderer eine Vor-Entscheidung, die den Weg prägt, auf dem das Kind aufwächst. Die Vorentscheidungen und das stellvertretende Handeln sind zwar wichtige und prägende Ereignisse, greifen aber dennoch nicht den möglicherweise entgegen gesetzten Entscheidungen voraus, wenn das Kind selbständiger wird. Gelegentlich wird diskutiert, ob die elterliche Entscheidung der Zugehörigkeit zur Religion einem Kind zugemutet werden kann, wenn damit auch dauerhafte körperliche Narben und Wunden das Leben von Kindheit an begleiten: die Beschneidung (genauer gesagt: die männliche Beschneidung im Judentum und im Islam sowie der Sonderfall der weiblichen Beschneidung in einer Minderheit des Islam). Die Wassertaufe bleibt unsichtbar und ohne Folgen als Körperzeichen, obwohl sie mit dem Begriff des *charakter indelebilis*, einer nicht reversiblen Prägung im Bild einer Tätowierung oder einer Narbe ähnlich ist. Das Bild ist entnommen vom Prägestempel (χαρατήρ), mit dem auf einem rohen Metallkuchen die Prägung eingehämmert wird, die daraus eine Münze macht. Daneben gibt es auch das Bild des Siegels (σφραγίς), s. S. 54f.

(3) Auch die Beschneidung gehört in diesen Zusammenhang stellvertretenden Handelns. Sie ist für männliche Jugendliche in vielen Kulturen verbreitet, allerdings nicht immer religiös begründet. Im Judentum erfolgt sie am 8. Tag nach der Geburt, wie in Gen 17,10–14 begründet wird. Die metaphorische Ver-

wendung als »Beschneidung des Herzens« findet sich im Deuteronomium: »Ihr sollt die Vorhaut eures Herzens beschneiden und nicht länger halsstarrig sein.« (Dtn 10,16). Die rechtliche Diskussion der letzten Jahre führte etwa in Schweden 2001 zur Regelung, dass Jungen, wenn sie nicht innerhalb der ersten zwei Monate – unter Anästhesie – beschnitten wurden, nur noch mit persönlicher Zustimmung diese Operation wählen können. Zur Beschneidung von Mädchen ist festzuhalten, dass sie in weiten Teilen des Islam nicht vorgesehen ist. Im Wesentlichen ist sie auf den afrikanischen Islam südlich der Sahara beschränkt. Sie lässt sich aber aus der Tradition (Hadithe, also Aussprüche Mohammeds, die in dem Fall als »schwach« gelten) begründen (so al-Djauzī [1116–1200] im Kitāb aḥkām al-nisā', Kapitel 6, 21–23).

2.7. Die Sequenz von Ritualen

Das Taufritual für sich ergibt erst seine volle Bedeutung, wenn man es als Teil einer Sequenz von Ritualen versteht (Auffarth 2007). Es verlangt eine Bestätigung, die der Mensch im Vollbesitz der freien Entscheidung aber auch verweigern kann: die Firmung und Konfirmation; das Recht, sich aus dem Religionsunterricht abzumelden; die Hochzeit wieder mit einem kirchlichen Fest zu krönen; die eigenen Kinder zu taufen. Für die Taufe als Teil einer Sequenz ist zu beobachten, dass man in der lateinischen Kirche die Salbung, die zunächst zur Erwachsenentaufe gehörte, aus der Taufe ausgegliedert hat, als diese zum Ritual für Säuglinge wurde, und zu einem selbständigen Firmungsritual ausbaute. Die auf bewusster Entscheidung des erwachsenen Menschen basierende Taufe ist eine konsequente Form, die eher dem biblischen Befund und den Praxen des antiken Christentums entspricht (s. S. 65f.). Der Erwachsenentaufe entsprach aber die Gemeinschaftsform einer elitären, sogar sektiererischen Gemeinde der Entschiedenen naturgemäß viel eher als später angestrebte, volkskirchliche Gemeinschaftsformen. Die Säuglingstaufe wurde zu einem Zwangsritual, dem sich jedes neugeborene Kind unterziehen musste, aus mehreren intrinsischen und extrinsischen Gründen (vgl. Janowski 2000). So ist der aitiologische Mythos des »Taufbefehls« in Markus 16,16 ein intrinsischer Zwang, denn die Taufe wird für heilsnotwendig erklärt: »Wer da glaubet und getauft wird, der wird selig werden, wer aber nicht glaubt, der wird verdammt werden.« Diese positive und negative Voraussage der Folgen des vollzogenen oder nicht vollzogenen Rituals hat zunächst die intrinsische Konsequenz, dass die fehlende Taufe die ewige Verdammnis in dem sadistischen Qualort der Hölle bedeutet (Auffarth 2010). So kann das Ritual der Taufe (anstelle des Glaubens) zur notwendigen Bedingung für den Eintritt ins Himmelreich werden. Es entscheiden allein die Kirche und ihre konzessionierten Vertreter über Eintritt oder Nichteintritt. Eine Entschärfung des radikalen Ausschlusses gibt es lediglich für diejenigen, die ohne Verschulden die Taufe nicht erhielten. Das gilt für zwei Gruppen: Die erste umfasst diejenigen, die vor Christus lebten und gottesfürchtig waren, aber ungetauft starben, weil es die Taufe noch nicht gab. Die zweite Gruppe umfasst diejenigen, die nach Christus lebten, aber die Taufe, die nur Lebenden erteilt werden darf, vor ihrem Tod nicht mehr empfangen konnten, also Totgeborenen oder kurz nach der Geburt Verstorbenen. Für solche gibt es je einen Sonderort im Jenseits, den limbus (auch »Vorhölle«, als *limbus patrum* für die *ante Christum natos*, der *limbus infantium* für die ungetauft verstorbenen Säuglinge). In manchen Friedhöfen des Mittelalters mit den Grabstellen in und um die Kirche finden sich im Abstand von etwa einem Meter außerhalb der Kirchenmauern in Reihe begraben die Skelette von Kleinstkindern (z.B. in der Irlbacher Pfarrei in der Nähe von Regensburg). Immer wenn es regnet, rinnt das Wasser, geheiligt vom Kirchendach, auf die ungetauften Säuglinge herab und holt das Ritual, das sie zu Lebzeiten nicht erhielten, nach. In der Regel aber werden die Ungläubigen (dazu gehören auch die, die keinen Glauben aufbrachten gegen ihre Depression oder »Schwarze Galle« Melancholia und ihrem Leben selbst ein Ende setzten) außerhalb des Kirchhofs verscharrt. Die Ostkirchen haben in ihrer Oster-Ikone eine andere Lösung anzubieten: Christus ist in seinem Tod nach der Kreuzigung »hinabgefahren in die Hölle« oder »hinabgestiegen in das Reich des Todes« (= der griechische Hades), sprengt dort die Pforten der Hölle und führt die Patriarchen aus ihrem Limbus heraus. Überhaupt ist das Bild der Hölle in den Ostkirchen marginal; sie betonen eher die Erlösung – im krassen Unterschied zur lateinischen Kirche, die die Verdammung hervorhob. Für Juden in der christlichen Mehrheitsgesellschaft des 19. Jahrhunderts bedeutete die Taufe – und nicht allein die Gleichstellung in den Bürgerrechten – den Eintritt in die Gesellschaft. Hier wird deutlich, dass nicht nur die Kirche und ihre Funktionäre eine Machtposition innehatten, sondern dass die christliche Gesellschaft einen sozialen Zwang auch durch die soziale Kontrolle über die Taufe als eines Zwangsrituals ausübte. Das Umgekehrte vollzog sich im Nationalsozialismus, der aus den Taufeinträgen der Kirchenbücher die zwar getauften, aber von jüdischen Großeltern stammenden Menschen zu Rasse-Juden definierte (Gailus 2008). So lange noch im Klassenbuch die Konfession eingetragen wurde, wurde die Angabe konfessionslos oder ungläubig zum Kennzeichen der Nicht-Zugehörigkeit. Von den Zwangstaufen als Unterwerfungsritual in christlich eroberten Herrschaftsgebieten ist im kirchengeschichtlichen Beitrag die Rede (s. S. 109).

2.8. Taufe und Gemeinschaft

Taufe bedeutet nicht nur eine Anerkennung, eine Aufwertung des Individuums, sondern auch die Aufnahme in eine größere, symbolische Gemeinschaft. Im Fest wird diese Gemeinschaft »aufgeführt«; was sonst im Alltag jedes Handeln jedes Mitglieds bestimmt, das wird im Ritual gezeigt als Ordnung: die Ehrenwerten, die Verwandten, die Nachbarn, das Dorf, die weither Gereisten. Mit welchem Auto man vorfährt, welche Kleidung man trägt, wie groß oder wertvoll das Taufgeschenk ist, zeigt das soziale Prestige an. Wenn der Name des Kindes übergeben wird, und es ist der Name der Großmutter, dann ist sie präsent (selbst wenn sie gerade gestorben ist); Tod und neues Leben übergeben die Stafette an die nächste Generation. Und symbolisch präsent in der Taufgemeinde ist die ganze Gemeinde, der Bischof wird genannt stellvertretend für das Bistum, die Christenheit.

2.9. Taufe und Ordnung

Damit eröffnet sich eine weitere Dimension des Rituals. Es gliedert ein in Ordnungen, denen die menschliche Gesellschaft unterworfen ist und die diese Gesellschaft zugleich transzendieren. Es sind kosmische Ordnungen, die dem Leben des Einzelnen, dem Leben der jetzigen Generation auch jenseits des Todes einen Sinn geben (Douglas 1966; 1970). Aber es ist auch die Vorstellung von einer höheren Gerechtigkeit. Das betrifft nicht nur Gesellschaften, deren Rechtssystem das Recht der Schwächeren nicht zu sichern in der Lage ist, sondern auch Gerechtigkeit, die in nationalen Grenzen und in der jetzt lebenden Generation nicht einlösbar oder sogar nicht gewollt ist. Dies muss nicht mit einem persönlichen Gott gedacht werden oder als religiöse Ordnung; höhere Ordnungen können sich auch im Rechtsstaat, in den Menschenrechten niederschlagen. Im religiösen Ritual stiftet das symbolische Handeln eine Beziehung zu Gott. Das kann in Analogie zur geistigen Verwandtschaft mit den menschlichen Paten dargestellt werden. Aber im Unterschied zu den Paten hat die Gottheit ein Wesen, das nicht den Fährnissen menschlichen Lebens, Armut, Krankheit, Unglück, Tod unterliegt. Wer das Gute im Leben stets ›dem lieben Gott‹ zuschreibt, das Negative hingegen anders erklärt oder als eine pädagogische Maßnahme Gottes sieht, kann in ihm den großen, wohlwollenden und immer unterstützenden Paten erkennen. Aber das muss nicht mit einem personalen, situativ handelnden Gott zusammengedacht werden. Gott als ein nicht nach Menschenart handelnder »Dritter«, dem man Freud und Leid anvertrauen kann, kann der Rückhalt im Leben sein und bleiben; die Taufe ist das wechselseitige Versprechen zu diesem Bündnis.

3. Rituale als Veröffentlichung entscheidender Veränderungen im Leben

3.1. Ritual als Schlüsselbegriff

Die Deutung als Ritual öffnet die exemplarisch geschilderte Taufe auf Kreta der vergleichenden Perspektive. Schon das Wort »Taufe« ordnete trotz der Unterschiede lokaler und historisch verschiedener Entwicklung diese Handlung in eine Einheit und Kontinuität von »Christentum« ein und dabei einem Sakrament zu, dessen formale Ausführung und symbolische Bedeutung Differenzen erkennen lassen, das aber von allen Christen als eine das Christ-Sein des Individuums begründende Handlung angesehen und geachtet wird. In diesem Abschnitt geht es nun um das neue Verständnis von Ritualen als Dynamik und Prozess. Dynamik herrscht in zweifacher Hinsicht, indem Rituale die Beteiligten verändern und indem Rituale sich mit der Veränderung der Gesellschaft wandeln.

3.2. Ritualdynamik

Rituale verändern sich. In der letzten Generation hat das Wort Ritual eine positive Bedeutung gewonnen. Waren Rituale in der neuen Religiosität der siebziger Jahre noch Grund für Polemik seitens der christlichen Kirchen (vgl. schon Graff 1929/1939, vgl. jedoch Lang 1984), so haben Spiritualität und Ritual sich zu einem Attraktivitätsmerkmal von Religion entwickelt, das sich auch die christlichen Religionsprofis zu eigen machen wollen (vgl. dazu Jetter 1986). Bis dahin galten Rituale eher als das Verknöcherte und Sinnlose an Religion schlechthin, teilnahmslos heruntergebetet von den Klerikern. Mittlerweile wird das Wort Ritual im Gegenteil mit Kreativität verbunden. Die Vorstellung des Rituals ist nicht mehr mit einem Zeremonienmeister verknüpft, als vorgeschriebene Religion. Gerade die Laien haben das Ritual als ihre Beteiligung am Kult und einen Freiraum für Kreativität entdeckt. Rituale gelten auf einmal als etwas ganz anderes: Sie geben Sinn, Struktur, Tiefe. Rituale erlauben etwas zu tun, wenn man starr ist vor Schmerz oder Trauer oder voll von Freude. Sie lassen in Gemeinschaft mit anderen sinnlich erfahren und gestalten, wo Worte vielleicht billigen Trost bieten. Der Körper, die Sinne erfahren und gestalten das Ritual mit, der Mensch ist nicht gezwungen zum passiven Rezipieren von Worten und zum Stillsitzen (vgl. Müller 2010).

3.3. Ritual und Emotion

Zur körperlich-sinnlichen Kompetenz, Erfahrungen in Rituale zu überführen, kommt eine weitere: Rituale können starke Emotionen »fassen«. Das Unfassbare wird in das Leben integriert, erhält einen Sinn, wird mit anderen geteilt, als große Erfahrung gewürdigt und kommuniziert. Diese Verknüpfung von Ritual und Emotion ist durch zwei Thesen der Psychoanalyse als eine hoch problematische, ja krank machende Beziehung angeklagt worden:

(1) Einmal wird das Ritual im Sinne einer Grundstruktur von Religion als eine neurotische Zwangshandlung beschrieben. Wie Menschen, die sich dauernd die Hände waschen müssen, obwohl sie sie gerade erst gewaschen haben, wiederholten religiöse Menschen immer wieder eine sinnlose Handlung. Mochte Sigmund Freud das in seinem Aufsatz *Zwangshandlungen und Religionsübungen* (Freud 1907) noch als Ausnahme verstehen, während religiöse Rituale im allgemeinen meist sogar positiv zu bewerten seien, weil sie verzichten auf das Ausleben sozial schädlicher Triebe (vgl. Burkert 1972; Girard 1972), so ging Freud in *Totem und Tabu* (Freud 1913) weiter in Richtung einer prinzipiellen Religionskritik.

(2) Die andere Funktion von Ritualen sieht Freud in der Kanalisierung von Emotionen. Hier ist die Vorstellung leitend, es seien die Emotionen als Ausdruck der Triebe Naturkräfte, die man frei lassen muss, denen man aber Ventile schaffen kann, damit sie sich geordnet entladen (Mertens 1997; Sarasin 2001).

Gegen diese mechanistische Einschätzung von Religion als fehlleitender und irrationaler Weltsicht haben neuere Kulturwissenschaften Einwände formuliert (umfassend bei Rappaport 2004, dazu auch Lang 1998a.b; Smith 1987). Am Beispiel des besonders archaisch und menschenverachtend erscheinenden Opfer-Rituals haben René Girard und Walter Burkert herausgestellt, dass das Ritual geeignet ist, in der Gruppe Gewalt zu überwinden. Der Mensch als potentiell Tötender, der *homo necans*, tötet nicht die Menschen seiner Gruppe, vielmehr wird im Ritual des gemeinsamen Verzehrs des getöteten Tieres in einer geordneten Weise – und gar dem Verzicht auf ein Stück, das man Gott zuteilt – Gemeinschaft und Gewaltlosigkeit realisiert. Haben Girard und Burkert Ritual und sozialen Frieden im Ritual eng aufeinander bezogen, so sah Karl Meuli, auf den beide sich beziehen, 1946 viel mehr kulturelle Überformung in seinem Erklärungsmodell. Denn er zeigte, dass die Jägergesellschaft nicht mit Schuld und Sühne kämpft, sondern eine »Unschuldskomödie« spielt. Wenn die Beteiligten das Fleisch des Tieres aufgegessen haben, dann sortieren sie die Knochen alle wieder zu einander, legen das Fell darüber und begrüßen das solchermaßen abgemagerte Tier, das dann seinen Mit-Tieren von der guten Behandlung durch die Menschen berichten und zu einem ähnlichen Fest-Mahl einladen kann. Ebenso ideenreich hat derselbe Karl Meuli in *Entstehung und Sinn der Trauersitten* das Verhältnis von Emotionen und Ritual angesehen (Meuli 1946a): Die Frage »Wird bei Euch auf der Beerdigung geweint?« zeigt an, dass das Ritual nicht einfach eine Kanalisation von Emotionen ist. Ob man sich freut, dass »die Alte« endlich gestorben und das Erbe nun zugänglich wird, ob die Trauernden vor Gram lieber selbst sterben wollten, ob die lustige Witwe schon einen anderen Liebhaber hat oder eine Welt untergeht: Das Ritual setzt eine bestimmte Frist und feste Regeln für die bestimmte, begrenzte Darstellung der Emotionen, zeitlich und graduell-qualitativ definiert, nicht zu kurz, auch nicht länger als ein Jahr, weder zu stark noch zu schwach.

3.4. Rituale verändern Menschen

Ritualdynamik kann auch in dem Sinne verstanden werden, dass das Ritual in seiner Dynamik den Menschen verändert. Oft liest man als Erklärung, dass im Ritual der Mensch verändert, transformiert werde. Theodor Gaster verwendete 1950 die Metapher, erst müssen die Menschen leer werden, damit sie im Ritual die Fülle erfahren, κένωσις (von κενός »leer«) und πλήρωσις (von πλήρης »vollständig«). Aber das überschätzt die symbolische Handlung. In der Tat ist das Kind mit der Taufe nun ein Mitglied der Gemeinschaft geworden. Aber das Ritual ist die abschließende Veröffentlichung dessen, was in der Realität schon da war, erkennbar war. Das Ritual holt als symbolische und öffentliche Handlung nach, was sich zuvor schon ereignet hat.

3.5. Das Ritual als Veröffentlichung

Dem Ritual der sozialen Einsetzung zum Menschen gingen die eigentlichen Geschehnisse voraus: Die Liebe zweier Menschen, ihr Entschluss eine Familie zu gründen, die Zeugung im Liebesakt, die neun Monate, in denen die Mutter das werdende Leben unter dem Herzen trug, Einschränkungen, Anstrengungen, Schmerzen. Hinzu kommen die Gefahr für Leib und Leben während der Geburt für Mutter und Kind, das Waschen des Kindes nach der Geburt, die Mühen der ersten Nahrungsgabe. Der Staat verlangt schon in den ersten Tagen die Entscheidung über den Namen des Kindes sowie seine Bekanntmachung. Wirtschaftliche Einschränkungen, das Besorgen des Kinderwagens, des Betts, der Windeln, all dies kommt hinzu. Vielfach beanspruchen Großeltern und Schwiegereltern, die Entscheidungen mit zu bestimmen. Und bei jedem dieser Geschehnisse kann es Schwierigkeiten, Krisen, Misslingen geben. All das ist bereits geschehen, wenn das Kind getauft wird. Die Taufe schließt das Geschehen der natürlichen und sozialen Menschwerdung ab. Gleichzeitig aber beginnt jetzt das Leben eines durch seinen Namen erkennbaren und identifizierbaren Menschen in der Gemeinschaft: Die Taufe macht das Lebewesen zur sozialen Person. Die Taufe bildet den Abschluss einer kritischen Phase und zugleich der Beginn einer neuen Phase, vom Säugling zum Kind. Als Handlung hat die Taufe kein unmittelbares, zweckerfüllendes Ergebnis, ist nicht funktional auf einen Zweck zugeordnet wie das Baden, das Füttern oder das Kleiden; sie kann nicht wie Wadenwickel vor Krankheit schützen. Das Ritual schaut einerseits zurück auf die erlebten Gefahren, Ängste, Verzweiflung und Glücksmomente, es präsentiert das Kind der Öffentlichkeit befreundeter Menschen, es führt das Kind ein als Mitglied in die Gemeinschaft, es empfiehlt das Kind der Aufmerksamkeit und Fürsorge, das Ritual vertraut das Kind und die Familie Gott an.

Es gibt auch präventive Rituale, die ein kommendes Unglück schon durcharbeiten. Das »Stoßgebet« ist eine Kurzform; aufgerufen wird eine Verhaltensweise, die die Angst nehmen und panische Handlungen verhindern soll.

3.6. Das Ritual im Kontext seiner sozialen Funktionen

Die Taufe auf Kreta sollte deutlich machen: Der auf die *aspersio*, das Übergießen des Hauptes mit Wasser, reduzierte protestantische Taufakt reduziert die Ritualhandlung, betont dafür aber die religiöse Bedeutung durch Glaubensbekenntnis, Bibelworte, durch das Versprechen, das Kind in die Gemeinde einzuführen. Wenn mittlerweile regelmäßig das Problem auftritt, dass einige Beteiligte selbst nicht Mitglieder der Gemeinschaft sind (s. dazu S. 204f.), in die sie einführen sollen, so entspricht das nur dem sakralen Ausschnitt des Taufrituals; die umfassendere Bedeutung der Wahl-Verwandtschaft wird zweitrangig. Auch wenn die Übergabe des Namens noch einmal hier geschieht, die gesellschaftliche Funktion der Veröffentlichung der Geburt des Kindes ist bereits auf dem Standesamt geschehen; der Eintritt des Kindes als soziales Wesen in die Gesellschaft wird eher durch den Eintritt in den Kindergarten, spätestens in die Schule markiert. Rituelle Elemente wie der Exorzismus, das Amulett, das Haaropfer, das dreimalige Umkreisen des Altars, das Besiegeln, das Wachsopfer der Kerzen, all das ist als magisch disqualifiziert und entfernt worden. Es bleibt als Handlung das Übergießen mit Wasser und vielleicht noch der Segen über Eltern und Kind. So sind Funktionen des Rituals voneinander getrennt worden, die in einer vormodernen Gesellschaft notwendig und grundlegend für die öffentliche und mündliche Bekanntmachung waren; »Zumeist wird die Pragmatik von Religion (im Sinne der [...] religiösen Symbolsysteme) in den Ritualen vermutet. Die *religiöse* Handlungsdimension sei das *rituelle* Handeln. Das ist jedoch eine Verkürzung der religiösen Handlungs- und Orientierungsdispositionen. Religiöse Symbolsysteme sind jedoch im Ideal- und Normalfall auf die umfassende Handlungsdimension des Menschen hin *orientierend* ausgerichtet. Das rituelle Handeln ist die durch *Wiederholung* gekennzeichnete Spezialform der handlungsbezogenen oder besser handlungscodierten Mediatisierung eines religiösen Symbolsystems« (Mohn 2008: 89).

3.7. Element und Komplexität

Vorstellungen von Kontinuität, ja Identität von Ritualen halten sich zäh, gerade wenn man darin den Unterschied zu ihren Bedeutungszuschreibungen festmacht, dem wandelbaren »Mythos« (s.o. 2.5). Die Taufe als das ›selbe‹ Ritual von der Antike bis zur Gegenwart, vom Jordan bis zum Mississippi, von den Kopten bis zu den Black Baptists thematisiert eine Zusammengehörigkeit, die sogar eine juristische und ekklesiologische Formel der Anerkennung gefunden hat. Taufe ist Taufe. Sie darf aber nicht die Unterschiede leugnen. Denn Rituale sind nicht nur gewissermaßen vertikal, diachron aufeinander bezogen, sondern achten aufeinander und borgen sich auch synchron von anderen Ritualen die attraktivsten Elemente oder unterscheiden sich bewusst von diesen. Wie bei den Zitaten, Texten, Anspielungen, Metaphern aus anderen Texten die Intertextualität, so gibt es auch bei den Ritualen Interritualität, von den kleinsten Einheiten bis zu den Festen. Diese kann man vom Kleinsten zum Großen bezeichnen als Ritem, Ritus, Ritual, komplexes Ritual, Ritualsequenz (Auffarth 2007).

Hinsichtlich der Taufe wäre ein Ritem z.B. die Frage »Wie soll das Kind heißen?«; als Ritus ließe sich etwa das Entzünden der Kerze als Anwesenheit des »Lichts der Welt« beschreiben; ein Ritual wäre die Taufe als Teil des Gottesdienstes; ein komplexes Ritual würde gebildet durch die Abfolge verschiedener Rituale vom Taufgespräch bis zum Abschied der Tauffamilie am Bahnhof, während die lebensgeschichtliche Ereignisreihe Taufe, Firmung und später die Taufe der eigenen Kinder bzw. die Patenschaft für andere Kinder sich als Ritualsequenz bezeichnen lässt.

3.8. Rituale und Bedeutung

Rituale sind Teil eines Symbolsystems, also durch Konvention »konstruierte« und dann mehr oder weniger festgeschriebene symbolische Handlungen mit Bezug auf das übrige Symbolsystem. Das Symbolsystem Religion ist wiederum bezogen auf das Symbolsystem der jeweiligen Kultur, versteht sich aber auch als Bezug zu einem »Dritten«. Religiöses Handeln wird orientiert durch den Sinn und die Bedeutung, die in symbolischen Handlungen, Ritualen, vorgeprägt werden, aber religiöses Handeln ist mehr als rituelles Handeln. Diese rituellen Handlungen (δρώμενα) sind entsprechend den Veränderungen in der Gesellschaft je neu mit Sinn zu unterlegen, als λεγόμενα. Die Neuheit der Sinnzuschreibung ist ausgerichtet an den bisherigen Deutungen durch die Tradition, muss aber auch auf die Veränderungen der Gesellschaft hin Orientierung leisten, um Sinn zu gewinnen. So kann das Ritual als das Beständige erscheinen, der Mythos als das Beliebige, doch diese alte Abwertung muss unter dem Gesichtspunkt der Ritualdynamik neu bewertet werden, denn auch Rituale verändern sich. Vor einer für die neue Wahrnehmung von Ritualen wichtigen Theologisierung ist eine Warnung nötig. Die Wertschätzung des Rituals beruht zum guten Teil auf der eingängigen Interpretation, die der rumänisch-amerikanische Religionswissenschaftler Mircea Eliade gegeben hat. Seine Bücher wie Kosmos und Geschichte (1949; dt. 1954 u.ö.) und Die Religionen und das Heilige (Paris 1949; dt. 1954 u.ö.) sind höchst einflussreich bei der Entdeckung der Religion im post-säkularen Zeitalter. Eliades prinzipiell heidnisches Konzept (so verstand er es selbst) macht aus der Struktur des Rituals als Wiederholung eine Theologie: Die Wiederholung sei das Wiedereintauchen in die religiöse Zeit, die Zeit des Anfangs, die notwendig ist, um das Chaotische und zugleich Schöpferische zu erfahren. Aus der Natur offenbart sich das Heilige – ohne menschliches Zutun. Nur der für religiöse Empfindung zugängliche Mensch (der homo religiosus) sei dazu in der Lage, das Heilige wahrzunehmen. Solche religionssensiblen Menschen hat aber die Moderne nahezu ausgerottet. Die Ursünde für die religionslose Moderne ist der »Sturz in die Geschichte«, wenn das zyklische Denken der ewigen Wiederholung durchbrochen wird durch die Geschichte, eben die historische und dann nur erinnerte Offenbarung, insbesondere in Judentum, Christentum und Islam. Das Heilige und Gott sind eben diesen beiden Typen zuzuordnen; (der historisch geoffenbarte und in seinem Wort als Schrift festgelegte) Gott ist für Eliade geradezu das Gegenteil zum Heiligen.

3.9. Die Deutung von Ritualen

Schließlich sei noch die Deutung und die Bedeutung als die je in einem Ritual gegebene Deutung eines Symbols erwähnt. Dabei lässt die Polysemie der Symbole mehr als eine Deutung zu und jede gegebene Deutung lässt sich als Metapher weiter führen. Die Gefahr liegt eher darin, dass man eine Metapher nicht in der Bildebene entfaltet, sondern von Metapher zu Metapher springt, weil es nur um die Deutungsebene geht. Schon Paulus misslingt das mehrfach. In der Taufe ist das Wasser schon in frühchristlicher Zeit als tötendes, als reinigendes, als Leben gebendes Element entfaltet worden. Die Deutungen werden das Mysterium mit Sinn füllen, ohne es auszuschöpfen. Zusammengefasst bedeutet dies:

Rituale sind

(1) gemeinschaftlich durchgeführte feierliche Handlungen (zum Ausnahmefall nicht gemeinschaftlich ausgeführter Rituale s.u.),

(2) die ein bedeutendes Erlebnis in einer symbolischen Gestaltung bearbeiten,

– das ein Einzelner als Mitglied der Gruppe oder die Gruppe als Ganze erlebt hat. Die Bearbeitung hat das Ziel, die Erfahrung in die eigene Lebensgeschichte integrieren zu können, oder
– das Ritual bearbeitet einen kritischen Moment voraus, der noch zu erwarten ist.
– Riten verringern den Zwang, sich entscheiden zu müssen, weil ein Prozedere festgelegt ist, der kritischen Lebenssituation zu begegnen, und
– sie bringen Angst unter Kontrolle. Dadurch wird das Individuum entlastet.

- So lassen sie sich dem Prinzip der Wiederholung eines bewährten Mittels zuordnen, kritische und traumatische Umstände unter die innere Kontrolle zu bringen.
- Diese Routinen des symbolischen Verhaltens gelten als bewährt, auch wenn sie im Einzelfall misslingen.

(3) Sie stellen die Gemeinschaft neu auf, wenn ein Mitglied hinzukommt (oder sie verlässt, insbesondere beim Tod).

- Rituale wirken solidaritätsstiftend und verstärken eher Sozialstrukturen, Kommunikations- und Kontrollsysteme (zur Möglichkeit, dass sie im Gegenteil diese umstürzen s.u.).
- Die Grundlagen der gemeinschaftlichen Identität werden memoriert und aktualisiert:

(4) Rituale dienen der Kommunikation nach außen, indem sie ein wichtiges Ereignis veröffentlichen. Die Kommunikation geht über die Personen des alltäglichen Umgangs hinaus. Sie bezieht oft auch ›Dritte‹ mit ein, um das Ereignis über die heute lebende Gesellschaft hinaus festzuhalten (die Ahnen, die Geschichte, die Nation, Gott) und sie wird dokumentiert in Monumenten des sozialen Gedächtnisses. Solche Rituale können auch nur von Mensch A gegenüber dem ›Dritten‹ ohne einen anderen Menschen B durchgeführt werden, mit dem Ziel, auch für B etwas mitzuteilen.

(5) In der Regel ist für Rituale ein besonderer Ort eingerichtet, der die Feierlichkeit durch architektonische Gestaltung und eigens für die Rituale reservierte Geräte und Kleidung wahrnehmen lässt.

4. Der Dreischritt der Übergangsrituale

4.1. Eine Klassifikation von Ritualen

Die Taufe ist in einer Taxonomie der Rituale der Klasse der Lebenslauf-Rituale zuzuordnen: Man durchläuft sie je einmal im Leben: Geburt, Erwachsen-Werden, Heirat, Alterung, Tod. Damit unterscheiden Lebenslauf-Rituale sich von den kalendarischen Ritualen, welche die Gemeinde alljährlich feiert, wie Neujahr oder Erntedank. Die soziale Funktion der Lebenslaufrituale wäre wohl besser mit ›auf die Familie bezogen‹ zu bezeichnen. Damit ist die Frage gestellt, was aus solchen Ritualen wird, wenn die Sozialform der Familie als sozialer Grundbaustein der Gesellschaft in der Moderne schwindet.

	Sozial	Temporal
Kalendarische Rituale	Gemeinschaftlich	Regelmäßig wiederkehrend
Übergangsrituale bzw. Lebenslaufrituale	Individuell	Einmalig

4.2. Der soziale Sitz im Leben

Als Funktion solcher Lebenslauf-Rituale hat vor einhundert Jahren der Religionswissenschaftler Arnold van Gennep in seiner Schrift *Les rites de passage* (1909) die Erhöhung des sozialen *status* eines Mitglieds der Gemeinschaft herausgestellt (zu van Gennep vgl. Schomburg-Scherff 2004). Diese Erhöhung erfolge in dem klassischen Dreischritt von Trennungsriten (*rites de separation*), Übergangs- bzw. Schwellenriten (*rites de marge*) und Angliederungsriten »*rites d'agrégation*«.

Zunächst wird das Mitglied getrennt, ausgestoßen, symbolisch gar dem Tod anheimgegeben. Dann lebt es – meist über längere Zeit – in einem Zwischenzustand, *betwixt and between*, statuslos, bevor es in den Riten der Angliederung wieder in einen definierten Status der Gesellschaft eingeordnet ist, einen höheren als zuvor. Die Übergangsrituale waren noch bis vor zwei Generationen enger an funktionale Statusveränderungen angebunden. Die Konfirmation war am Schluss der Schulzeit angesiedelt und markierte vielfach das Verlassen der Familie. Das »Frei«-sprechen der Lehrlinge zu Gesellen eröffnete auch die Möglichkeit, eine Familie zu gründen. Heute sind *status*-Veränderungen oft kaum wahrnehmbar, weder für die nähere Umgebung noch für den Betroffenen selbst.

4.3. Ritual – Struktur und Antistruktur

Victor Turner spitzte das Drei-Schritt-Modell zu durch zwei ergänzende Beobachtungen (Turner 1969/1989; dazu Bräunlein 2004). Zum einen stellte er heraus, dass die mittlere Phase, die er die »liminale« (von lat. *limen*/Schwelle) nannte, eine große Bedeutung hat: Denn in dieser Zwischenphase erfahren sich *alle* Teilnehmer als erniedrigt, sind einander gleich und ohne Vorrechte aus ihrer sozialen Herkunft (s. dazu auch S. 71f.). In dieser Phase gelten andere Regeln, die der normalen Ordnung in der Gesellschaft widersprechen und die somit eine Antistruktur bilden. Die Phase ist gekennzeichnet durch gemeinsame Entbehrungen, Solidarität und Einstehen für einander, Gleichheit aller, Geschwisterlichkeit, Verachtung von Reichtum u.a. Diese Anti-Gesellschaft nannte Turner *communitas*/Gemeinschaft.

4.4. Marginalität, Liminalität, liminoide Subgesellschaften

Zum anderen untersuchte Turner die Dauer des Schwellenzustandes. In seinen Beobachtungen von afrikanischen Stammesgesellschaften wurde deutlich, dass die Phase des Dazwischen oft eine längere Zeit dauert, die *communitas* dem entsprechend sich vielfach bewähren muss und der Einzelne ein Leben lang von den Erfahrungen dieser Gemeinschaft zehrt. Manchmal wird etwas von der Solidarität auch in die normale Alltagsordnung übertragen. Mit der Entdeckung, dass die Zeitstruktur nicht nur für einen rasch durchlebten biographischen Zwischenraum gilt, kam Turner die Idee, dass es die *communitas* auch ohne die abschließende Statuserhöhung gibt. Dies führte ihn zu dem weit reichenden Gedanken, das Modell der Zwischenphase als gesellschaftliches Gegenmodell auf Gruppen zu übertragen, die dauerhaft in solch einer marginalen Situation leben. Selbst in England der kommunistischen Partei beigetreten, kannte Turner die Solidarität der Genossen und Genossenschaften. Da ihre Mitglieder nicht an dem Prozess der Statuserhöhung teilhaben, ist ihre Statusminderung auf Dauer gestellt. Solche Subgesellschaften nannte Turner *liminoid* (schwellenartig). Außer den Kommunisten zählte er dazu die Franziskaner oder Gandhis Bewegung zur Befreiung Indiens aus der kolonialen Herrschaft.

4.5. Die liminoide Struktur des Urchristentums

Die Beschreibung der Jesusbewegung als liminoid drängt sich auf. Die dualistischen Gegensatzpaare, die Turner (1989: 105) aufstellt, lassen sich übertragen (Strecker 1999). Man sieht aber auch, dass Turner sich eher an der benediktinischen und franziskanischen, also katholisch-mönchischen Lebensformen mit ihren Kennzeichen des Schweigens, der sakralen Einweisung, des Gehorsams orientiert als an urchristlichen. Ein zweites Problem stellt sich mit der Statuserhöhung. In chiliastischen Gesellschaften mit ihren die ideale Endzeit vorwegnehmenden religiösen Lebensmodellen ist die erhoffte Statuserhöhung innerweltlich. Eine jenseitige dagegen sprengt eher das Modell.

Die Übertragung des Ritual-Modells eines dramatischen Prozesses in statischen Parallelgesellschaften (parallel nebeneinander Gesellschaft und Sub-Gesellschaft) nimmt Turner die Möglichkeit, noch das Ritual zu beschreiben. Die Taufgesellschaft kann man als eine liminale beschreiben, aber man stößt doch bald auf Widersprüche. Für den Säugling kann man den Dreischritt so beschreiben: Er hat noch keinen sozialen Status, wird – nackt ausgezogen und ›ersäuft‹, schreit entsprechend, erhält aber durch das Ritual den Status Kind. – Für die Eltern kann man zunächst Minderungen erkennen: Ökonomische und bald auch soziale Einschränkungen, die Arbeitskraft wird meist als reduziert angesehen. Dass man diesen Phänomenen eine intrinsische Wertschätzung entgegensetzen kann, ist zwar zutreffend; die Befragungen bei Müller 2010 zeigen aber die starke Wahrnehmung von Einschränkung und Minderwertigkeit derer, die Eltern geworden sind.

4.6. Das Ritual als Spiel

Einen anderen Aspekt gewinnt das Ritual, wenn man es als Spiel versteht. Dabei können die Spielregeln ausgehandelt werden; der Spielmeister (Regisseur; Priester) kann enge oder weite Vorgaben machen, die Spieler und Mitspieler beteiligen sich am kreativen Erfinden, das Spiel setzt auch Proben voraus, damit bei der »Uraufführung« Pannen durch mangelnde Absprache oder chaotische Abfolgen vermieden werden. Viele Gemeindeglieder schätzen Schönheit und Ordnung. Damit ist die Rolle der Zuschauer angesprochen, die ihrerseits nicht passiv bleiben müssen. Wenn die Taufgruppe mit dem Rücken zur Gemeinde steht, sehen die Zuschauer nichts. Gerade bei einem Ritual wie der Taufe ist Bewegung sinnvoll.

5. Initiation: Ein Wort – zwei Begriffe

5.1. Initiation in vorstaatlichen Gesellschaften

Die Taufe wird vielfach mit dem aus der katholischen Tradition stammenden Begriff der Initiation bezeichnet. Der Terminus Initiation umfasst jedoch zwei sehr unterschiedliche Phänomene, deren Differenz hier anzusprechen ist. Die Ethnologie hat den Begriff auf die Aufnahme von Jugendlichen in den Kreis der Erwachsenen angewendet, wenn sie die Statuserhöhung des männlichen Jugendlichen zum Inhaber der vollen Rechte eines Bürgers und zum Inhaber der Erlaubnis, eine Familie zu gründen, und die Statuserhöhung der Frau zur potentiellen Mutter in einem Ritual bzw. einer rituellen Sequenz öffentlich bekannt macht. Das geschieht nicht in einer individuellen Feier jeweils beim Erreichen der Volljährigkeit. Vielmehr werden die Jugendlichen einer Altersklasse aus ihren Familien verjagt, leben auf sich selbst gestellt oder in der Gruppe, wo sie Prüfungen durchlaufen bis hin zum survival-Training. Das erste Tier ist auf der Jagd selbst zu erlegen, möglichst ohne eine Fernwaffe, so dass der Kampf mit dem Tier tiefe Narben hinterlässt (vgl. dazu Auffarth 1991). Weitere Kennzeichen sind künstliche Narben und Tätowierungen, Kampfspiele, Mannbarkeitsriten. Mythen von heldenhaften Männern wie Achilles oder Herakles erzählen das Ideal, das man nie erreichen kann, aber dem man doch nahe kommen will. Jede Gesellschaft (Ethnie) ordnet das Übergangsritual wieder anders.

5.2. Altersklasse als strukturierendes Prinzip

Unter den Bedingungen vorstaatlicher Gesellschaften (da unter diesem Begriff unterschiedliche Organisationsformen und Wirtschaftsgrundlagen gemeint sein können: Hier ist von segmentären Gesellschaften die Rede) sind die Altersklassen das strukturierende Element. Jede Altersklasse hat im Übergangsritual die gemeinsame Erfahrung der *communitas* durchlebt. Wie weit sich das Modell, das aus Kleingesellschaften gewonnen ist, übertragen lässt auf sozial komplexe moderne Gesellschaften, habe ich schon problematisiert.

5.3. Die Taufe als *initiatio*

Von den Ritualen, die grundsätzlich jede und jeder Angehörige einer Gesellschaft durchläuft, ist – zunächst – deutlich zu unterscheiden das Prinzip der *initiatio*, wie sie die christliche Taufe als Ritual darstellt. Ich verwende der Unterscheidung halber dafür den lateinischen Begriff. Dieses stammt aus den vereinsmäßig organisierten Mysterienkulten, denen niemand angehört, es sei denn, er oder sie lässt sich darin aufnehmen (vgl. dazu Auffarth 2011). Das Ritual der Aufnahme, die *initiatio*, ist also eine freiwillige Sache, die nicht durch die Geburt und ein bestimmtes Alter jeden in der Gesellschaft einschließt. Allerdings hat sich bereits in der Antike die Taufe zur Kindertaufe, das Christentum zur Religion fast jeden Einwohners des römischen Reiches entwickelt, und es ist damit aus dem Freiwilligkeitsritus der Normal-, ja: der Zwangsritus geworden. In der jüngsten Moderne entwickelte sich die Taufe wieder zum Freiwilligkeitsritus, der sich gleichwohl nicht zur ›Begierdetaufe‹ für Erwachsene zuspitzt, sondern die Ritualsequenz von Säuglingstaufe und Firmung/Konfirmation beibehält (oben 3.7).

5.4. Besondere *initiatio*

Noch einmal davon zu unterscheiden ist dann eine weitere Form der *initiatio*, diejenige der Priester. Nur wer durch die erste Einweihung in die Gemeinde, die Taufe, Mitglied in der christlichen

Gemeinde geworden ist, kann sich bewerben um das Priesteramt (unter zusätzlichen Bedingungen). Dann kann er – nach Ausbildung und Bewährung – in den Priesterstand initiiert werden. Diese zweite Form der *initiatio* schafft zwei Gruppen von Christen: Menschen, die dazu gehören, und andere, die ausgeschlossen sind.

6. »Analogien« zur christlichen Taufe in der antiken Religionsgeschichte

6.1. Der Ansatz der Religionsgeschichtlichen Schule

Die Religionsgeschichtliche Schule hat um 1900 die Frage gestellt, wo der Ursprung der Taufe und die Analogien in der antiken Religionsgeschichte zu finden seien. Eine Herkunft der Taufe aus Ritualen des Alten Israel ist ja schwierig zu finden. Seither sind allerdings neue Quellen zugänglich geworden wie besonders der Jahrhundertfund der Qumran-Texte, die die Taufe der Reformbewegung Johannes des Täufers und der Jesusbewegung nicht ganz so exzeptionell erscheinen lassen. Bei der Suche im religionsgeschichtlichen Umfeld stießen die Religionsgeschichtler auf Initiationsrituale mit Wasser in den sog. Mysterienreligionen (vgl. Colpe 1992; s. dazu auch S. 70f.). Bevor man diese Analogien und möglicherweise nachgeahmte »heidnische« Rituale vergleicht, müssen aber zunächst Fragestellung und Methode geprüft werden. Denn es ging den ›Religionsgeschichtlern‹ eher darum, die historische Bedingtheit herauszustellen, um sich von der Tradition zu befreien. Sakramente sind antike Inszenierungen, die das Christentum zu Werbezwecken übernommen hat, derer die Moderne aber nicht mehr bedarf. Die Frage hat schließlich eine antikatholische Stoßrichtung. Problematisiert werden die Sakramente insgesamt und die Heilsmittlerschaft, weil sie aus der Sicht der Protestanten etwas zwischen Gott und Mensch stellen.

6.2. Die ›Bluttaufe‹ im Kybele-Kult

Bereits Tertullian greift im Traktat *De baptismo* (um 200 n. Chr.) die Mysterienkulte an, weil sie attraktive christliche Rituale kopierten – nicht etwa umgekehrt! Die Taufe als Reinigungsbad würden sie aber missverstehen, denn den Menschen nur mit Wasser abzuwaschen, mache ihn nicht rein. Ein Initiationsritual ist geradezu sprichwörtlich geworden für »heidnische« Bräuche, das Taurobolium. Eine späte Beschreibung (Prudentius, *Peristephanon* 10, 1001–1050) schildert es drastisch: Wer in die Kybele-Mysterien aufgenommen wird, stellt sich in eine Grube, über der ein Gitter angebracht ist. Oben wird ein Stier abgeschlachtet und sein Blut schießt, strömt und tropft auf das künftige Mitglied. Wohl auf das gleiche Ritual bezieht sich die Kritik bei Tertullian. Er reklamiert das richtige Ritual für die Christen. Sie gebrauchten das Blut innerlich und erst durch den Genuss des Abendmahl-Blutes werde es heilsam. Manche Christen aber kämen in die Gnade der großen Bluttaufe, wenn sie als Märtyrer ihr eigenes Blut vergießen. So sehr sich Archäologen mühten, solche Gruben für ›Bluttaufen‹ nachzuweisen, es ist noch keine identifiziert.

6.3. Die Methode des Vergleichs

Der amerikanische Religionshistoriker Jonathan Z. Smith (Smith 1978 u. 1994) hat vor solchen Vergleichen gewarnt. Aus einzelnen, rhetorisch ausgeschmückten Beschreibungen könne man nicht auf die antike Normalität schließen. Und einzelne Mosaiksteinchen aus ganz unterschiedlichen Ecken und Mosaiken ergäben nicht eine vergleichbare Größe (die Heiden), deren Unterschiede man auch beschreiben könnte.

6.4. Äquivalente als Ansatz zum Vergleich

Entsprechend dem religionswissenschaftlichen Ansatz müsste der Vergleich auf Äquivalente verbreitert werden, auf Geburtsrituale und Rituale, die Reinheit herstellen und Gefährdung beseitigen (Douglas 1966 u. 1970; Parker 1983). Für die mögliche Übernahme antiker Rituale in das entstehende Christentum sind weniger Enteignung und Aneignung zu werten als vielmehr die Verwendung von Symbolen aus dem Zeichenschatz der gemeinsamen religiösen ›Sprache‹ im römischen Reich. Analogien lassen sich feststellen in Bezug auf Rituale, in denen Erwachsene, die um ein Geheimnis wissen, aufgenommen werden in eine religiöse Gemeinschaft. Die Mysterien von Eleusis sind das Modell und Vorbild für solche Rituale. Der Dichter Aristophanes (um 400 v. Chr.) hat sie mehrfach mit einem Augenzwinkern und verfremdet auf die Bühne gebracht (in den *Wolken* und in den *Fröschen*; vgl. Auffarth 1999). Am nächsten steht der christlichen Taufe die Initiation im Wasserbecken, wie sie in den Mithras-Mysterien als Ritual der Aufnahme vollzogen wurde (Colpe 1992; Auffarth 2006).

6.5. Gleiches Ritual und gleiche Bedeutung?

Wenn im Vorigen hervorgehoben wurde, dass die symbolische Handlung eine eigene Zeichensprache entwickelt, dann verbindet sich mit der möglichen Übernahme der symbolischen Handlung (in die eine oder andere Richtung) nicht auch die gleiche Bedeutung in der anderen Religion. War mit der Aufnahme in die Mysteriengemeinde ein Versprechen eines ethisch besseren Lebens zu geben? Enthielt der symbolische Tod auch die Verheißung leiblicher Wiedergeburt? Wahrscheinlich sind solche Verheißungen erst spät, in der Auseinandersetzung mit dem Christentum, wichtig geworden.

7. Schluss

Die Taufe als Ritual zu betrachten, führt auf die neuen Wege der Ritualforschung, zur ›performativen Wende‹. Tradition und Kreativität schließen sich nicht aus, vielmehr fordern sie sich gegenseitig heraus. Der magische Realismus (demzufolge ein Ritual nur dann wirkt, wenn es nach einem feststehenden und stets wiederkehrenden Muster ausgeführt wird) steht im Widerspruch zu den hermeneutischen Übersetzungen der Tradition in die jeweilige

Lebenswelt. Dabei erweisen sich die symbolische Handlung und die Bedeutungsgebung als zwei Bereiche, die wie eine Metapher in wichtigen Teilen eine Übereinstimmung benötigen, um plausibel zu werden. Aber sie sind eben nur teilweise kongruent, nicht einfach eine pragmatische Umsetzung des »Wortes« und nicht einfach eine Verbalisierung der Handlung. Die lebensweltliche Funktion des Tauffestes als Veröffentlichung einer enormen Veränderung im Leben der Eltern und des Kindes, als Aufruf und Versprechen zur Solidarität – angesichts von Zeugen und ›Dritten‹ – sind der Kontext, innerhalb dessen das religiöse Ritual nur einen Teil bildet.

Quellen- und Literaturverzeichnis

Assmann 1992: Assmann, Jan: Das kulturelle Gedächtnis. Schrift, Erinnerung und politische Identität in frühen Hochkulturen, München 1992.
Auffarth 1991: Auffarth, Christoph: Der drohende Untergang. »Schöpfung« in Mythos und Ritual im Alten Orient und in Griechenland am Beispiel der Odyssee und des Ezechielbuches, RGVV 39 Berlin; New York 1991, 411–460.
Auffarth 1999: Auffarth, Christoph: Ein seltsamer Priester und seine Jünger. Typisches und Charakteristisches im Bühnen-Sokrates des Aristophanes, in: Pestalozzi, Karl (Hg.): Der fragende Sokrates (Colloquium Rauricum 6), Stuttgart 1999, 77–97.
Auffarth 2006: Auffarth, Christoph: »Licht vom Osten«. Die antiken Mysterienkulte als Vorläufer, Gegenmodell oder katholisches Gift zum Christentum, in: ARelG 8 (2006), 206–226.
Auffarth 2007: Auffarth, Christoph: Ritual, Performanz, Theater. Die Religion der Athener in Aristophanes' Komödien, in: Bierl, Anton F./Lämmle, Rebecca/Wesselmann, Katharina (Hgg.): Literatur und Religion 1. Wege zu einer mythisch-rituellen Poetik bei den Griechen (MythosEikonPoiesis 1), Berlin/New York 2007, 387–414.
Auffarth 2010: Auffarth, Christoph: Himmel – Hölle – Fegefeuer I, in: Markschies, Christoph/Wolf, Hubert (Hgg.): Erinnerungsorte des Christentums, München 2010, 515–523.
Auffarth 2012: Auffarth, Christoph: Mysterienkulte, in: RAC 26 ([2012]), im Druck.
Belliger/Krieger 1998: Belliger, Andréa/Krieger, David J. (Hgg.): Ritualtheorien. Ein einführendes Handbuch, Opladen 1998.
Bering 1987: Bering, Dietz: Der Name als Stigma. Antisemitismus im deutschen Alltag 1812 – 1933, Stuttgart 1987.

Bräunlein 2004: Bräunlein, Peter J.: Victor Witter Turner (1920–1983), in: Michaels, Axel (Hg.): Klassiker der Religionswissenschaft. Von Friedrich Schleiermacher bis Mircea Eliade, München 2004, 324–342; 405–409.

Burkert 1972: Burkert, Walter: Homo necans. Interpretationen altgriechischer Opferriten und Mythen, Berlin/New York 1972.

Burkert 1998: Burkert, Walter: Kulte des Altertums. Biologische Grundlagen der Religion, München 1998 (^{2}2009); amer. The Creation of the Sacred. Tracks of Biology in Early Religions, Cambridge Mass./London 1996.

Colpe 1992: Colpe, Carsten: Mysterienkult und Liturgie. Zum Vergleich heidnischer Rituale und christlicher Sakramente, in: ders. (Hg.): Spätantike und Christentum, Berlin 1992, 203–228.

al-Djauzī 2009: al-Djauzī, Abu l-Faradj ibn: Kitāb aḥkām al-nisā' – Das Buch der Weisungen für Frauen, übersetzt und erklärt von Hannelies Koloska, Frankfurt a.M. 2009.

Douglas 1966: Douglas, Mary: Purity and Danger. An Analysis of the Concepts of Pollution and Taboo, London 1966; dt.: Reinheit und Gefährdung. Eine Studie zu Vorstellungen von Verunreinigung und Tabu, Berlin 1986.

Douglas 1970: Douglas, Mary: Natural Symbols. Explorations in Cosmology, London 1970; dt.: Ritual, Tabu und Körpersymbolik. Sozialanthropologische Studien in Industriegesellschaft und Stammeskultur, Frankfurt a.M. 1974.

Freud 1907: Freud, Sigmund: Zwangshandlungen und Religionsübungen, in: Freud, Anna u.a. (Hgg.): Gesammelte Werke, Bd. 7, Frankfurt a.M. ^{4}1966, 129–139.

Freud 1913: Freud, Sigmund: Totem und Tabu. Einige Übereinstimmungen im Seelenleben der Wilden und der Neurotiker, Leipzig/Wien 1913.

Fried 2004: Fried, Johannes: Der Schleier der Erinnerung. Grundzüge einer historischen Memorik, München 2004.

Gailus 2008: Gailus, Manfred (Hg.): Kirchliche Amtshilfe. Die Kirche und die Judenverfolgung im »Dritten Reich«, Göttingen 2008.

Gaster 1950: Gaster, Theodor Herzl: Thespis. Ritual, Myth, and Drama in the Ancient Near East, New York 1950. (Vgl.: Die ältesten Geschichten der Welt, Berlin 1983)

Gennep 1909: Gennep, Arnold van: Les rites de passage, Paris 1909; dt.: Übergangsriten (Les rites de passage), Frankfurt a.M./New York 1986.

Girard 1972: Girard, René: La Violence et le sacré, Paris 1972; dt.: Das Heilige und die Gewalt, Zürich 1987.

Gladigow 1998: Gladigow, Burkhard: Komplexes Ritual, in: HRWG 4 (1998), 458–460.

Graff 1929/1939: Graff, Paul: Die Auflösung der gottesdienstlichen Formen in der Aufklärung, 2 Bde., Göttingen 1929 (Bd. 1, ^{2}1939); 1939.

Janowski 2000: Janowski, Christine: Allerlösung. Annäherung an eine entdualisierte Eschatologie, Neukirchen-Vluyn 2000.

Jetter 1986: Jetter, Werner: Symbol und Ritual. Anthropologische Elemente im Gottesdienst, Göttingen ²1986.
Lang 1984: Lang, Bernhard: Das tanzende Wort. Intellektuelle Rituale im Religionsvergleich, München 1984.
Lang 1998a: Lang, Bernhard: Art. Ritus/Ritual, in: HRWG 4 (1998), 442–458.
Lang 1998b: Lang, Bernhard: Heiliges Spiel, München 1998.
Mertens 1997: Mertens, Wolfgang: Art. Trieb, in: HWP 10 (1997), 1483–1492.
Meuli 1946a: Meuli, Karl: Entstehung und Sinn der Trauersitten, in: SAVK 43 (1946) 91–109; auch in: ders.: Gesammelte Schriften, Bd. 1, hg. von Thomas Gelzer, Basel 1975, 333–351.
Meuli 1946b: Meuli, Karl: Griechische Opferbräuche, in: Gigon, Olof u.a. (Hgg.): Phyllobolia für Peter von der Mühll zum 60. Geburtstag am 1. August 1945, Basel 1946, 185–288; auch in: ders.: Gesammelte Schriften, Bd. 2, hg. von Thomas Gelzer, Basel 1975, 907–1021.
Michaels 1999 : Michaels, Axel: Le rituel pour le rituel? Oder wie sinnlos sind Rituale?, in: Caduff, Corina/Pfaff-Czarnecka, Joanna (Hgg.): Rituale heute. Theorien, Kontroversen, Entwürfe, Berlin 1999, 23–48.
Michaels 2007: Michaels, Axel (Hg.): Die neue Kraft der Rituale, Heidelberg 2007.
Mitterauer 1993: Mitterauer, Michael: Ahnen und Heilige. Namengebung in der europäischen Geschichte, München 1993.
Mohn 2008: Mohn, Jürgen: »Die Taufe der Welt«. Zur Visualisierung und Universalisierung des christlichen Taufrituals als rite de passage der Heilsgeschichte. Eine religionsaisthetische Fremdperspektive auf das Christentum, in: Hoff, Gregor/Waldenfels, Hans (Hgg.): Die ethnologische Konstruktion des Christentums. Fremdperspektiven auf eine bekannte Religion (Religionskulturen 5), Stuttgart 2008, 84–114.
Müller 2010: Müller, Christoph [Dietrich]: Taufe als Lebensperspektive. Empirisch-theologische Erkundungen eines Schlüsselrituals (PTHe 106), Stuttgart 2010.
Parker 1983: Parker, Robert: Miasma. Pollution and Purification in Early Greek Religion, Oxford 1983.
Prudentius, Peristephanon: Bergman, Johan (Hg.), *Aurelii Prudentii Clementis carmina* (CSEL 61), Wien 1926.
Rappaport 2004: Rappaport, Roy: Ritual and religion in the making of humanity (Cambridge studies in social and cultural anthropology 110), Cambridge 2004.
Sarasin 2001: Sarasin, Philipp: Reizbare Maschinen. Eine Geschichte des Körpers 1765–1914, Frankfurt a.M. 2001.
Schomburg-Scherff 2004: Schomburg-Scherff, Sylvia M.: Arnold van Gennep (1873–1957), in: Michaels, Axel (Hg.): Klassiker der Religionswissenschaft. Von Friedrich Schleiermacher bis Mircea Eliade, München 2004, 222–233; 392–394.

Smith 1978: Smith, Jonathan Z.: Map is not Territory, Leiden 1978, 190–207.
Smith 1987: Smith, Jonathan Z.: To Take Place. Toward Theory in Ritual, Chicago 1987.
Smith 1994: Smith, Jonathan Z.: Drudgery Divine. On the Comparison of Early Christianities and the Religions of Late Antiquity, Chicago 1994.
Staal 1975: Staal, Frits: The Meaninglessness of Ritual, in: Numen 26 (1975), 2–22.
Strecker 1999: Strecker, Christian: Die liminale Theologie des Paulus. Zugänge zur paulinischen Theologie aus kulturanthropologischer Perspektive (FRLANT 185), Göttingen 1999.
Tertullian, De baptismo: Schleyer, Friedrich (Hg.): De baptismo (FC 76), Turnhout 2006.
Turner 1969/1989: Turner, Victor W.: The Ritual Process, New Brunswick 1969; dt.: Das Ritual. Struktur und Antistruktur, Frankfurt a.M. 1989.
Vernier 1984: Vernier, Bernard: Vom rechten Gebrauch der Verwandten und der Verwandtschaft: die Zirkulation von Gütern, Arbeitskräften und Vornamen auf Karpathos/Griechenland, in: Medick, Hans/Sabean, David (Hgg.): Emotionen und materielle Interessen. Sozialanthropologische und historische Beiträge zur Familienforschung, Göttingen 1984, 55–110.
Welzer 2002: Welzer, Harald: Opa war kein Nazi. Nationalsozialismus und Holocaust im Familiengedächtnis, Frankfurt a.M. 2002.

Zusammenschau

Markus Öhler

Theologie und Praxis der Taufe

Die Taufe ist als eines der beiden zentralen Sakramente bzw. Rituale des Christentums seit jeher im Fokus von Theologie und Kirche. Die Beiträge dieses Bandes haben dies in unterschiedlicher Weise aufgezeigt, wobei die zahlreichen Einzelaspekte hier nicht harmonisierend zu einer einheitlichen Tauftheologie vereint werden können. Dennoch haben sich aber vier Themenkomplexe herausgestellt, die für die zukünftige theologische Arbeit zur Taufe und die kirchliche Praxis von großer Bedeutung sein werden. Zunächst ist hier (1) die ritualwissenschaftliche bzw. ritualhistorische Forschung zu nennen. Neben Vergleichen zwischen verschiedenen Formen von Ritualen, die einiges zur Wahrnehmung der Besonderheit der christlichen Taufe beitragen, lassen sich aus der geschichtlichen Entwicklung wie aus dem analytischen Blick auf die Taufe als Ritual weiterführende Einsichten gewinnen. Sodann (2) ist zu erwarten, dass neben dem klassischen Thema der Kinder(Unmündigen)-Taufe auch Taufen von Jugendlichen und Erwachsenen in Zukunft eine zunehmend wichtigere Rolle spielen werden. Weiter wird (3) zu bedenken sein, welche Bedeutung die Taufe in den gegenwärtigen Gesprächen unter den Kirchen und im Kontext der säkularen Gesellschaft auch in Zukunft hat. Schließlich (4) eröffnet ein Verständnis der Taufe als Wagnis, das auf Gottes Zusage hin vollzogen wird, eine theologische Perspektive, die sakramentalen Charakter und Unverfügbarkeit in fruchtbarer Spannung halten soll.

1. Die Taufe als historisches und gegenwärtiges Ritual

Wie sehr die biblische und antike Welt von Ritualen durchzogen war, von denen Waschungen, Initiationsrituale und die Taufe selbst nur Teile waren, zeigen die alt- und neutestamentlichen Texte. Die Taufe wurzelt im Ritualkosmos Israels und des Judentums, wobei Johannes dem Täufer hier die prägende Funktion zukam. Zugleich entwickelt sich die Taufe von den Anfängen in Jerusalem und im mediterranen Raum bis weit in die patristische Zeit hinein in einer durch Rituale geprägten Welt, wobei jene zur Reinigung von metaphorisch verstandener Unreinheit ebenso einflussreich waren wie spezifische Rituale zur Initiation in Gemeinschaften. Daraus entwickelte sich über die Jahrhunderte eine durch vielerlei Formen unterschiedene Taufpraxis. Diese Vielfalt ist für die Gegenwart von eminenter Bedeutung, lassen sich doch daraus auch Impulse für jene Herausforderungen gewinnen, mit denen heutiges Taufen konfrontiert ist. Der Erfahrungsschatz mit diesem Ritual, den die Beiträge dieses Bandes aufgearbeitet haben, ist groß und bereichert die gegenwärtige Taufpraxis mit Anregungen und Anfragen.

Mit den unterschiedlichen Tauferfahrungen verbunden sind pluriforme Deutungen, wie sie Ritualen grundsätzlich inhärent sind. Die symbolische Sprache der Taufe fordert sie geradezu heraus. Die lange Geschichte der Taufinterpretation vom Neuen Testament über die Kirchenväter und die Reformation bis hin in die theologischen Diskussionen des 20. Jahrhunderts, die oftmals trennenden Sichtweisen auf die Taufe vor allem im Protestantismus und in freikirchlichen Traditionen, sind Aufweis der Uneindeutigkeit von Ritualen und des Bedürfnisses nach Eindeutigkeit. An der Seite der Theologen und Theologinnen stehen als Dialogpartner in der Ritualinterpretation Menschen, die sich selbst oder ihre Kinder taufen lassen und je für sich deuten, was im Ritual geschieht. Dass dies oft auch in Differenz zur theologisch begründeten bzw. kirchlich verkündeten Lehre steht, tut der Berechtigung solcher Deutungen keinen Abbruch, sondern muss als Anfrage, Ergänzung oder auch Korrektur aufgenommen werden. Die gerade im Protestantismus verbreitete Scheu vor uneindeutigen Symbolen hat das Taufritual verarmen lassen, um dem verkündigenden Wort das Feld zu überlassen. Initiativen wie das »Jahr der Taufe« (2011) und die Ausarbeitung neuer Taufagenden, die den Symbolreichtum der patristischen Tradition positiv aufnehmen, beruhen gegenwärtig auf der zunehmenden Einsicht, dass Taufsymbole vielfältige Potentiale für Erfahrung und ihre reflektierte Deutung eröffnen.

Trotz aller Deutungsdifferenzen und Unterschiede in der Praxis, die schon im Neuen Testament erkennbar werden und sich in der Liturgie- bzw. Dogmengeschichte in aller Fülle zeigen, blieb und bleibt die Taufe selbst die Konstante und ein unverzichtbares Element ritueller Kommunikation im christlichen Kontext. Gegenwärtig lässt sich eine hohe Wertschätzung der Taufe erkennen: Diese entspricht zum einen dem grundsätzlichen menschlichen Bedürfnis nach Ritualen, die sinnlich erfahrbar und gestaltbar machen, was durch Worte so nicht vermittelbar ist. Zum anderen hat die Taufe – wie auch schon im frühen Christentum – eine kontrakulturelle Dimension: Allein das Ritual selbst macht dies deutlich, wenn das alltägliche Waschen als leiblich-seelisches Transformationsgeschehen inszeniert wird, das sich mimetisch auf die Taufe Jesu (Mk 1) bzw. auf sein Sterben und Auferstehen (Röm 6) bezieht. Die Taufe geht aber nicht nur über kulturelle Gebräuche hinaus, sondern nimmt den Getauften initiatorisch in die neue Welt des Evangeliums hinein, in die liminale Existenz im Geist, durchaus in Spannung und Widerspruch zur Gegenwartskultur.

Im vorliegenden Band ist immer wieder zur Sprache gekommen, dass die Taufe solche Erfahrungsdimensionen eröffnet, die aber nicht nur im Augenblick wichtig sind, sondern aus dem konkreten Erleben in die Lebensgeschichte hineinreichen wollen. Dies ist schon für Johannes den Täufer vorauszusetzen und wird von Paulus expliziert. Der performative Vollzug des Neu-Werdens als leibliche Erfahrung ist für das Taufgeschehen zentral, wobei diese Erfahrung – zumindest theoretisch – von allen Getauften geteilt wird. Aber auch wenn sich dies durch die Säuglingstaufe verändert hat, haben doch andere (Eltern, Paten und Patinnen, Pfarrer und Pfarrerinnen) darauf zu verweisen, dass das Taufritual am Beginn eines christlichen Lebens steht, das von da an durch den Heiligen Geist geprägt wird. So kann die eigene Kindertaufe auch zur eigenen lebensgestaltenden Erinnerung im weiteren Sinn werden, die je und je vergegenwärtigt wird.

Das »christliche Leben« geschieht schließlich, und dies verleiht der Taufe u.a. ihren Charakter als Initiationsritual, als Leben in der Gemeinschaft von Ortsgemeinde und Kirche, mit Generationen von Getauften in Vergangenheit, Gegenwart und Zukunft. Das eine Ritual verbindet sie paulinisch gesprochen »zum Leib Christi« (vgl. 1Kor 12,13), der von Christus her begründet ist und der eine gemeinsame »Memoria« teilt. Die Taufe hat Öffentlichkeitscharakter, der mit dem Bekenntnis zu Christus verbunden ist, und ist Teil kirchlichen Lebens, in Taufgottesdiensten, aber auch in Tauferinnerung, bei Kasualien und anderen lebensgeschichtlichen Wegmarken.

2. Taufe und Lebensalter

Die demographischen Entwicklungen im Europa des 21. Jahrhunderts, die Veränderungen in der kirchlichen Landschaft und die neuen Verständnisse von Religiosität stellen die alte Frage nach der Kindertaufe in einen neuen Kontext. Gewiss wird die Taufe von Säuglingen die Regel bleiben, oft verbunden mit Deutungen, die vor allem auf Bewahrung und Segen hinausführen. Die Diskussionen über ihre theologische Begründung werden nicht enden, zugleich ist aber darauf zu achten, exegetische und religionswissenschaftliche Erkenntnisse zu berücksichtigen. Die Taufe von Kindern ist einerseits durch das Neue Testament weder zu begründen noch zu widerlegen. Andererseits ist ein »richtiges« Verständnis eines Rituals eine an sich schon problematische Vorgabe als Zulassungsvoraussetzung. So verwundert es nicht, dass die Unmündigentaufe auch in den Beiträgen dieses Bandes nicht abgelehnt wird, sondern als Möglichkeit und Chance kirchlichen Handelns verstanden wird.

Jenseits dieser klassischen Frage sind aber auch weitere Aspekte zu bedenken, etwa wie ungetaufte Kinder kirchlich begleitet werden können. Eine Rückkehr zur elterlichen Taufpflicht, wie sie noch in der 1960er Jahren teilweise bestand, ist ausgeschlossen, um der Taufe ihren besonderen Charakter zu belassen. Zur Taufe kommen zudem in jüngerer Zeit vermehrt Jugendliche und Erwachsene, sodass Taufpraxis wie Theologie dadurch neu gefordert sind. Während Jugendliche häufig im Alter rund um die Konfirmation eine Taufe nachholen, handelt es sich bei erwachsenen Taufbewerbern zumeist um Menschen ohne religiöse Sozialisierung oder um Angehörige anderer Religionen. In gewissem Sinn bedeutet dies eine Rückkehr zur frühchristlichen Situation. Aktualisiert wird damit die Forderung nach einem modernen Katechumenat, das in der Alten Kirche selbstverständlicher Teil der Taufvorbereitung war und in der römisch-katholischen Tradition seit dem Vaticanum II wieder verstärkt in den Blick genommen wurde. Die durch Migration neu gestalteten Gesellschaftsverhältnisse fordern aber auch eine Beschäftigung mit der Taufe von Angehörigen anderer Religionen, zumal ja auch hinsichtlich des Waschungsrituals Berührungen, etwa mit dem Islam, bestehen.

In den Blick zu nehmen sind schließlich auch sog. Taufrückkehrer, Menschen, die als Kinder getauft wurden und dann über Jahrzehnte mit der Kirche nichts mehr zu tun hatten. Die Einmaligkeit der Taufe bedingt, dass hier kein neues Initiationsritual im eigentlichen Sinn stattfinden kann, wenn nun eigentlich Fremde wieder Teil der kirchlichen Gemeinschaft werden wollen. Den mit der Taufe gesetzten Anfang auch rituell wieder aufzunehmen, wird zunehmend zur Herausforderung kirchlicher Praxis werden.

3. Taufe im ökumenischen und gesellschaftlichen Horizont

Die Magdeburger Erklärung vom 29. April 2007 hält als gemeinsames Dokument von elf verschiedenen Kirchen Deutschlands, u.a. der römisch-katholischen Kirche und der EKD, fest, dass die Taufe »als ein Zeichen der Einheit aller Christen« angesehen wird, das »mit Christus und zugleich mit seinem Volk« verbindet. Als konstitutiv werden das Untertauchen im bzw. Übergießen mit Wasser unter Anrufung des Vaters, des Sohnes und des Geistes festgehalten, verbunden mit der Einmaligkeit und Unwiederholbarkeit. Mit dieser Erklärung kam eine Bewegung zu einem vorläufigen Abschluss, die in den 1960er Jahren begonnen hatte und auf eine lange Geschichte gegenseitigen Misstrauens zurückblickt. So scheinen römisch-katholische Zweifel an der Gültigkeit einer evangelischen Taufe nun ausgeräumt zu sein, und die Frage des Amtes, die im ökumenischen Gespräch der Stolperstein schlechthin ist, wird bei der Taufe nicht entscheidend berührt.

Die Erörterungen dieses Bandes haben das Thema der Ökumene immer wieder eingebracht, wobei deutlich wurde, dass eine Beschäftigung mit dieser Frage weit über den Dialog zwischen der römisch-katholischen Kirche und den evangelischen Kirchen hinausgehen muss. Es ist gerade im Nachdenken über Tauftheologie und Taufpraxis wichtig, wahrzunehmen, wie anderen christlichen Traditionssträngen verpflichtete Gemeinschaften über die Taufe denken und welche Rolle sie in ihrem kirchlichen Leben spielt. So kann etwa die Symbolsprache einer orthodoxen Taufe, in der Gedanken und Riten aus patristischer Zeit noch heute lebendig sind, neue Perspektiven eröffnen.

Umgekehrt führen Gespräche mit Baptisten und freikirchlichen Bewegungen zu einer Klärung der eigenen Sicht auf die Taufe, die auch in der Praxis Auswirkungen haben kann. Wo die Kindertaufe abgelehnt oder die Geisttaufe als eigentliches Heilsgeschehen in den Mittelpunkt rücken, ist die protestantische Theologie gefordert, das eigene Verständnis der Taufe und der Pneumatologie zu klären. Dabei geht es, wie auch sonst im ökumenischen Dialog, nicht darum, die eigenen Positionen aus Kompromissbereitschaft aufzugeben, sondern in versöhnter Verschiedenheit der Zusage Gottes zu vertrauen, die mit der Taufe verbunden ist.

Exegetische, historische, dogmatische und praktisch-theologische Beschäftigung mit der Taufe zeigen über die ökumenische Perspektive hinaus aber auch auf, dass sie ein Kulturen übergreifendes Ritual ist. In ihrer Grundform wird die Taufe an allen Orten gleich vollzogen und schließt Menschen trotz völlig unterschiedlicher kultureller Bedingungen unter diesem Ritual zusammen. Dieses Band eint bei aller Differenz Christen und Christinnen, sodass im christlichen interkulturellen Dialog auf lokaler wie globaler Ebene die Taufe bis heute ein wichtiger Faktor ist.

Dasselbe lässt sich über soziale Unterschiede sagen, die durch die Taufe aufgehoben werden. Herkunft, Status oder Geschlechterrolle werden im Taufbad irrelevant und bleiben es auch. Die Taufe ist in dieser Hinsicht nicht nur vergangenes Geschehen, sondern bleibender Auftrag, jene überwundenen Schranken nicht wieder aufzubauen, sondern vielmehr als Getaufte, die »Christus angezogen haben« (Gal 3,27), Gemeinschaft zu leben. In einer Gesellschaft, in der soziale, ökonomische und kulturelle Abgrenzungen in der einen oder anderen Weise thematisiert werden, hat die Taufe daher auch eine kontrakulturelle Funktion, die Räume eröffnet, in denen Statuszuschreibungen nicht gelten. Die in der Kirche zu beobachtende verstärkte Beschäftigung mit der Taufe geht bereits darauf ein. Die Theologie wird, wie in dem vorliegenden Sammelband, dies weiterhin interdisziplinär zu bearbeiten haben.

4. Taufe als Wagnis

An der Frage der Kindertaufe, aber auch am Verständnis der Taufe als Sakrament entzündet sich seit Jahrhunderten der Streit darum, ob überhaupt getauft werden darf und was die Taufe denn nun eigentlich bewirkt. Wie unterschiedlich die Stellungnahmen in diesen mitunter sogar tödlichen Auseinandersetzungen ausgefallen sind, haben der kirchengeschichtliche und dogmatische Beitrag in diesem Band gezeigt. Die Beharrlichkeit, mit der – von wenigen Ausnahmen abgesehen – in der Geschichte der Kirche an der Taufe festgehalten wurde, zeigt jedoch, dass sie bei aller Strittigkeit offenbar unverzichtbar ist.

Theologisch wird bei aller Unterschiedenheit stets deutlich, dass mit der Taufe etwas geschieht, was im Letzten unverfügbar bleibt. Schon bei Johannes dem Täufer wird die Taufe in Aufnahme prophetischer Traditionen als Handeln Gottes verstanden, das Sündenvergebung durch Gott gewährt, ein Gedanke, der in der christlichen Taufe schon früh fest verankert ist (z.B. Kol 2,11–13; Apg 2,38). Grundsätzlich ist sich bereits die frühchristliche Tauftheologie bei allen Unterschieden darin einig, dass die Taufe ein Handeln Gottes am Menschen ist. Diese Überzeugung ist in der Kirchengeschichte immer wieder aktualisiert worden: Augustin betont, dass die Person des Täufers für die Wirksamkeit des Sakraments unbedeutend ist. Luthers Beharren auf dem sakramentalen Charakter der Taufe, wonach nicht der Glaube, sondern eben das göttliche Sakrament Heil wirkt, führt dies weiter. Auch die reformierte Tradition hat bei aller Differenz zur lutherischen Lehre daran festgehalten, dass die Taufe ein Handeln Gottes ist. Die aufklärerische und pietistische Skepsis gegenüber quasi magischen Sakramenten tat dem keinen Abbruch: Die Überzeugung, dass Gott in der Taufe in irgendeiner Weise handle, verlagerte sich oftmals in die Volksfrömmigkeit.

Zugleich hat die Kritik an der Kindertaufe und an einer vollständigen Loslösung der Taufe von Glaube und Bekenntnis, wie sie in der reformierten und dann baptistischen Theologie immer wieder laut geworden ist, das Bewusstsein dafür geschärft, dass das eschatologische Heil gerade nicht durch das Handeln von Täufern gewährt wird, sondern sich – verkürzt gesprochen – der Gnade Gottes verdankt, die im Glauben angenommen werden soll. Eine sakramental orientierte Tauftheologie darf die Unverfügbarkeit Gottes nicht vergessen. Taufe bleibt ein Wagnis, das sich auf die Zusagen Gottes, die er mit der Taufe verbunden hat –, Sündenvergebung, Teilhabe an der eschatologischen Heilsgemeinschaft, neues Leben – einlässt, in der Hoffnung, dass der eigene Glaube tragen möge bzw. Glaube als bejahende Antwort der Getauften entsteht. Die Taufe, das wird im Neuen Testament bereits deutlich und gehört bis heute zu einem wesentlichen Element jeder Tauftheologie und Taufpraxis, ist nicht das Ende des Weges, sondern der Anfang des Wagnisses des Glaubens, das immer wieder neu eingegangen wird.

Autoren und Autorinnen

Auffarth, Christoph, geb. 1951, Dr. phil., Dr. theol., Professor für Religionswissenschaft an der Universität Bremen.

Grethlein, Christian, geb. 1954, Dr. theol., Professor für Praktische Theologie an der Evangelisch-Theologischen Fakultät der Westfälischen Wilhelms-Universität Münster.

Grohmann, Marianne, geb. 1969, Dr. theol., ao. Professorin für Alttestamentliche Wissenschaft an der Evangelisch-Theologischen Fakultät der Universität Wien.

Harasta, Eva, geb. 1977, Dr. theol., Lehrstuhlvertretung am Lehrstuhl für Evangelische Theologie mit Schwerpunkt Systematische Theologie und theologische Gegenwartsfragen an der Universität Bamberg.

Müller, Andreas, geb. 1966, Dr. theol., Professor für Kirchen- und Religionsgeschichte des Ersten Jahrtausends an der Theologischen Fakultät der Christian-Albrechts-Universität zu Kiel.

Öhler Markus, geb. 1967, Dr. theol., Professor für Neutestamentliche Wissenschaft an der Evangelisch-Theologischen Fakultät der Universität Wien.

Der Dank des Herausgebers gilt den Mitarbeitern und Mitarbeiterinnen am Institut für Neutestamentliche Wissenschaft, insbesondere Herrn Bernhard Kirchmeier und Frau Sarah Egger.

Wien, Frühjahr 2012   Markus Öhler

Namensregister

Adam 93, 128, 141, 154f., 170, 202
Aland, Kurt 65
al-Djauzī, Abu I-Faradj ibn 220
Alexander von Hales 112
Alles, Gregory D. 5
Anderson, Allan 161
Aphrahat 88
Apuleius 71
Ariantzi, Despoina 105
Aristophanes 240
Arnold, Gottfried 124
Arzt-Grabner, Peter 53
Assmann, Jan 215
Auffahrt, Christoph 220f., 229, 236f., 240
Augustin 9, 12f., 92f., 97–102, 105, 139, 154f., 171, 251
Avemarie, Friedrich 5, 42, 61, 65

Bannus 24
Barth, Karl 6f., 147–152, 154, 156, 169–171, 196
Barz, Peter 197f., 202
Basileios II 110
Basileios von Kaisareia 90, 101
Baumann, Nadine 121
Beasley-Murray, George R. 152–154, 170
Beck, Edmund 88
Beckmann, Joachim 11f.
Beintker, Michael 7
Belliger, Andréa 216
Bering, Dietz 217
Blank, Reiner 202
Blaschke, Andreas 23
Bonhoeffer, Dietrich 158f.
Bonifatius 113

Bräunlein, Peter J. 234
Burkert, Walter 70f., 216, 225f.

Calvin, Johannes 6, 117f., 140–142
Chlodewig 108f.
Chrodechilde 108
Claussen, Peter C. 106
Clemens von Alexandrien 84f., 88
Colpe, Carsten 238, 240
Connolly, Richard H. 88
Cramer, Peter 84
Cranach, Lukas d. Ä. 115
Cyprian von Karthago 96–99

Delling, Gerhard 64
DeMaris, Richard E. 73
Dick, Ernst 103
Dinkler, Erich 4–7, 12, 46, 55, 59
Dionysios Areopagites 105
Douglas, Mary 223, 239
Drews, Paul 8
Dunn, James D. G. 40, 51

Ebeling, Gerhard 138, 140, 142
Edsman, Carl-Martin 5
Egeria 93–95, 105
Ego, Beate 19
Elia 28, 31
Eliade, Mircea 230
Elischa 19
Elsenbast, Volker 197
Enger, Philipp 19f.
Ephraem der Syrer 88
Erbele-Küster, Dorothea 17f.
Ernst, Josef 44
Eugen IV. 112

Namensregister

Fechtner, Kristian 204
Ferguson, Everett 39, 46, 66, 71, 84
Fischer, Irmtraud 30f.
Flavius Josephus 21, 24, 28, 40, 42, 45
Francke, August H. 124
Freud, Sigmund 225
Fried, Johannes 215
Friedrich Wilhelm III 126f.
Fürst, Alfons 84

Gäbler, Christa 197
Gailus, Manfred 222
Gaster, Theodor H. 226
Geerlings, Wilhelm 85
Geldbach, Erich 123
Gemünden, Petra von 73
Gennep, Arnold van 68f., 233
Girard, René 225f.
Gladigow, Burkhard 216
Graf, Fritz 71
Graff, Paul 9, 11, 225
Gräßer, Erich 60
Grebel, Konrad 119
Gregor von Nazianz 101f.
Gregor von Nyssa 90, 101
Gregor von Tours 108f.
Grethlein, Christian 5, 8–13, 179, 183, 186, 188, 191, 200, 202
Grohs, Elisabeth 188

Hammer, Felix 205
Hanselmann, Johannes 177
Heiser, Lothar 164f.
Heitmüller, Wilhelm 3–7
Hellholm, David 84
Hippolyt von Rom 85, 95, 104f.
Hoffman, Lawrence A. 33f.
Hoffmann, Melchior 120
Hoss, Stefanie 21
Hubmaier, Balthasar 119f.
Hugo von St. Viktor 111
Hut, Hans 120

Ilg, Wolfgang 197
Ignatius von Antiochien 65
Irenäus von Lyon 102

Jannasch, Wilhelm 10, 12
Janowski, Christine 220
Jeremias, Joachim 65
Jetter, Werner 224
Johannes Chrysostomos 90, 104
Johannes Duns Scotus 112
Josephus 21, 24f., 28, 40, 42, 45
Justin 84–88

Karl der Große 103, 109
Kerner, Wolfram 167
Kettler, Franz-Heinrich 5, 9, 12
Kleinheyer, Bruno 181
Konstantin 97, 100, 106, 108
Koschorke, Klaus 100
Kreck, Walter 6, 9
Kretschmar, Georg 89, 178
Krieger, David 216
Kühn, Ulrich 115
Kvalbein, Hans 46
Kyrill von Jerusalem 90f., 94

Labahn, Antje 22
Lang, Bernhard 216, 224f.,
Leuenberger, Robert 196
Löhr, Hermut 65
Luther, Martin 6, 115–117, 119, 138f., 141–144, 147, 155–157, 170, 181f., 252

Manz, Felix 119
Marius Victorinus 100–102
Mark, Elizabeth W. 34
Markschies, Christoph 85
Melanchthon, Philipp 115, 138
Mertens, Wolfgang 225
Meßner, Reinhard 8, 11
Meuli, Karl 226
Meyer, Arnold 6, 8f.
Michaels, Axel 215f.

Mitterauer, Michael 218
Mohammed 220
Mohn, Jürgen 214, 229
Müller, Christoph 184–186, 225, 235
Müller, Ulrich B. 21–23, 28, 31

Naaman 19–23, 39
Narses 88
Nektarios 103

Olga von Kiew 109f.
Oncken, Johann G. 123
Origenes 9, 89f., 98f., 104
Ostmeyer, Karl-Heinrich 56
Otto von Bamberg 113

Pannenberg, Wolfhart 142f., 145, 147
Parker, Robert 239
Paulinius II. von Aquileia 109
Paulus 4–6, 12, 31, 47–58, 62, 66–75, 191, 202, 231, 247
Petrus Abaelard 112
Petrus Lombardus 111
Philo 21
Pinggéra, Karl 115, 125
Plato 57
Pöhlmann, Horst G. 141, 156
Poloma, Margret 161
Poscharsky, Peter 128
Prudentius 239

Rahner, Karl 191
Rappaport, Roy 225
Ratschow, Carl-Heinz 142, 164
Rätze, Johann G. 125
Remigius von Reims 108
Riedel, Wilhelm 105
Ristow, Sebastian 21, 106
Rudolph, Kurt 43
Rufinus 103

Sänger, Dieter 23, 70

Sarasin, Philipp 225
Schian, Martin 7
Schleiermacher, Friedrich D. 13, 126, 145f., 157f.
Schlink, Edmund 142f.
Schloz, Rüdiger 184
Schlüter, Bernd 197f., 202
Schmid, Christoph 197
Schomburg-Scherff, Sylvia M. 233
Schweitzer, Friedrich 197
Seidl, Theodor 16, 19
Siber, Peter 197
Simons, Menno 120
Simplicianus 100f.
Slenczka, Wenrich 90
Smith, Jonathan Z. 73, 123, 225, 239
Sommer, Regina 184f.
Sommerlath, Ernst 7, 9
Spener, Philipp J. 124
Staal, Frits 215
Staats, Reinhart 102, 107
Stauffer, Anita 189–191
Stauffer, Ethelbert 4, 7
Stegemann, Hartmut 22
Steiger, Anselm 7, 12
Stephan von Rom 96f.
Stommel, Eduard 84, 91
Strecker, Christian 50, 69, 72, 235
Sundermeier, Theo 160

Tebartz-van Elst, Franz-Peter 192f.
Tertullian 9, 85f., 93, 95f., 98, 103, 146, 239
Theißen, Gerd 46, 67, 71
Theodor von Mopsuestia 90f., 104
Theodosius 100
Theophil von Antiochien 88
Thiele, Christoph 7, 8, 10–12
Thomas von Aquin 112, 165
Thümmel, Friedrich 11f.
Tillich, Paul 140, 145
Turner, Victor W. 69, 234f.
Twelftree, Graham G. 45

Vernier, Bernhard 217
de Vries, Adam 128
Vorgrimler, Herbert 191

Wallraff, Martin 111
Webb, Robert L. 23, 25, 42f.
Weiß, Hans-Friedrich 60
Welker, Michael 146
Welzer, Harald 215
Wendt, Günther 7, 10
Wesley, John 124

Wladimir 110
Wöhrle, Jakob 29
Wölber, Hans-Otto 187
Wolff, Hans W. 29f.
Wright, Benjamin G. 21
Wulf, Christoph 195
Würthwein, Ernst 17, 19

Zeller, Dieter 54, 57, 71
Zimmermann, Ulrich 23, 33, 59
Zwingli, Ulrich 6, 116–119, 142

Sachregister

Abrenuntiation 87, 91, 94, 117, 125, 127
Apostolische Kirchenordnung 93
Auferstehung/Auferweckung 4, 51–53, 57–60, 72f., 75f., 91, 99, 107, 141, 143, 145, 148f., 170, 198, 247
Aufklärungstheologie 6, 125

Bad 18–23, 39–41, 59, 64, 84, 92, 95f., 101, 106f., 227, 251
Baptismus 2, 8, 10, 123, 151–154, 162, 165–171, 250, 252
Baptisterium 86, 94, 106f.
Bekehrung/Konversion 11, 22f., 47, 67, 87, 100f., 108, 125, 160, 161, 188
Bekenntnis 9, 11, 44, 66, 68, 76, 90, 102f., 109, 116, 119, 124, 129, 142, 147–149, 153f., 157f., 164, 168, 170, 178, 187, 193, 211, 248, 252
Beschneidung 15, 23, 32–34, 56, 58, 67, 75, 87f., 98f., 116f., 129, 152, 216, 219
Bischof 65, 89, 94, 96f., 100, 102f., 106, 108, 110f., 113, 121f., 144, 163, 180f., 192, 222
Blut 17f., 25, 29–31, 60, 62f., 239
Bluttaufe 90, 239
Bund 22, 32–34, 117f., 123, 152
Buße 15, 28, 89, 100, 141, 155, 170

Dämon 86f., 101, 113
Didache 62, 64f., 71, 84–87, 93f.
Didascalia 88, 93

Effata-Ritus 122, 193
Egalität 65, 67, 72, 77, 250f.
Eltern 9, 10, 96, 98f., 105, 122, 125f., 150, 155, 158f., 163, 169, 172, 180, 183–188, 196f., 212, 215, 219, 228, 235, 241, 247
Entsündigung 25f.
Erbsünde 93, 99, 102, 115, 122, 154f.
Erinnerung 31, 73–75, 122, 191, 214–216, 248
Erlösung 55, 58, 72, 92f., 112, 117, 155, 160, 222
Erwachsene 11, 155, 162, 169, 191, 237, 240, 249
Erwachsenentaufe 8, 11, 107, 122, 127, 147, 160, 164, 220
Eschatologie 21f., 25f., 31f., 41f., 44, 46, 67, 69, 72f., 77, 88, 157, 172, 252
Ethik 25–28, 42, 44, 86, 100, 137, 169f., 179–181, 196, 202
Ethnos 4, 18, 50, 52, 65, 67f., 190, 197, 236
Eucharistie/Abendmahl/Herrenmahl 63, 71, 76, 83, 86, 94, 100, 126, 138, 141f., 156, 163, 165f., 178f., 181f., 239
Exorzismus 86f., 94, 117, 122, 125, 163, 210, 228
Exsufflatio 125

Familie 12, 34, 60, 66, 98, 125, 158f., 165, 177, 185–187, 201, 210–215, 217f., 227f., 233, 236

Sachregister

Fasten 65, 85, 87
Feuer 26, 29–32, 41f., 44, 64
Firmung 110f., 121f., 163, 165, 180f., 193, 220, 229, 237
Freiheit/Befreiung 73, 93, 144, 160, 170, 235

Geburt 5, 17f., 62, 75, 117, 154, 180, 182, 188, 211, 219, 221, 227f., 232, 237
Geist, Heiliger 3, 29f., 32, 40, 43f., 46–63, 68–70, 75f., 87f., 90–92, 94f., 111, 124, 143–150, 156, 160f., 180, 247
Geisttaufe 41, 116, 119, 137, 145–152, 156, 160f., 250
Geistverleihung 54f., 87f., 94, 111, 164, 178, 181f.
Gemeinschaft/Communitas 17, 21, 39, 42, 46, 49f., 61, 65, 67, 69f., 72–74, 76f., 86, 89f., 113, 137, 139f., 142, 145f., 154, 156, 158f., 162f., 169, 172, 190, 203, 205, 211, 213–217, 222, 224, 226–228, 231–234, 237, 240, 248–251
Geschlecht/Gender 18, 30, 33f., 52, 65, 67f., 220, 250
Gerechtigkeit 26, 44f., 48, 53, 141, 145, 170, 223
Gericht 15, 21, 26, 28–32, 40–44, 46, 87, 100, 120, 155
Gnade 7, 33, 91, 95, 99, 101, 112, 139–156, 159, 163, 170–172, 202, 239, 252
Gnosis 4f., 98

Handauflegung 61, 65, 92, 96f., 178, 180f., 199
Haus 11, 33, 49, 61, 76, 200, 212
Haustaufe 11f., 200
Heilig/Heiligung 16, 48, 55, 87–90, 97, 112, 124, 149, 156, 161
Hermeneutik 189f., 196, 240

Herrschaft 43, 86, 102, 155, 211, 235
Hoffnung 26, 59, 148, 157, 252

Identität 19, 32f., 110, 217
Initiation 15, 23, 32, 42, 61f., 67–71, 76, 86, 162f., 188, 209f., 236–240, 246, 249
Integration 187, 213

Johannes der Täufer 3, 21–28, 39–46, 61–65, 68f., 73f., 84, 90, 149, 205, 238, 246f., 251
Judentum 2, 15, 22f., 32, 34, 46, 65, 67, 70, 219, 231, 246

Katechese/ Katechumenat/ Taufkatechese 60, 66, 89, 94, 100, 104, 164, 178f., 189–194, 249
Katholische Kirche 2, 7f., 121, 144, 162–165, 189, 204, 249, 250
Kindertaufe/Säuglingstaufe 6, 9–11, 65f., 76, 93, 98f., 102, 104f., 107, 115–118, 122f., 125f., 129, 147–159, 162–172, 179, 181, 184, 220, 237, 245, 247f., 250–252
Kommunikation 16, 178, 193–198, 204f., 213–217, 232, 247
Konfession 6–8, 83, 121, 153, 162, 178, 189, 200, 205
Konfirmation 124–126, 128, 151, 158, 166, 181, 188, 191, 220, 233, 237, 249
Körper 59, 94, 161, 225
Kreuz 48f., 52, 107, 117, 125, 127, 143, 192, 198f., 212, 221
Kult 4, 15–21, 25f., 42, 57, 59, 74, 89
Kultur 65, 72, 86, 109f., 177, 189f., 194, 197, 214, 217, 230

Leib/Leib Christi 49f., 52, 54, 58f., 65, 69, 73, 76, 92, 117f., 139, 159, 227, 248

Sachregister

Lima-Erklärung 162, 166f.
Liminalität 69, 71–73, 234f., 247
Lustrationsritual 5, 84

Magie 6f., 57, 125, 182, 228, 240, 252
Mandäer 5, 43, 84
Memoria 105, 214f., 248
Metaphorik 27, 30, 39f., 50–53, 58f., 63, 65, 67, 69–71, 116, 219, 246
Mikwe 20–23
Mission 2f., 5, 11, 83, 108–110, 113, 160f.
Mitgliedschaft 10, 101, 168f., 203–205
Mose 24, 56
Mysterien 4f., 70f., 84, 88–91, 95, 210, 238, 240

Name/Taufe auf den Namen 9, 12, 19, 31, 48f., 52f., 60–64, 68, 76, 86, 91, 105, 164, 198, 200f., 209–214, 217
Namensvergabe/-änderung 33, 122, 192, 211, 213, 217f., 222, 227
Nottaufe 12, 117, 122, 163

Offenbarung 24, 26, 31, 62, 231
Öffentlichkeit 39f., 66, 68, 70, 72, 76, 102, 109f., 210, 213, 227f., 236
Ökumene 7f., 10, 137, 153, 162, 165–167, 169, 171, 189, 201, 206, 249f.
Opfer 17f., 22, 53, 70, 214, 225, 228
Orthodoxie, lutherische 124
Ostkirchen 2, 162, 164f., 179–181, 193, 210–213, 250

Pädagogik 12, 195–197, 223
Pate/Patin 98, 103–105, 110, 122, 126, 150, 155, 164, 185, 192–194, 204f., 210–215, 218f., 223, 247
Performanz 72f., 247
Pfand/Angeld 54f., 58

Pfarrer/Pfarrerin 10, 177, 184f., 195, 199, 203f., 247
Pfingstbewegung 145, 160f.
Pfingsten 60, 68, 95, 111, 114, 120, 146, 203
Pfingstkirche 137, 145, 160f.
Philippus 39, 61
Pietismus 8, 121–125
Predigt/Verkündigung 12f., 28, 32, 34, 41, 43, 48, 66f., 70, 76, 129, 138, 157
Priester 17f., 20, 88, 94, 96, 111, 113, 122, 144, 163, 181, 192, 204f., 210f., 214, 235, 237
Prophet 15, 19, 24–30, 44
Proselyt/Proselytentaufe 21–23, 70
Prozess 40, 87–92, 116f., 119, 124, 141, 157f., 163, 168, 170, 182, 190f., 195, 197, 202, 209, 224, 234f.
Psychologie 9, 186f., 205, 214, 225

Qumran 21f., 27, 41f., 45, 84, 238

Rationalismus 8, 123
Recht 89, 103, 220, 223, 229
Reformation 83, 115, 114–121, 127, 167, 181f., 246
Reinheit/Unreinheit 3f., 15–26, 34, 62, 99, 116, 142, 159, 199, 239
Reinigung 17, 20, 26, 41, 45, 59, 62, 67, 69f., 75, 91, 95f., 100f., 106, 117f., 170, 239, 246
Rettung 21, 31, 56f., 59f., 70, 76, 87
Rites de passage 5, 68, 71, 189, 233
Ritual 1–4, 9, 12f., 20, 32, 39–41, 45f., 49–51, 58f., 62, 65–75, 121, 164, 182, 188, 197, 200, 209, 213–258
Ritualtransfer 46

Sakrament 6f., 12, 76, 83, 91f., 97, 99, 101, 111–117, 121f., 127, 129, 138–140, 149, 156f., 160–165, 177, 181, 224, 251f.

Sachregister

Salbung 40, 55, 62f., 65, 87f., 91f., 94, 106, 111, 122, 163–165, 178, 180f., 192, 220
Schöpfung/Neuschöpfung 18, 88, 91, 155, 199
Schutz 87f., 114, 128, 187, 199, 211, 214, 219, 227
Segen 22, 150, 199, 202, 210, 212, 228, 248
Siegel/Versiegelung 40, 54f., 58, 87, 89, 94, 101, 111, 212
Sklave/Sklavin 29, 33, 50, 53, 65f., 69
Sterben 4, 32, 40, 51, 59, 69, 90, 93, 106, 141, 143, 149, 185, 218, 247
Sünde 3, 25, 40–47, 51, 53, 60f., 69, 72f., 87–90, 93, 96, 99–101, 112, 115, 118, 139, 141f., 145f., 154f., 163, 170
Symbol 6f., 95, 107, 114, 117f., 182, 192, 195–200, 209, 213, 216, 218, 222–224, 227, 230, 240f., 246f.

Tauchbad 19–25, 34, 46, 70, 101
Taufagende 11
Taufaufschub 10, 100–102
Taufbecken/Taufstein 91, 94, 105–107, 113f., 127–129, 210, 212
Taufbefehl 46, 61, 119, 146, 221
Täuferbewegung 83, 116–119
Taufkerze 122, 199f., 203, 215, 229
Taufkleid/Taufgewand 94, 163, 187, 199
Taufliturgie/Liturgie 8, 12, 83, 94, 121, 125f., 164, 186, 191, 197–201, 210, 247
Taufordnung/Taufagende 11, 117f., 122, 127
Taufzwang 11, 66, 109, 126, 151, 182, 220–222
Tempel 16, 20, 23, 28, 33f., 42
Teufel 87, 94, 105, 164, 210
Tod 4, 17f., 42, 51f., 64, 69–73, 76, 86, 91, 101, 115, 127, 143, 147, 185, 197–199, 214–218, 221–223, 232f., 240
Totentaufe/Vikariatstaufe 6, 56, 57, 60, 66, 74
Traditio Apostolica 84f., 87, 90, 93–98, 100–105, 179, 192
Typologie 24, 60, 89, 91, 129

Umkehr 15, 40f., 43–45, 47, 61, 69, 72, 149, 156, 188
Untertauchen/Eintauchen/Immersion 18–20, 40–42, 52, 54, 64, 84, 90f., 94, 107, 113–115, 123, 143, 164, 218, 249

Vergebung 21f., 25, 32, 40, 43f., 60f., 69, 75f., 85, 88f., 92, 96, 99, 115, 117, 138–144, 148f., 153–157, 161f., 170f., 251f.
Verkündigung/Predigt 12f., 28, 34, 41, 43, 48, 66f., 70, 76, 157
Versöhnung 7, 137f., 146–148
Volkskirche 9, 220

Waschung 5, 15, 17f., 20–23, 26, 39, 45, 59f., 93, 246
Wassertaufe 41, 44, 46, 87, 111f., 116, 118, 145, 148–151, 156, 160f., 169, 219
Weihe 5, 9, 71, 144
Wiedergeburt 59, 62, 71, 86, 88f., 91, 98, 104, 106, 119, 124, 145, 162, 240
Wiedertaufe/Wiedertäufer 97, 116, 118, 167f.

Zeichen 7, 12, 24, 29f., 33, 46, 87, 92, 111–117, 120, 122, 137–145, 149, 152, 154, 156, 160f., 164, 180, 182, 185, 187, 190, 193f., 199, 213, 249

Schöpfung

Herausgegeben von Konrad Schmid

Im Horizont ökologischer Krisen, aber auch der Kreationismusdebatte ist Schöpfung in den letzten Jahrzehnten zu einem vielverhandelten theologischen Thema geworden. Der Begriff der Schöpfung hat darüber hinaus auch Anwendung in Kontexten außerhalb von Theologie und Kirche gefunden. Die nicht selten anzutreffende Bestimmung der Welt als Schöpfung im Sinne von zu bewahrender Umwelt greift allerdings meistens zu kurz und erschließt die Sinndimensionen theologischer Rede von Schöpfung nur unzureichend. Umgekehrt leidet der theologische Gebrauch des Schöpfungsbegriffs oft an einer vorschnellen Verabschiedung seines konkreten Weltbezugs.

Die Autoren der hier gesammelten Beiträge zeigen Wege auf, wie aus der Perspektive theologischer Einzeldisziplinen, aber auch in zusammenschauender Weise Schöpfung in theologisch angemessener Weise und zugleich öffentlich vermittelbarer Form gedacht werden kann.

Mit Beiträgen von:
Reiner Anselm, Matthias Konradt, Martin Rothgangel, Konrad Schmid, Anselm Schubert, Annette Zgoll

2012. X, 357 Seiten
(UTB S 3514; Themen der Theologie 4).
ISBN 978-3-8252-3514-7
Broschur

Mohr Siebeck
Tübingen
info@mohr.de
www.mohr.de

Trinität
Herausgegeben von Volker Henning Drecoll

Ist die Trinitätslehre eine Spekulation, die in der Bibel nur wenig Anhalt hat, vielleicht die Folge einer »Hellenisierung« des Christentums? Oder führt die Trinitätslehre ins Zentrum der christlichen Theologie, da sie die Identität des christlichen Gottes beschreibt? Die Autoren der hier gesammelten Aufsätze gehen den Wurzeln und Voraussetzungen der Trinitätslehre in der Bibel nach und verfolgen die Entwicklung der Trinitätslehre im Laufe der Theologiegeschichte bis in die Gegenwart. Neben diesem historischen Zugang wird die Frage aufgeworfen, welche theologische Aussage eine gegenwärtige Trinitätslehre besonders zu entfalten hat und wie sich dies in den verschiedenen Feldern kirchlicher Arbeit wiederfindet. Auch die Frage der religionswissenschaftlichen Einordnung unter besonderer Berücksichtigung des Islam wird gestellt. Ein reflektierender Abschnitt, der die Perspektiven der verschiedenen Fachdisziplinen zueinander in Beziehung setzt, schließt den Band ab.

Mit Beiträgen von:
Jan Dochhorn, Volker Henning Drecoll, Andreas Feldtkeller, David Käbisch, Christiane Tietz

2011. VIII, 279 Seiten
(UTB S 3432; Themen der Theologie 2).
ISBN 978-3-8252-3432-4
Broschur

Mohr Siebeck
Tübingen
info@mohr.de
www.mohr.de